综合素质拓展训练

职场素质拓展、求职面试全攻略

潘安岚◎主编

旅游教育出版社

责任编辑：景晓莉

图书在版编目(CIP)数据

综合素质拓展训练：职场素质拓展、求职面试全攻略/潘安岚主编. —北京：旅游教育出版社，2010.4

ISBN 978－7－5637－1806－1

Ⅰ.①综… Ⅱ.①潘… Ⅲ.①职业选择—基本知识 Ⅳ.①C913.2

中国版本图书馆 CIP 数据核字(2010)第 040787 号

综合素质拓展训练

——职场素质拓展、求职面试全攻略

潘安岚 主 编

出版单位	旅游教育出版社
地　　址	北京市朝阳区定福庄南里 1 号
邮　　编	100024
发行电话	(010)65778403　65728372　65767462(传真)
本社网址	www.tepcb.com
E－mail	tepfx@163.com
印刷单位	北京科普瑞印刷责任有限公司
经销单位	新华书店
开　　本	787×960　1/16
印　　张	14.25
字　　数	205 千字
版　　次	2010 年 4 月第 1 版
印　　次	2010 年 4 月第 1 次印刷
印　　数	1－5000 册
定　　价	26.00 元

(图书如有装订差错请与发行部联系)

前　言

当走出学校大门准备进入职场时,当想要跳槽换一个更为满意的工作时,面对激烈的岗位竞争,怎样才能使自己在众多的竞争者中脱颖而出?入职求职时,什么才是最重要的?进入职场后,如何被老板赏识?又如何建立起良好的人际关系?有人说:细节决定成败!也有人说:责任胜于能力!还会有人说:形象决定前途……为了解答上述问题,我们精心撰写了本书,力求从不同的角度诠释一个职场人应当具备的素质和能力。在编写过程中,我们力争体现以下特色:

首先,突出实用性。与其他谈职场素质问题的著作不同,我们没有用很多的笔墨去谈理论,而是引用了很多案例,并通过对案例的分析帮助每一个迫切需要找到一份好职业或者想在职场上有所作为的人了解在职场上经常会遇到什么样的问题,以及如何面对和处理这些问题。例如,在面试时,主考人员会问什么样的问题,特别是问及个人隐私时该如何回答。又如,在与用人单位签订劳动合同时,我们该如何用法律保护自身权益。"职场无小事",哪些细节问题会使你在职场上游刃有余或兵败职场?撰稿人引用了大量的案例供读者参考借鉴。

其次,注重操作性。企业的竞争说到底是人才的竞争,而人才竞争的根本说到底就是从业人员职业能力的竞争,如何提升自己的职业能力,就成为从业人员亟待解决的重要课题。本书中,我们列举了大量的实例,从职业人员职业意识的养成到职业能力的强化,从人际交往需要具备的品质到职场交往禁忌,从职业生涯设计到就业指导,只要掌握了其中的技巧,你就可以在实践中进行尝试。本书没有更多的大道理,有的只是需要你去实践的技能。通过在实践中的操作,你会真切体会到:职业意识和职业能力的培养是必需的;职场礼仪的养成是必要的;职业生涯的设计是人生必经的关键阶段!只有苦练内功,锻造坚实的职业能力基础,才会游刃有余地驾驭自己的职场。

再次,提高趣味性。如果一本书上只是一些空泛的理论,会使人读起来感到乏味。特别是现在的年轻人,很少有时间去阅读大部头的书。为此,我们在编写时特意搜集了很多在人际关系、意志品质、人格能力等方面的心理测试题,读者既可以按部就班地从头阅读，也可以在闲暇时间随意抽取自己感兴趣的部分做一个小测试，以了解自己在某方面的长处或不足。另外，在一些单元或模块的前边，还加入了学前测试、学后测试的内容，帮助读者了解自己对所学内容的掌握情况，激发读者的阅读兴趣。

最后，体现创新性。本书不过分强调风格的一致性，在"如何提升你的职业能力"的主旨下，作者通过上篇职业能力的训练，中篇职业形象的塑造，下篇就业指导，从不同的角度让读者看到该如何提升自己的职业能力。每一部分既可独立成篇，又不失为全书整体的一部分，力争每一篇都给读者一种新鲜感。同时，为了给刚刚进入职场或即将走出校门的青年朋友们提供更多的帮助，我们特意在下篇中增加了"依法保护合法权益"的内容。

本书既可以作为读者为提升自身职业能力的自学阅读性图书，同时，也可以作为企业员工培训及学校的就业指导参考用书。

我们特别邀请了具有30多年企业管理与教学培训经验的潘安岚老师、从事企业管理教学的张萍老师和李杰老师、有着丰富人力资源管理经验的北京时代通途信息技术有限公司人力资源总监张祎婧博士、北京首都在线数据科技有限公司人力资源总监尤嘉女士、四川省旅游学校马友惠老师、云南省旅游学校周令芳老师等，参与了本书的撰写工作。编写分工如下（按章节顺序排列）：张萍、李杰（上篇），潘安岚、周令芳（中篇），张祎婧、尤嘉、马友惠（下篇）。全书由潘安岚统稿和定稿。

在撰写本书过程中，得到了国内外专家、学者们的支持，也得到了许多同事及朋友们的帮助，在此一并向他们表示诚挚的谢意！

作　者

目录
CONTENTS

上篇　如何提升你的职业能力

中篇　职业形象塑造

下篇　就业指导

上篇

如何提升你的职业能力

第一单元 职业意识养成

模块1 干好工作需要良好的心态

你也许会问,同样做一件事情,为什么有的人能获得领导和同事的赏识,有的人却不被认可。

这就是本模块将要回答的问题。对于那些即将走上工作岗位或已经从业多年的职场人来说,在开始本模块的学习前,首先要问自己:"我会工作吗?"

有这样一个故事:一个青年来到绿洲碰到一位老先生,年轻人便问:"这里如何?"老人家反问说:"你的家乡如何?"年轻人回答:"糟透了!我很讨厌!"老人家接着说:"那你快走,这里同你的家乡一样糟。"后来,又来了一个青年,问了同样的问题,老人家也同样反问,年轻人回答说:"我的家乡很好,我很想念家乡的人、花、事物……"老人家便说:"这里也是同样的好。"旁听者觉得很诧异,问老人家为何前后说法不一致?老者说:"你要寻找什么?你就会找到什么!"

老人的话没有错,一个人对待客观事物的态度折射出他的人生态度,而人生态度决定一个人一生的成就。在职场上,对待工作的态度就决定了你在职场上的成就。

一、工作态度不同,结果势必不同

人们经常谈论有关态度的问题,那么,究竟什么样的态度是好的态度,什么样的态度是不好的态度呢?态度在不同的情况下有不同的表现,此处所讲的态度是不同的职业态度,你是用怎样的职业态度来对待你的工作的呢?

有人问三个砌墙的工人:"你们在做什么呢?"第一个工人没好气地嘀咕:

"你没看见吗,我正在砌墙啊。"第二个工人有气无力地说:"嗨,我正在做一项每小时9美元的工作呢。"第三个工人哼着小调,欢快地说:"你问我啊,朋友,我不妨坦白告诉你,我正在建造这世界上最伟大的教堂!"三年后,第一个工人仍在砌墙,第二个工人在办公室里画图——他成了一个工程师,第三个工人则是他们两个的老板。

为什么同为砌墙的人,却有着不同的结果?

道理很简单,不同的人,需求不同,工作态度不同,工作动机不同,所产生的行为结果势必不同。我们姑且将不同工作态度的人分为以下几类:

第一类人,工作对他来讲就是按照企业的期望来实现企业的目标,他考虑的完全是企业的要求,而没有自己的需求。感觉自己像个奴隶,越干越被动。

第二类人,工作对他来说就是出卖体力和时间,赚点钱来养家糊口,像这样的人不能特别主动地工作。他只满足于安全需求的层次,他只要安全了,能活下来了就OK了,至于其他东西就不争了。

第三类人,具有很高的追求和远大的理想抱负,对所从事的工作非常积极乐观。对他来说,工作不仅是获得收入、取得成就,而且更是一种创造性劳动,他可以用非常积极的态度来面对工作。

这就是问题的症结。如果你只把目光停留在工作本身,那么即使做最喜欢的工作,你依然无法持久地保持对工作的热情。每当这时,你一定要提醒自己:世界上没有卑微的工作,只有卑微的工作态度。工作满意的秘密之一就是能看到超越日常工作的东西,让心情愉快起来,全身心投入,使乏味无比的事情变得妙趣横生。这正是工作的本质所在。

世界上没有卑微的工作,只有卑微的工作态度

我们不妨设想一下三位砌墙工人的命运,前两位继续砌着他们的墙,因为他们没有远见,不重视自己的工作,不会去追求更大的成就。但那位认为自己在建造世界上最大教堂的工人则不一样了,他一定不会永远是个砌着墙的工人,也许,他已经变成了承包商,甚至变成了很有名气的建筑设计师。可以肯定,他还会继续向上发展,因为他善于思考,他对于工作的热情已经明显地表现出他想更上一层楼。

某一人力资源部负责人曾经说:"我们在分析应征者适不适合某项工作时,经常要考虑他对目前工作的态度。如果他认为自己的工作很重要,我们就会留下很深的印象。即使他对目前的工作不满也没有关系。因为认为目前工作很重要的人，他对下一项工作也可能抱着‘我以工作成就为荣’的态度。一个人的工作态度跟他的工作效率有很密切的关系，一个对工作没有热情、表现很消极的人，是不可能在工作上取得成就的。”

有一项针对工作满足度的调查发现，常识性的工作会带给人们对工作的厌倦，而不断加大的工作压力也会给工作者带来不良的生理和心理影响。数据显示，那些对当前工作保持积极心态的人在工作中能够获得愉快、充实、骄傲、放松、幸福等不同的体验，这些体验不但来自他们对工作的兴趣，也来自他们对工作的认可。换句话说，在工作条件既定时，良好的心态在很大程度上决定了人们对待工作的态度。

最后，让我们看一道很有意义的计算题：

如果令 A～Z 这 26 个英文字母分别等于 1%～26% 这 26 个数字，那么：

Hard work（努力工作）

H + A + R + D + W + O + R + K = 8% + 1% + 18% + 4% + 23% + 15% + 18% + 11% = 98%

Knowledge（知识）

K + N + O + W + L + E + D + G + E = 11% + 14% + 15% + 23% + 12% + 5% + 4% + 7% + 5% = 96%

Love（爱情）

L + O + V + E = 12% + 15% + 22% + 5% = 54%

Luck（好运）

L + U + C + K = 12% + 21% + 3% + 11% = 47%

这些我们通常认为重要的东西往往并不是最重要的，那么，什么能使生活变得圆满？

是 Money（金钱）吗？不！

M + O + N + E + Y = 13% + 15% + 14% + 5% + 25% = 72%

是 Leadership（领导能力）吗？不！

L + E + A + D + E + R + S + H + I + P = 12% + 5% + 1% + 4% + 5% + 18% + 19% + 9% + 16% = 89%

那么，什么能使生活变成 100% 的圆满呢？

每个问题都有其解决之道，只要你把目光放得远一点！是 ATTITUDE（心态）！

A + T + T + I + T + U + D + E = 1% + 20% + 20% + 9% + 20% + 21% + 4% + 5% = 100%

我们对待工作、生活的态度能够使我们的工作和生活达到 100% 的圆满！

二、态度就是竞争力

工作中有三类人：第一种人，得过且过；第二种人，牢骚满腹；第三种人，积极进取。这三种人就在我们身边,他们的发展有目共睹:牢骚满腹者,得到领导提拔的可能性很小;得过且过者,领导不会不用但往往也不会重用;积极进取者,终究会得到重用和回报。态度就是竞争力,积极的工作态度始终是使我们脱颖而出的砝码。

所谓积极的态度应该是:

第一,工作中无小事

海尔的总裁张瑞敏曾经说过:“什么叫做不简单?就是把简单的事干百遍都做对,就是不简单。什么叫不容易?就是把大家公认的非常容易的事情非常认真地做好,就是不容易。”

把每一件简单的事做好就是不简单,把每一件平凡的事做好就是不平凡。能把自己所在岗位上的每一件事做成功、做到位就很不简单了。同一件小事,不同态度的人会有不同的体会和成就。与其浑浑噩噩浪费时间,不如从我们经手的每一件琐事中得到成长。

第二,心中常有责任感

据说美国前总统杜鲁门的桌子上摆着一个牌子,上面写着:“The Buck Stop Here.”(责任到此,不能再推)。我们每个人都肩负着责任,对亲人、对家庭、对朋友、对集体、对个人,我们都要负一定的责任。要想生存,必须在享有权利的时候想到责任。

乔治做了一辈子木匠,兢兢业业,很受老板的信任。当他上了年纪后准备退休了。于是向老板提出辞职。他告诉老板,他不想再盖房子了,想和他的老伴过一种更加悠闲的生活。他虽然很留恋那份报酬,但该退休了。老板依依不舍,感到非常惋惜,请求乔治最后一次为老板建一栋房子,就算是给他个人帮忙。木匠答应了。可是,此时的乔治归心似箭,无心工作,做出的活全无昔日的水准,木匠的心思已经不在干活上了,不仅手艺退步,而且还偷工减料。木匠完工后,老板来了。他拍拍木匠的肩膀,诚恳地说:房子归你了,这是我送给你的礼物。老木匠愣住了,悔恨和羞愧溢于言表,但一切已经无法挽回。要是他知道他是在为自己建房子,他干活儿的方式就会完全不同了。

其实我们就是那个木匠!每天钉一颗钉子,放一块木板,垒一面墙,但往往没有竭心全力。终于,我们吃惊地发现,将不得不住在自己建的房子里,如果可以重来……但一切无法回头!人生就是一项自己做的工程,我们今天做事的态度决定了明天住的房子!所以对别人负责,其实就是对自己负责。

第三,比别人多做一点

两个同龄的年轻人同时受雇于一家零售店铺,并且拿同样的薪水。可是做了一段时间后,名叫约翰的小伙子青云直上,而那个名叫汤姆的却仍在原地踏步。汤姆很不满意,终于有一天,汤姆忍不住跑到老板那里发牢骚。老板一边耐心地听着他的抱怨,一边在心里盘算着怎样向他解释他和约翰之间的差别。

"汤姆,你到集市上去一下,看看今天早上都有什么货。"老板安排道。汤姆回来向老板汇报说:"集市上只有一个农民拉了一车土豆在卖。""有多少?"老板问,汤姆赶快又跑到集市上,然后回来告诉老板:"一共40袋土豆。""价格是多少"老板又问,汤姆再次跑到集市上问了价格。

这时,老板让汤姆坐到椅子上,叫来约翰去做同样的事情。约翰很快从集市上回来了,他汇报说:"到现在为止,只有一个农民在卖土豆,一共40袋,价格是每斤0.75元,质量还不错。"他还带回来一个土豆让老板看。约翰又告诉老板说,昨天那个农民铺子里的西红柿卖得很快,库存已经不多了,他想老板可能要购进一些,所以不仅多带回了一个西红柿样品,还把那个农民带来了。

此时,老板转向了汤姆说:"现在你肯定知道了约翰的工资为什么比你高了吧?"

生活和工作中有酸甜苦辣,每个人都有趋利避害、避重就轻的本能,我们接受工作时,应该像接受一个人一样,接受工作的全部,包括工作中的艰辛与忍耐。

三、良好的工作态度能够成就伟大的事业

一个人做事的"态度",决定了他日后成就的"高度"。我们不能延伸生命的长度,但可以拓展生命的宽度。改变不了环境,但可以改变自己。

美国标准石油公司曾有一位小职员叫阿基勃特。他在出差住旅馆时,总会在自己签名的下方写上"每桶4美元的标准石油"字样,在书信及收据上也不例外,他因此被同事叫做"每桶4美元"。董事长洛克菲勒听说了这件事,"竟有职员如此努力宣扬公司的声誉,我要见见他。"后来,阿基勃特成了第二任董事长。

能够比别人多做一点,自己就多一个机会,因为这一点体现出来的正是老板最看重的责任感。

【测试】

你的职业态度将会决定你的职业命运。

你最近工作状况好吗？有科学家分析，一般人的专心程度是和成功成正比的。所以，工作的时候努力工作，玩儿的时候轻松地玩儿，这是最好的人生座右铭。下面就用一个简单的问题，来测试一下你的工作态度。

许久没有背上渔竿钓鱼了，今天如果正巧有朋友一同去钓鱼，你会选择何处？

A. 海岸边　B. 山谷的小溪　C. 坐船出海　D. 人工鱼池

选择分析：

选 A：你是个讲究投资回报率的人，会以最少的资本追求最高的利润，很有生意眼光。所以，你会到岸边去钓躲在岩缝里的小鱼，虽然体积不大，但是数量却很多。

选 B：你对工作企划有一套，眼光远大，能安排好一个月以后的行程。但你做事比较保守，缺乏冲劲，不能专一地投入，不然你为何贪恋山谷的美景，而不把全部的心神投入到钓鱼上。

选 C：你是工作狂的代表，就像追求坐船时乘风破浪的快感一样。你是一股劲地拼命，也就是说，拼命起来没大脑。你只能听指令行事，不适宜做规划。

选 D：你只打有把握的仗，是个十足的现代人，有自信，会推销自己，商场上讲战术，头脑冷静，但是有些锋芒毕露，切记不要抢人家的功劳，否则会为你以后的失败埋下伏笔。

四、善待工作就是善待自己

当我们用一种积极的态度对待工作时，就可以产生以下三个方面的正面影响：

第一，改变工作原动力

改变工作的原动力，可使我们更主动、更努力地工作。同样都是工作，同样要花费时间，我们为何不把它变成一件快乐的事情呢？

第二，提高个人绩效

当我们更努力、更主动地工作时，就会自然而然把工作变成快乐的事情，受快乐情绪的积极暗示，更容易提高个人业绩。

第三，提高组织绩效

企业是由众多的个人组成的，如果每个人都能用积极的态度主动热情地对待工作，那么，整个企业的绩效就会不断提高。水涨船高，企业的每位员工都会因企业绩效的提高受益。

五、用成熟的职场情感武装自己

张强是一位刚刚进入职场的人，现在有棱有角，需要长期磨砺，什么时候棱角被磨得不明显了，就变成一个真正的职业人了。这里所说的磨砺，是指做事不能过于情绪化，而要用成熟的情感来对待工作。成熟的情感应该表现为对事物、对不同意见的包容。

张强刚打工时就很有棱角，凭着工作热情取得了一些成绩，他认为领导应该看到这些成绩，理所当然地，应给他想要的一切；当他的地位有了改变时，他认为自己早已不是初来时那只普通的“菜鸟”了，对企业、领导以及整个组织来说，他已变得至关重要了。当他认为这种重要性没有得到特别认可时，就会错误地采取对着干的态度，所有的这些表现都源于他的情感不够成熟。

如果张强能得到一位成熟领导的正确指导，他就会意识到，原来，好的业绩并不代表情感成熟。如果改变做事的方法，比如主动参加公司的一些活动，帮助他人，及时认识到自己的问题并加以改进，他会逐渐成长为一名成功的职业人。

要想把枯燥的工作变成快乐的事业，需要用成熟的职场情感武装自己。下面八条贴心提示你可得逐条比对，看看自己哪些方面做得不错，要继续保持；哪些方面做得不足，亟待提高。如果有问题需要改进，那么就要制订改进计划，做到言必行，行必果。

1. 善于同思想或习惯不同的人一起工作。
2. 主动承担与职责相关的责任，并敢于对结果负责。
3. 独立地作出判断和决定。
4. 能控制自己的情绪。
5. 善于接受别人的批评。
6. 顾全大局。
7. 找到幸福的感觉。
8. 常有感恩之情。

模块2 学做负责任的员工

一、对工作负责就是对自己负责

我们该怎么看待责任呢？是把责任看成是不得不扛的负担，是生活给予我们每个人的巨大压力，还是督促我们不断向前的动力？对于责任的理解，将决定我们在工作的道路上，最终能站在什么样的高度。

两个死后都想进入天堂的人一同来到了上帝面前，上帝说："进入天堂的大门向你们每个人敞开着，只要你们接受天使赋予的责任。"他们一起出发了，天使给他们每人一个袋子，告诉他们这就是责任。在他们行走的路上，天使不断地给他们袋子，第一个人始终紧紧地将这些袋子放在身上，第二个人则挑挑拣拣，手里总是拿着一个最轻的袋子。

结果第一个人很快就进入了天堂，第二个人仍旧在通往天堂的道路上寻找最轻的责任。

过了很长时间，第二个人发现头上的天使正是曾经与自己一起背袋子的人，他感到不解，于是问那个人怎么回事，那人回答："每当我背起一个装满责任的袋子时，我就会获得相应的力量，责任越重、力量越多，所以我走得也越快。"

二、对工作中的每个行动负责

除去睡觉，占据人生时间最长的就是工作了。周而复始的工作很容易让一个人失去工作的兴趣，这时，谁对工作负责，谁就能在平凡的工作中出类拔萃。

在绵延数百公里的木里县雪域高原上，一个人牵着一匹马驮着邮包默默行走的场景，成了当地老百姓心中最温暖的形象。

20年，他一个人跋山涉水、风餐露宿，按班准时地把一封封信件、一本本杂志、一张张报纸准确无误地送到每个用户手中……这个人，就是木里藏族自治县邮政局的一个普通的苗族乡邮员；一个20年来每年都有330天以上独自行走在马班邮路上的邮递员；一个在雪域高原跋涉了26万公里、相当于走了21趟二万五千里长征、绕地球赤道6圈的共产党员——王顺友。

四川木里藏族自治县地处青藏高原东南缘，这里高山绵延起伏，全县海拔在5000米以上的大山有20多座，平均海拔3100米，生活和工作条件十分艰苦。

1999 年,王顺友开始负责县城至白碉乡、三桷桠乡、倮波乡三个乡邮件的投递工作,这条邮路往返 360 公里,他每月两个邮班,一个邮班来回 14 天,他每月有 28 天要徒步跋涉在这苍茫大山中的邮路上。

在这条路上,没人能和王顺友比速度,他顽强无比。2002 年 12 月,日本 NHK 电视台专程来到木里,对王顺友负责的邮路进行跟踪拍摄。摄制组用 4 天的时间只走了 80 多公里,最后实在走不动了,只好坐车返回木里,然后转西昌、过冕宁,再经甘孜州九龙县到达倮波乡,这一圈,他们绕了六七百公里才进行完邮路终点的拍摄工作。出发前,他们和王顺友打赌说:看谁先到达倮波乡。然而,令日本摄制组万万没想到的是,当他们坐车到达倮波乡时,王顺友已牵着那头白骡子等他们半天了。日本记者被王顺友征服了,他们伸出大拇指说,王顺友,好样的,你是真正的男子汉!

在这条路上,没人能替他分担这近乎残酷的艰苦,他一肩挑、一人扛。当万家灯火、家人团聚的时候,王顺友只能一个人蜷缩在山洞、牛棚、树林里或露天雪地上,只有骡马与他相伴。冬天一身雪,夏天一身泥,饿了就啃几口糌粑面,渴了只能喝几口山泉水或吃几块冰。到了雨季,他几乎没穿过一件干衣服。由于常年野外风餐露宿,喝酒驱寒,王顺友的身体一堆毛病,胃病常年伴随他,他的心脏、肝脏、关节也经常受到病痛的折磨。今年才 40 岁的他,脸色黝黑,眼窝深陷,皱纹有如刀割,爬满了消瘦的脸庞,人看上去似乎 50 岁有余。

面对这绝无仅有的困苦,这个外表矮小、干瘦、背驼的男子汉以顽强的意志战胜了孤独寂寞和艰难险阻,每年投递报纸 8000 多份、杂志 700 多份、函件 1500 多份、包裹 600 多件,为大山深处各族群众架起了一座"绿色桥梁"。正如他自己所说:"搞好本职工作是我的责任,再大的苦也要忍了,不能给党丢脸。"

2000 年 7 月,王顺友翻过察尔瓦山,途经树珠林场时,从树林中突然跳出两个抢匪,距他只有两丈远,恶狠狠地大声冲他叫喊:"把钱和东西全部交出来!"

面对匪徒,王顺友没有胆怯,他以更高的声音正义凛然地喊道:"我是乡邮员,是给大家送报纸信件的! 要钱没有,要命一条!"说话之间,王顺友靠向自己的马,从背篓中拔出了刀子,欲与匪徒搏斗。两个匪徒见王顺友一身正气没有一丝胆怯,穿着邮政标志服,又带着刀,不知如何是好。趁匪徒愣神的工夫,王顺友急中生智,纵身上马从匪徒身边冲了过去。

1988 年 7 月的一天,王顺友送倮波乡的邮件来到雅砻江边,他把溜索捆在腰上向雅砻江对岸滑过去。不料,快到对岸时,溜索上的绳子突然裂断,王顺友从两米多高的空中摔在河滩上,邮件包从背上弹落在滔滔的雅砻江中顺江漂去。王顺友"呼"地一下从河滩上爬起来,抓起一根树枝跳进湍急奔流的江中打捞邮件，几经搏斗，王顺友硬是从汹涌的江水中把邮件包抢了上来。此时，王顺友累得瘫倒在河滩上。可他只休息了一会儿，便又背上邮件向倮波乡艰难地走去。

2005年1月6日，王顺友送完倮波乡的邮件准备返回白碉乡时再次遇险。当时，他刚要上横跨雅砻江的吊桥时，吊桥的一根钢绳突然断了，整座吊桥翻了个180°，正走在桥上的一个马夫由于手快，伸手抓住了另一根钢绳，慢慢地爬回了岸边。另一个马夫和9匹骡马则全部坠入江中，瞬间就淹没在湍急的江水中，紧随其后的王顺友吓出了一身冷汗。看到当时场景的人在为王顺友感到庆幸的同时都问他："你害怕吗？"王顺友说："哪个不害怕哟，但是人总有一死，如果是为工作而死，值得！"

正是凭着这种极端负责的工作态度，20年来，王顺友没有延误过一个班期，没有丢失过一个邮件，没有丢失过一份报刊，投递准确率达到100%，为"责任"一词作出了最好的诠释。

对于自己所从事的工作，有的人视之为负担，有的人视之为责任，更多的人视之为谋生的手段。

试想一下，如果我们视工作为负担，就很容易把原本就是大多数人谋生的工作变成各种各样的麻烦甚至灾难。比如，前台邮寄文件时写错了地址；会议组织人员发通知时说错了开会时间；急着下班的财务人员写错了一个账号；接送小学生的班车司机酒后驾车；医生粗心的诊断导致病人死亡；建筑施工时偷工减料……这些错误一旦发生，就会让你的工作成果大打折扣。

一旦将工作看成是谋生的手段，即使是自己最擅长的领域，日子久了，也会失去工作的兴趣，而这时，是我们最容易出错的时候。所以，把工作当作是一种责任，会避免工作中少犯错，工作累了，遇到烦恼事儿了，就拿这句话提醒自己："能做好简单的工作就是最大的不简单！我要继续努力！"

三、你就是问题的根源

下面的事情你或许经历过至少曾经看到过：一个蹒跚学步的娃娃跌倒了，趴在地上大哭，身边的妈妈立刻把他抱起来，边使劲地跺着地板边安慰娃娃："宝宝不哭，宝宝不哭，都是地板不好，让宝宝摔倒了，妈妈使劲踩它，哦……宝宝不哭了哦……"

中国的孩子大多数是这样被教育起来的，走路跌倒是地板的错，被桌角撞了脑袋是桌子的错，这样的思维方式很可能会伴随我们一生。

"如果换个英语老师，我的英语一定不会这么差。"

"如果不是考试的时候我有些紧张,我一定会考上一所更好的大学。"

"如果不是时间来不及了,我一定不会闯红灯的。"

"如果不是这个客户太挑剔了,我一定不会和他吵起来的。"

"如果经理把他的意思再说得清楚一点,我一定不会错误理解的。"

……

当我们遭遇大大小小问题的时候,总是习惯于从他人或者一些客观因素那里找原因,而这正是缺乏责任意识、逃避责任的典型表现。

一只鸽子老是不断地搬家。

它觉得,每次住新窝没多久,就有一种浓烈的怪味让它喘不上气来,不得已,只好一直搬家。

它觉得很困扰,就向一只经验丰富的老鸽子诉苦。

老鸽子说:"你搬了这么多次家根本没有用啊,因为那种让你困扰的怪味并不是从窝里面发出来的,而是你自己身上的味道啊。"

尽管人们千方百计地避免种种问题的出现,但问题随时都会发生。问题究竟出在哪里?当人们开始静下心来认真思考这个问题的时候,真正的问题就有了解决的希望。费尽心机地挑剔别人或者埋怨环境,往往会掩盖正是自身原因才使事情变得更糟这一真相。我们处心积虑地证明,充其量不过是为日后推脱责任找借口。

有这样一则笑话:

"我发明了一种机器人,简直和人一模一样。"一位发明家向同事夸耀道。

"它从不出错吗?"同事问。

"不!但是当它犯了错误时,会把责任推到其他机器人身上。"

认识到"你就是问题的根源"这一真理,可以培养一个人高贵的品质。我们每个人都可能遇到挫折、失败,但是,我们没有理由把挫折、失败的责任归于外界,我们必须尽可能多地从自身来反省,并对挫折和失败承担起自己应该承担的责任。

【测试】

题目:假日到公园里享受悠闲时光,你通常会选择什么地方坐着消磨时间?

1. 人来人往的小径坐椅上
2. 柳树垂杨的湖畔边
3. 可以遮阳的凉亭内
4. 枝叶繁茂的大树底下

测试结果:

选1的人,表明你时常会把许多大小事情揽在自己身上,有时不该是你责任范围的事,也不知为何全落到你的头上来。如果你是真心想担起责任的话,当然没问题,可是如果你每次都为莫名其妙就身负重任而苦恼不已的话,那你就得学着适时拒绝,或者表达自己的反对意见……

选2的人,表明你还算是有责任心的人,但是并不会去承担职责外的责任。只要是自己分内的事,或者是自己捅出的娄子,你都会站出来负责到底,并找办法补救,但是,如果有人希望你多负担点不是你职责范围内的责任,可能就要有利益引诱,才能够说动你。

选3的人,表明有点小聪明的你,蛮懂得求救示警。每当有事情发生时,你首先想到的解决之道就是找人帮忙,当然,这也算是一种负责任的方式,不过,可能会有些人觉得你不能负责,所以,做事的时候,你应该表现出勇于负责,凡事先想办法自己解决。

选4的人,你最怕别人叫你负责,只要是必须肩负重责大任的工作,你总是会考虑再三,能不做就不做,但这并不是说你就没有责任心,一旦答应他人要做的事,你也会负责到底,只是为了怕麻烦,你总是希望能省一事就省一事。

【相关链接】

东方网消息:招聘时,用人单位看重毕业生哪些素质?

用人单位最看重的毕业生的素质是:责任意识、敬业精神、团队合作能力。

受关注程度靠后的指标有:毕业生所在学校品牌、领导能力、口头表达能力等。

模块3　不要忽视了沟通

一、学会有效沟通

当你开始埋怨好友时,是否每次都想到和他沟通?当你觉得下属表现不如往日时,你是否想到沟通?当你的部门和别的部门间相互指责时,你是否想到沟通?当你不知你的做法是否符合上司的要求时,你是否想到沟通?

沟通就是信息的传递与理解。远看，邹忌讽齐王纳谏是沟通、诸葛孔明舌战群儒是沟通……近看，国际外交风云变幻，有多少成功的转折都是靠卓越的沟通推动而取得重大胜利的。

《圣经·旧约》上说，人类的祖先最初讲的是同一种语言。他们在底格里斯河和幼发拉底河之间，发现了一块异常肥沃的土地，于是就在那里定居下来，修起城池，建造起了繁华的巴比伦城，后来，他们的日子越过越好。人们为自己的业绩感到骄傲，于是决定在巴比伦修一座通天的高塔，来传颂自己的赫赫威名，并作为集合全天下弟兄的标记。因为大家语言相通，阶梯式的通天塔修建得非常顺利，很快就高耸入云。上帝耶和华得知此事，立即从天国下凡视察，他看后又惊又怒，因为凡人是不被允许达到这样的高度的。上帝心想，人们讲同样的语言，就能建起这样的巨塔，日后还有什么办不成的事情呢？于是，他决定让人世间的语言发生混乱，使人们互相间言语不通。

自此，人们各自用起不同的语言，由于无法交流感情，思想很难统一，难免互相猜疑，各执己见，甚至争吵斗殴。这就是人类之间误解的开始。

修造工程因语言纷争而停止，人类的力量消失了，通天塔终于半途而废。

既然语言是用来沟通和交流的工具，那么，学会用恰当的语言进行人际沟通对职场人来说就显得尤为重要了。不管是对上司、属下、同仁、客户，或对各接洽商谈的单位，都需要良好的沟通。就拿医院的护理工作来说，护士需要70%的时间用于与他人沟通，剩下30%左右的时间用于分析问题和处理相关事务。很显然，如同其他职业一样，护理这个职业不仅需要专业知识和技能，更需要与他人沟通的能力。

测测你的人际沟通能力。

下面是一组沟通能力的小测试，请选择一项适合你的情形：

1. 在说明自己的重要观点时，别人却不想听你说，你会(　　)

A. 马上气愤地走开。

B. 你说完了，但你可能会很生气。

C. 等等看，还有没有说的机会。

D. 仔细分析对方不听的原因，找机会换一个方式去说。

2. 去参加老同学的婚礼回来，你很高兴，你的朋友对婚礼的情况很感兴趣，这时你会告诉她(他)(　　)

A. 详细述说从你进门到离开时所看到和感觉到的相关细节。

B. 说些自己认为重要的。

C. 朋友问什么就答什么。

D. 感觉很累了，没什么好说的。

3. 你正在主持一个重要会议，一个下属在玩弄手机并有声音干扰会场，这时你会(　　)

A. 幽默地劝告下属不要玩手机。

B. 严厉地叫下属不要玩手机。

C. 装着没看见，任其发展。

D. 给那位下属难堪，让其下不了台。

4. 你正跟老板汇报工作时，有人跑过来让你接一个重要客户的长途电话，这时你会(　　)

A. 说你在开会，稍后再回电话过去。

B. 向老板请示后，去接电话。

C. 说你不在，叫助理问对方有什么事。

D. 不向老板请示，直接跑去接电话。

5. 去与一个重要的客人见面，你会(　　)

A. 像平时一样随便穿着。

B. 只要穿得不要太糟就可以了。

C. 换一件自己认为很合适的衣服。

D. 精心打扮一下。

6. 一位下属已经连续两天下午请了事假，第三天上午快下班时，他又拿着假条过来，这时你会(　　)

A. 详细询问对方请假的原因，视情况决定是否准假。

B. 告诉他今天下午有一个重要会议，不能请假。

C. 你很生气，什么都没说就批准了他的请假。

D. 你很生气，不理会他，不批假。

7. 你刚应聘到一家公司就任部门经理，上班不久，你了解到本来公司中就有几个同事想就任你的职位，老板不同意，才招了你。对这几位同事你会(　　)

A. 主动认识他们，了解他们的长处，争取成为朋友。

B. 不理会这个问题，努力做好自己的工作。

C. 暗中打听他们，了解他们是否具有与你进行竞争的实力。

D. 暗中打听他们，并找机会为难他们。

8. 与不同身份的人讲话，你会(　　)

A. 对身份低的人，你总是漫不经心地说。

B. 对身份高的人说话，你总是有点紧张。

C. 在不同的场合，你会用不同的态度与之讲话。

D. 不管是什么场合，你都是用一样的态度之与讲话。

9. 在听别人讲话时，你总是会（　　）

A. 对别人的讲话表现出兴趣，记住所讲的要点。

B. 请对方说出问题的重点。

C. 对方老是讲些没必要的话时，你会立即打断他。

D. 对方不知所云时，你就很烦躁，想去做别的事。

10. 在与人沟通前，你认为比较重要的是，应该了解对方的（　　）

A. 经济状况、社会地位。

B. 个人修养、能力水平。

C. 个人习惯、家庭背景。

D. 价值观念、心理特征。

评分方法：

题号为1、5、8、10者，选A得1分、B得2分、C得3分、D得4分；其余题号，选A得4分、B得3分、C得2分、D得1分。将10道测验题的得分加起来，就是你的总分。

结果分析：

如果你的总分为10～20分，说明你经常不能很好地表达自己的思想和情感，所以你也经常不被别人所了解；许多事情本来是可以很好解决的，正是你采取了不合适的方式，所以会把事情弄得越来越糟。只要你学会控制好自己的情绪、改掉一些不良的习惯，你随时可以获得他人的理解和支持。

如果你的总分为21～30分，说明你懂得一定的社交礼仪，尊重他人；你能通过控制自己的情绪来表达想法，并能实现一定的沟通效果。但是，你缺乏高超的沟通技巧和主动性，许多事件只要你继续努力一点，就可大功告成。

如果你的总分为31～40分，你很稳重，是控制自己情绪的高手。你能不动声色地表达自己，有很高的沟通技巧和人际交往能力。只要你能明确意识到自己性格的不足，并努力优化之，定能取得更好的成绩。

二、恰当地表达自己

沟通的内容涉及两方面：一是增加别人理解自己的可能性，二是提高自己理解别人的能力。不管是哪方面，主动沟通者更容易与他人建立并维持广泛的人际关系，更可能在人际交往中获得成功。所以，要想干得更好，就要主动沟通、沟通、再沟通！

学会与老板和同事沟通就是一门不可不学的艺术。要知道，老板和同事只能看到你外在的工作表现，而看不到你为了更好地完成某项任务而加班加点的身影，更不能了解你内心对于这份工作的热爱之情。有些人只顾埋头工作，完成工作后一交了事，与老板和同事的交流很少，因而不容易得到老板的赏识和同事的认可。作为职场人，不但要会干，还要会沟通，要采用巧妙的方法让老板和同事感到你背后付出的努力和艰辛，让老板感到你的确是一个勤奋敬业的好下属，让同事感到你的确是一个勤奋敬业的好同事。

有一位财会专业的女生到一家公司应聘财会工作，财务经理对她不太满意，但人力资源经理还是给了她一次机会，安排她从事客服工作。结果，这位女生的表现实在令人失望。她的性格过于内向，不喜欢沟通和交流，既不主动和同事打招呼，也不向同事请教问题。很多时候，她不明白或者不清楚分配的任务时，不会主动向老板和同事发问，只是按照自己的理解去做，结果总是与老板的要求相差甚远，最终连唯一的工作机会也丧失了。

据统计，工作障碍有50%以上都是由于沟通不到位而造成的。一个不善于与老板和同事沟通的员工，是无法做好工作的。

在职场中，需要我们及时主动沟通的不仅仅是对上司，还包括属下、客户甚至一些公众人物。

众所周知，姚明有着出色的公众形象，是所有中国球员的榜样和模板，这与他出色的表达能力是分不开的。他心思机敏，妙语连珠；他总是让媒体充满和他对话的欲望和新奇感；他让人能够清楚记住他的每一句话。像世锦赛上“我在沙漠里走了太久，大郅就像我喝到的第一口水”这样的回答，足以让所有记者都眼前一亮。姚明也让媒体知道，他训练得有多么刻苦，他这一路走来多么艰难。

我们在表达自己的意图时，一定要注意能够让别人充分理解自己。沟通时的言语、动作等信息如果不充分，则不能明确地表达自己的意思；如果信息过多，又会使对方不舒服。最常见的例子就是，你不小心踩了别人的脚，一句“对不起”就足以表达你的歉意，如果你还继续说：“我实在不是有意的，别人挤了我一下，我又不知怎的就站不稳了……”这样啰唆反倒会令人反感。因此，信息充分而又无冗余是最佳的沟通方式。

三、学会倾听

我国伟大哲学家，思想家，儒家学派创始人孔子生活很拮据，当地村民送给他一些米粮。孔子想，这个米饭让谁来煮我才放心呢，他想到了大弟子颜回，颜回平日忠厚老实，不贪图小便宜，于是他就把煮米饭的任务交给颜回，颜回欣然接受，过了一会儿，孔子忍受不了米饭香味的诱惑，便到厨房，刚到厨房门口，他看到了一幕，颜回正手抓着米饭，大口地在吃，孔子十分生气，自己最喜爱的好弟子，怎么会这样呢，孔子回到了书房，此时，大弟子把米饭端进书房请老师吃，孔子心想，我要考验他一下，看看颜回是否真的不懂尊师重道呢？于是，孔子就和颜回说："我们难得吃一回米饭，先祭祭祖吧！"古时，祭祖必须是干净的食物，如果食物被沾染了肮脏的东西，那就是对祖先的大不敬。颜回一听要祭祖，"扑通"一声给师傅跪下了，说："老师，不能祭祖！这些米饭已经被我抓过了，也吃过了。"孔子心中暗喜，想想孺子还算可教。接着，颜回说了一句让孔子非常震惊的话："厨房年久失修，又没有清理过，当我打开锅盖时，热气使棚上的灰掉到了锅里，米饭脏了，我想扔掉太可惜，就把这些脏的吃掉，既可以让我吃饱，也可以让师傅您吃到干净的米饭。"孔子听后感叹到，原来我亲眼看到的也不是真的。

从上面的故事可见，不管你认为对一个人的举止有多了解，也要和他进行沟通，听听他人的想法和意见，这样才能消除不必要的误会和猜疑。更何况，我们在工作中接触更多的是不同部门的同事，甚至是不同公司的客户，学会倾听就显得更为重要了。

成为一个好的听众，有助于建立融洽的人际关系，善于倾听，等于向成功迈进了一大步。

在美国，曾有科学家对同一批受过训练的保险推销员进行过研究。这批推销员受过同样的培训，但业绩差异却很大。科学家从业绩最好和最差的人中选取10%作对照，研究他们每次推销时自己开口讲话的时间有多长。

研究结果很有意思：业绩最差的那10%，每次推销时说的话累计为30分钟；业绩最好的那10%，每次推销时说的话累计只有12分钟。大家想想看，为什么只说12分钟话的推销员业绩反而好呢？很显然，他说得少，自然听得多。听得多，对顾客的各种情况自然了解得多，自然会采取相应措施去解决问题，业绩自然就优秀了。

所以，从现在开始，对别人多听多看，将他们当作世上独一无二的人对待，你将会发现，你比以往任何时候更善于与人沟通。

总之，沟通是一门学问，沟通是一种艺术，赶快培养你的沟通意识和能力吧！

【测试】

每个人都有独特的与人沟通，交流的方式。阅读下面的情境问题，选出你认为最合适的处理方法，请尽快回答，不要遗漏。

1. 你的上司的上司邀你共进午餐，回到办公室，你发现你的上司颇为好奇，此时你会（　　）

A. 告诉他详细内容。

B. 不透露蛛丝马迹。

C. 粗略描述，淡化内容的重要性。

2. 当你主持会议时，有一位下属一直以不相干的问题干扰会议，此时你会（　　）

A. 要求所有的下属先别提出问题，直到你把正题讲完。

B. 纵容下去。

C. 告诉该下属在预定的议程之前先别提别的问题。

3. 当你跟上司正在讨论事情时，有人打长途来找你，此时你会（　　）

A. 告诉上司的秘书说不在。

B. 接电话，而且该说多久就说多久。

C. 告诉对方你在开会，待会儿再回电话。

4. 有位员工连续四个周末要求提早下班，此时你会说（　　）

A. 我不能再容许你早退了，你要顾及他人的想法。

B. 今天不行，下午四点我要开个会。

C. 你对我们相当重要，我需要你的帮助，特别是在周末。

5. 你刚好被聘为某部门主管，你知道还有几个人关注着这个职位，上班的第一天，你会（　　）

A. 找个别人谈话，以确定有几个人有意竞争职位。

B. 忽略这个问题，并认为情绪的波动很快会过去。

C. 把问题记在心上，但立即投入工作，并开始认识每一个人。

6. 如果有位下属对你说，"有件事我本不应该告诉你的，但你有没有听到……"你会说（　　）

A. 我不想听办公室的流言。

B. 跟公司有关的事我才有兴趣听。

C. 谢谢你告诉我怎么回事,让我知道详情。

说明:

答案如下:

1. A 2. A 3. C 4. C 5. C 6. B

回答正确得1分,回答错误得0分。

1. 得分在0~2之间为沟通技能较低;
2. 得分在3~4之间为沟通技能中等;
3. 得分在5~6之间为沟通技能较高;
4. 分数越高说明你的沟通技能越好。

模块4 不可或缺的团队意识

一、团结就是力量

自然界是一个唇齿相依的大家庭,宇宙万物彼此关联。一旦人与人组合在一起,就有了战胜一切的强大力量!自然界中到处都有团队的影子。

漂流的蚁球

黄昏的时候,洪水最终撕开了江堤。小小院子成了一片汪洋泽国。清晨,受灾的人们三三两两站在堤上,凝望着水中的家园。

忽然,有人惊呼:"看,那是什么?"一个黑点正顺着波浪漂过来,一沉一浮,像一个人。大家看了半天,只听一个小朋友说道:

"我知道,那是个蚁球。"

"蚁球?"大家不解。

当蚁球顺流慢慢漂近时,大家看清了:一个足球大小的蚁球!黑乎乎的蚂蚁密密麻麻紧紧抱在一起。风起浪涌,蚁球漂流,不断有小团蚂蚁被浪头打开,就像铁器上的漆片被剥离而去,人们看得惊心动魄。

蚁球靠岸了,只见蚂蚁们一层层地散开,像是打开的登陆艇。蚁群迅速而秩序井然地一排排冲上堤岸,胜利登陆了。

岸边水中留下了不小的一团蚁球,那是英勇的牺牲者,它们再也爬不上来了,但它们的尸体,仍然紧紧抱在一起。

团队可以发挥最大的力量，动物如此，人类也是如此。我们毕竟不是事事精通的天才，因此我们必须具备团队意识，学会与他人合作。

三个和尚在破庙里相遇。“这庙为什么荒废了？”不知是谁提出问题。

“必是和尚不虔，所以菩萨不灵。”甲和尚说。

“必是和尚不勤，所以庙破不修。”乙和尚说。

“必是和尚不敬，所以香客不多。”丙和尚说。

三人争执不下，最后决定留下来各尽所能。

于是甲和尚礼佛念经，乙和尚整理庙务，丙和尚化缘讲经。果然香火渐盛，旧庙换了新颜。

“都因我礼佛虔心，所以菩萨显灵。”甲和尚说。

“都因我勤加管理，所以庙务周全。”乙和尚说。

“都因我劝世奔走，所以香客众多。”丙和尚说。

三人日夜争执不休，庙里的盛况又逐渐消失了。各奔东西的那天，他们总算得出一致的结论：这庙的荒废，既非和尚不虔，也非和尚不勤，更非和尚不敬，而是和尚不睦。

二、每名队员都很重要

去过庙的人都知道，一进庙门，首先是弥勒佛笑脸迎客，而在他的背面，则是黑口黑脸的韦驮。但相传在很久以前，他们并不在同一个庙里，而是分别掌管不同的庙。弥勒佛热情快乐，所以来的人非常多，但他什么都不在乎，丢三落四，没有好好管理账务，所以入不敷出。韦驮虽然管账是一把好手，但成天阴着个脸，太过严肃，来得人越来越少，最后香火断绝。佛祖在查香火的时候发现了这个问题，就将他们俩放在同一个庙里，由弥勒佛负责公关，笑迎八方客，于是香火大旺。而韦驮铁面无私，锱铢必较，则让他负责财务，严格把关。在两人的分工合作中，庙里一派欣欣向荣的景象。

可见，在一个团队中，每个人都有自己的角色定位，缺一不可。

相信不少人都看过号称“烧钱运动”的 F1 赛车大奖赛，在惊叹这项运动惊险刺激的同时，你是否知道在每个赛车手风光的背后有着一个无比强大的团队，有着各司其职的队员。

给大家看这样一组数据：两名车手，两部赛车，每站比赛停站 2 ~ 3 次，每次大约 7 ~ 10 秒，在这段时间需要加油、换胎、简单维修……现场工作人员 10 余名，外加领航员等，总共约 20 人。比赛时，赛车时速最高可达 300 公里以上，而每辆赛车之间只有几秒钟的差距。另外，每个车队还有科研、生产、调试、数据收集等从事后勤服务的人员约600人。

这样一个团队的工作是环环相扣的,假如某一个人或某一个环节出了问题,且不说最后会造成什么样的损失,单就进站本身而言,哪怕多耽误0.1秒,要追赶起来也是非常困难的,因此,赛车团队的工作速度是以毫秒为单位计算的。正因为如此,不管是“车王”舒马赫,还是“冰人”莱克宁,他们获胜后的第一滴香槟都是喷向队友的!金牌,也是挂在团队每一个人的胸前的!

三、忠于你的团队

一位虔诚的佛教徒来到佛祖释迦牟尼面前,问佛祖:“一滴水,怎样才能让它不干?”

佛祖回答:“让它融入大海。”

佛教徒顿时醒悟:“一滴水融入大海才能永不干涸,才能掀起滔天巨浪;离开雁群的孤雁或者迷失方向,或者客死他乡。人也一样,任何人都离不开团队的庇护和提携。”

佛祖又说:“可是,在人们期望得到团队庇护之前总是忘记提前为团队累积力量。”

在我们每个人渴望融入团队、希望得到团队的庇护时,你是否首先想过自己能为团队做些什么,作为团队中的一员,我们首要应该尽到的职责就是忠于团队。

忠于团队,意味着无论队伍处于高峰还是低谷,我们都能不离不弃;忠于团队,意味着我们能恪尽职守;忠于团队,意味着我们能团结帮助每一名队员,不论你是否喜欢他(她);忠于团队,意味着团员间应相互理解而不是相互抱怨。

一个农民和其他邻居一起种瓜,这个农民勤劳肯干,而且还懂得科学种瓜,所以他的瓜总是比邻居的瓜长得快,而且也甜。最近几天,几位邻居的瓜都长了一种虫子,瓜秧都被咬死了。

由于提前做了预防,而且近几天又连续喷药,这个农民的瓜地里并没有发现这种虫子,所以他高兴极了,每天边干活边想着今年的好收成。

邻居纷纷来向他讨教瓜地不生虫的方法,这个农民却想:“如果我告诉了他们预防和治疗的方法,那他们地里的瓜岂不是也和我地里的瓜一样长得好,这对我有什么好处呢?”所以他假装不知道。可是好景不长,几天后,邻居地里的虫子就爬到了这个农民的地里,眼看着又大又嫩的瓜被虫子啃伤,这位农民后悔莫及。

【测试】

团队合作能力

请按照你的理解给以下各题相应的得分：

同意 不同意

1. 我想继续成为这个小组的成员。 1 2 3 4 5 6 7 8 9
2. 我经常参与到小组的讨论中去。
3. 我非常喜欢我的小组。
4. 我不在乎这个小组发生什么事情。
5. 我感到自己参与了小组的一切活动。
6. 如果现在可以退出这个小组，我就会退出。
7. 我害怕到这个小组中。
8. 我对这个小组不满意。
9. 我希望这个小组的活动现在就结束。
10. 如果现在可以转入其他小组，我就会这样做。
11. 我觉得小组的讨论太封闭了，不能自由发言。
12. 尽管存在个体差异，我们这个小组还是很团结的。
13. 与我了解的其他小组相比，我们这个小组还是较好的。
14. 我觉得自己不属于小组活动的一分子。
15. 我觉得如果我不在这里，小组就会是另外一个样子。
16. 如果有人告诉我，我要离开这个小组，我会很难过。
17. 我觉得自己与小组有一定的距离。
18. 这个小组的活动对我来说很重要。
19. 我觉得自己的缺席对小组没有多大影响。
20. 如果漏掉一次小组会议，我不会感到难过。

说明：

1. 累加第4，6，7，8，9，10，14，17，19，20项的得分。

2. 对其余各项用10减去你所得的分数，得到一个校正后的分数，比如，如果你的第一项得了3分，那么你的校正分数就是10－3＝7分。

3. 把上述10个直接得分和10个校正后的分数累加起来。

4. 分值越高，说明你对集体的感情越强，团体合作越协调。

总结:

1. 团队合作最重要的体现就是要注意听取团队中其他成员的意见。

2. 能够为团队的发展出谋划策,提出自己的看法。

模块5 学会在竞争中生存

一、有竞争,工作才有动力

非洲,每天早晨,羚羊睁开眼睛所想到的第一件事就是,我必须比跑得最快的狮子跑得更快,否则我会被吃掉;而就在同一时刻,狮子从睡梦中醒来,首先闪现在他脑海中的是,我必须能赶得上跑得最快的羚羊,要不然,我会饿死。于是,几乎同时,羚羊和狮子一跃而起,迎着朝阳跑去。

这是一则很老的故事,但却说明一个永恒不变的真理——学会在竞争中生存是我们前进的主要动力。

查尔斯·施瓦斯是美国著名的企业家,他属下一个子公司的职工总是完不成定额。该公司经理几乎用尽了一切办法——劝说、训斥,甚至以解雇相威胁,但无论采用什么方法都无济于事。

施瓦斯决定亲自到该公司处理这件事。他在公司经理的陪同下去巡视工厂,这时,白班工人正好要下班,夜班工人正好要接班。施瓦斯问一位工人:"你们今天炼了几炉钢?"

"5炉。"工人回答说。

施瓦斯听了工人的回答后,一句话也没说,拿起笔在公司的布告栏上写了一个"5"字,然后就离开了。

待夜班工人上班时,看到布告栏上的"5"字,感到很奇怪,不知道是什么意思,就去问门卫,门卫将施瓦斯来公司视察并写下"5"字的经过详细地讲述了一遍。

次日早晨,当白班工人看到布告栏上的"6"字后,心里很不服气:夜班工人并不比我们强,明明知道我们炼了5炉钢,还故意比我们多炼1炉,这不是明摆着给我们难堪,让我们下不了台吗?于是,大家劲儿往一处使,到晚上交班时,公布栏上写下了"8"字。

智慧过人的施瓦斯用他无言的行动,激起了公司员工之间的竞争,最高日产量竟然达到了16炉,是过去日产量的3.2倍。结果,这个平日落后公司的产品产量很快超过了其他公司。

这回你可明白了吧,一个人要想在职场中生存和发展,就要有一种比对手做得更好的意识,这样才能使自己脱颖而出。

一位老总曾经谈过这样一件事:一次,他的公司招聘一名经理,有很多人前去应聘,他一眼就从应聘者中看中了一个小伙子。面试开始了,一个又一个的应聘者走进了办公室,可那个小伙子却一直没有露面。老总感到很奇怪,于是就让秘书去了解一下情况。秘书回来报告说,那位小伙子遇到了同时来应聘的一些朋友和亲戚,于是就让他们先进来面试了。终于,小伙子进来了,果然,他显示了高于其他应聘者的能力,但最终没被老总录用!

小伙子虽然拥有超人的才干,但他缺乏竞争意识。他既然能把应聘的优先权让给别人,难保不会把重要的商机让给竞争对手。才能是可以培养的,而竞争意识则是内生的。一个公司是不会让一个没有竞争意识的人去管理的!

【测试】

测测你的竞争意识

你在生活和工作中具有竞争意识吗?下面10道题,可帮助你测知你的竞争意识。每道题后面有5个备选答案,其中,a表示完全不同意,b表示大部分不同意,c表示不能确定,d表示大部分同意,e表示完全同意。a、b、c、d、e的计分标准依次为1分、2分、3分、4分、5分。测试时,在你回答的字母上标个记号。

1. 和同等条件的人相比,你能做出比他们更好的成绩吗?(a、b、c、d、e)

2. 你能积极参加能表现自己能力价值的任何活动,而从不谦让吗?(a、b、c、d、e)

3. 别人时刻想超过你,你相信他们有时会采用一些不正当的手段吗?(a、b、c、d、e)

4. 当你知道和你条件相当的人做出成绩时,你有不服气的感觉,并也想做点事试试吗?(a、b、c、d、e)

5. 你认为,人生就是一场竞争,适者生存、优胜劣汰吗?(a、b、c、d、e)

6. 你十分乐意选择有一定困难、意义重大的工作吗?(a、b、c、d、e)

7. 如果愿意与别人合作,其合作程度从低到高为:(a、b、c、d、e)

8. 你好像不被人接受,即使你出于好心。(a、b、c、d、e)

9. 竞争对成就的作用,从低到高为a、b、c、d、e的话,你认为哪一个最符合你。

10. 人们之间的竞争程度，从弱到强为 a、b、c、d、e，你以为哪一个最符合你。

好了，现在将你的 10 道题的得分加在一起，算出总分。

如果你的总分在 30 分左右，你的竞争意识为一般；如果你的总分在 45 分左右，则你的竞争意识很强。祝愿你在竞争中取得成功。

二、有竞争，我们才能完善自我

当今社会，竞争无时不在、无处不在。有了竞争，我们才会走得更远、发展得更好；没有竞争，我们将会独孤求败、停止不前。

近几年，国际乒联对乒乓球竞赛规则做出了三项改革，第一，增大比赛用球；第二，每局比赛改为 11 分制；第三，实行无遮挡发球。这样做的目的是什么？就是减少发球的威胁，增加相持球的机会，提高乒乓球比赛的对抗性和观赏性。此外，也是为了遏制中国乒乓球队一枝独秀的势头。因为，一项赛事，如果长期被某个队垄断竞争优势，是不利于这项赛事的普及和推广的。

也正因为如此，在中国乒乓球队包揽横滨世乒赛五枚金牌后，“乒乓球运动已到最危险时候”的说法就不绝于耳了，蔡振华的“养狼计划”横空出世自然也就成了顺理成章的事儿。“为了国球的健康发展，我们必须培养强有力的竞争对手，这虽然听起来有些不可思议，但竞争法则就是如此，没有竞争，任何人或事都不能健康成长或发展。”

2012 年的伦敦奥运会之所以和男子棒球、女子垒球说拜拜，就是因为这两项赛事长期被个别国家垄断竞争优势，从而使其失去了在世界大多数国家和地区普及的机会。

有了竞争，我们才得以不断完善自我。所以，我们要感谢竞争！

三、宽容地对待竞争对手

也许有的人以为竞争就是不择手段地战胜对方，“置人于死地而后快”，其实，从某种意义上讲，竞争对手是比朋友还亲的朋友。因为竞争对手可以激发我们的干劲与潜能，激励我们不断向前，让我们看清奋斗的方向。

2006 年 5 月，哈佛大学研究生院学生会主席竞选进入白热化阶段，中国女孩朱成成为备受关注的一匹黑马。朱成有三个主要竞争对手，分别是哈恩、吉米和隆德里格斯。

竞争异常激烈，大家纷纷曝出对方的丑闻。这时，隆德里格斯曝出朱成的丑闻，说她以救助南非孤儿为名，侵吞了大量捐款，而那个孤儿却依然流浪街头。

这个谣言让朱成受到了很多选民的质疑。朱成及时在学校召开新闻发布会,把那个四岁的南非女孩抱到了学校,并且出具了她生活得非常幸福的证明,以澄清谣言。哈恩和吉米趁大家怀疑隆德里格斯的时候,又曝光了隆德里格斯在一家中国超市里被警察询问的录像。说他因为偷窃而被人抓住,有这种行为和污点的人,哈佛怎么能够容忍他成为学生会主席?

2006年5月11日,4个竞选者一起召开了新闻发布会。朱成走上台,说明了隆德里格斯超市行窃的事情原委。说自己认识那家中国超市的老板,她去那家超市问明了整个事情的经过。事实上,隆德里格斯并不是因为行窃而是因为帮助老板抓到了小偷而被警察询问的。瞬时,整个发布会现场哗然了,隆德里格斯不可思议地抬头看了看朱成。

在最后投票前的15分钟,隆德里格斯宣布了自己退出的消息,并且号召自己的支持者把票投给朱成。他说,他无法做到朱成的真诚与宽容,他已经输了……

这样,朱成就成了哈佛第一任华人学生会主席。那些投票给她的学生们说,他们相信,只有内心真正强大的人,才会追求公平和公正。这话说得多好!

即使我们在竞争中失败了,也不应心怀妒嫉。培根说,人类"最卑劣、最堕落的情欲是嫉妒"。古往今来,嫉贤妒能者比比皆是。战国时期的庞涓嫉妒成疾,不择手段陷害师兄孙膑致残,为人所不齿。周瑜时时处处嫉妒诸葛亮,发出"既生瑜,何生亮"的感叹,结果郁闷于胸,吐血而死……

其实,不论是在职场中,还是在生活中,竞争无处不在,也总会有人走在我们的前面,这时,我们要感谢那些走在我们前面的人,因为有了他们,我们才能看到自己的不足和差距。努力向这些人看齐,那么你收获的将是幸福、快乐与成功!

【测试】

下列小测试,将帮助我们了解自己的竞争状态。

1. 在职业的选择上,你希望找一个很稳定的工作吗?

A. 不是

B. 是

C. 不一定

2. 为了适应环境,人们应该(　　)。

A. 视情况而定

B. 对不同的人讲不同的话

C. 对不同的人讲不同的话是滑头的表现

3. 在平时的工作中，你非常想超过别人吗？

A. 经常这样想

B. 有时这样想

C. 从未想过

4. 与过去相比，你是否更愿意参加各种竞赛，以检验自己能力的高低？

A. 愿意

B. 无所谓

C. 不愿意

5. 你认为对于竞争的正确态度是(　　)。

A. 竞争能发挥个人才能，应该积极参与

B. 竞争不关我的事

C. 竞争会带来很大的压力，造成心理紧张

6. 业余时间，你最喜欢读的书籍是(　　)。

A. 名人传记类

B. 文艺小说类

C. 娱乐类

7. 现代社会竞争激烈，为保证在事业上胜过别人，不能把自己知道的信息告诉别人，你的态度是(　)。

A. 反对

B. 不大同意

C. 同意

8. 我认为对于朋友的选择应(　　)。

A. 选择志同道合的朋友

B. 非常慎重

C. 广交朋友

9. 一个人应该从事任务重、风险大、收入高的工作。你对此观点的态度是(　)。

A. 同意

B. 不一定

C. 反对

为方便统计，记分方法如下：A 为 2 分、B 为 1 分、C 为 0 分，请将每题的分

数累加。

OK,看一下你的情况吧。

12 ~ 18 分:你是一个喜欢竞争的人,也能选择正确的竞争观,但你更加喜欢竞争本身,而非竞争的结果。通常你是职场上较爱出风头的人,你对自身要求也较高。总体来说,你的职业竞争力很好。对你而言,选择合适你的职业方向显得非常重要,因为你通常走得较别人快,一旦走错了方向错得也会较远。

7 ~ 11 分:你是个不怕竞争的人,在竞争面前能够从容处事,能用理性的思维看待问题,而不会在强大的压力之下盲目地做出决定。但也许因为你工作缺少主动性而会丧失很多机会,所以,拟订一个长远的职业规划将能够弥补这一不足,并且使你的抗压能力发挥得更好。

0 ~ 6 分:你是一个回避竞争的人,甚至是个害怕失败的人。但你千万别忘了,这是个竞争的社会,没有竞争意识等于缺乏生存力。虽然你害怕失败,但通常失败的经历常会找到你,职业发展上常常会出现各种各样的问题。通常,你是最需要帮助的那一类人。

模块 6　打造最佳服务意识

作为社会人,我们每个人都要和别人打交道,只要打交道,就有服务者和被服务者。如,乘坐公交车时,司售人员是服务者,乘客是被服务者;各行各业的从业者接待客人时,自己是服务者,客人是被服务者,我们既是服务者又是被服务者,为了让自己工作更出色,何不站在被服务者的立场上,多为他们考虑,提供最优质的服务呢!

一、诚心对待你的客户

在日本,有一个汽车销售员叫水口先生,他一年卖的车子有千台以上,而一年能够卖 100 台车子就是很优秀的销售员了,水口竟然能卖一千多台车子,他是怎么做到的呢? 他的做法其实很简单:站在客人的立场上,诚心对待客户。

客人来买车子时,水口一般会问介绍人是谁,并从电脑中迅速调出介绍人的资料,包括买车的时间、用车的情形等。然后,水口会根据客人的实际情况推荐合适的车型。一般推销一台车子用不了几分钟,一年卖一千多台车子也就不足为奇了。

让人称道的是,购车者众口一词:"水口先生推荐买什么就买什么。"要做到这一点可不是说说那么容易的,它完全建立在客人对水口先生充分信任的基础上,而这全归功于水口先生能时时刻刻站在客人的立场上,诚心对待客户。

一次,有一位50多岁的先生来给孩子买跑车,价格不是问题,只要能让孩子心仪就行。结果,水口推荐他去另一家店买,买回去后,孩子爱得不得了。你想想看,这个先生将来买车,绝对会再来找水口先生的。

据一项在新加坡商场中所作的调查,当顾客对劣质服务不满意时,会有如下反应:70%的购物者将到别处购买,39%的人表明投诉太麻烦,24%的人会告诉其他人不要到提供恶劣服务的商场购物,17%的人将对恶劣服务进行投诉,9%的人会责备恶劣服务的商场人员。以上结果说明:提供恶劣服务而使顾客不满意的门店,毫无疑问将失去顾客。

究竟什么样的服务才是品质最高的服务呢?如果客户需要的是一把锤子,你却给他拿来一把斧子,那你的服务就是劣质的;如果你给客户一把方便耐用的锤子并免费赠送一些钉子,相信你的客户就会记住你所提供的"品质最高的服务"。

一位姓王的培训师讲过一个关于酒店枕头的故事。由于经常穿梭于各个城市讲课,入住酒店就成为这位培训师的家常便饭。王老师这个人有个习惯,就是喜欢睡高枕头。他自我解嘲说,因为日常职业是教师,是"卖声"一族,工作劳累,当然希望"高枕无忧"了。

通常,在外地培训,王老师都是一个人住一个标准间,他就总是把另一张床上的枕头拿过来用,但第二天,客房服务员会把他用过的枕头放回原来的床上,长此下去,培训师觉得总是麻烦服务员,自己都不好意思了,于是就养成一个习惯,第二天主动把枕头放回原位。

后来有一次,王老师到了西南某城市的酒店,由于实在劳累,第二天起床后就把放枕头的事忘了,晚上回到房间,他却发现了一个小小的变化。首先,枕头变了,下面是一个普通枕头,上面是一个散发淡淡药香的保健枕头,而且比普通枕头高了一些。再一看,床头柜上有一盒喉宝,另附一张便条。便条的大意是:尊敬的客人,本酒店欢迎您入住,并感谢您能来本地授课……为表示本店心意,特送上一盒喉宝,如果您不喜欢这种口味的喉宝,请告诉我们,以便我们改善服务。便条落款是酒店客房部经理。

不难想象,今后再到这个城市,培训师肯定还会入住这家酒店,而且,他还会介绍朋友入住。

二、发自内心的服务才是最能打动人的服务

某大饭店的服务员，早晨向一位客人问候了三声“先生，您好”，没想到，却被这位客人投诉到了总经理那里。

原来，那位客人有早起散步的习惯。当日，他起来散步，出门时服务员问了一声：“先生，您好”；散步回来进门时，服务员又问了一声：“先生，您好”；上电梯时，一位服务员问了第三声：“先生，您好”。这位客人面对如此礼遇，反而把他们投诉到饭店总经理那里了。

刚开始，总经理感到莫名其妙：为什么我们的服务这样规范还会被投诉？经过了解，原来是服务员的态度刻板，缺少情感，千人一面，让人心里不舒服。

透过这个案例，我们想告诉大家，执行了单位的规定并不一定能打造出最佳的服务，如果你能把内心最富有的感情因子添加到与人交往的过程中，真心实意地对待他人，就是让客人记住你的无微不至，你将会成为整个单位的服务明星。在上面的例子中，如果我们换一种说法，情形就大大不同了。比如，门童问候客人时说：“先生，您好，外面起风了，您多注意保暖。”客人回来后，门童说：“您回来了，先生，大厅刚拖过地，您小心脚底下”……相信这样的服务人人都会喜欢。

【课后小测试】

测测你的服务意识有多强

下面一些问题能够检验出你对服务他人的理解以及你的服务能力。

1. 请讲一次这样的经历：你使一个对你非常不满的客户改变了看法。是什么问题？你是怎样让客户回心转意的？

2. 讲一次你曾经为了实现与工作有关的目标而做出个人牺牲的经历。

3. 你认为质量和客户服务的关系是什么？

4. 很多人都把服务客户的重点放到处理客户投诉上，你认为这种策略存在哪些问题？

5. 讲一个你曾经解决的这样一个问题：一位客户要求解决问题的方法和公司利益发生冲突，你是怎样消除这个矛盾的？

6. 在客户服务中，公司的政策和规定起着什么样的作用？

7. 请列举优秀的客户代表应具备的四种基本素质。这四种基本素质为什

么很重要？

8. 如果客户对所发生的事情的判断是完全错误的话，你该如何解决这个问题？

9. 统计数字表明，19 个客户中，只有 1 个客户会投诉，而其他 18 人尽管不满意也不会说什么，但再也不会购买你的产品了。客户服务代表在鼓励沉默的客户表达自己看法时有哪些方法？

第二单元 职业能力训练

我国人力资源和社会保障部将以下八种能力确定为职场人士的核心技能，分别为交流与表达、数字与运算、革新创新、自我提高、与人合作、解决问题、信息处理和外语应用能力。下面，我们将有选择地对其中几种能力进行强化训练。

模块1　职场成功源于敏锐的观察判断能力

在开始本模块的学习前，让我们先来测试一下你的观察力能力吧！

1. 第一次进入办公室时，你会（　　）。

   A. 注意桌椅的摆放

   B. 注意用具的准确位置

   C. 观察墙上挂着些什么

2. 与客户相遇时，你（　　）。

   A. 只看他的脸

   B. 只看他脸上的个别部位

   C. 悄悄地把他从头到脚都打量一遍

3. 你从看过的风景中记住了（　　）。

   A. 色调

   B. 天空

   C. 当时浮现的那种感觉

4. 早晨醒来后，你（　　）。

   A. 马上想到该做什么

   B. 回想昨晚做的梦

C. 回忆昨天都做了些什么

5. 坐上公共汽车时，你(　　)。

A. 谁都不搭理

B. 看看站在身旁的人

C. 跟距离最近的人搭话

6. 在办公室里，你经常观察(　　)。

A. 街上行驶的车辆

B. 办公室的设施

C. 你的同事

7. 看橱窗时，你(　　)。

A. 只关心对自己有用的东西

B. 也要看看此时不需要的东西

C. 注意观察每一样东西

8. 在家里，需要什么东西时，你会(　　)。

A. 把注意力集中在可能存放东西的地方

B. 到处寻找

C. 请家人帮着寻找

9. 看到亲戚、朋友过去的照片，你会(　　)。

A. 激动

B. 觉得可笑

C. 尽量了解都是谁

10. 假如有人建议你去参加你不会的运动，你会(　　)。

A. 试图学会玩并且想赢

B. 借口过段时间再玩而拒绝

C. 直言你不玩

11. 在公园等一个人，你会(　　)。

A. 仔细观察近在身边的人

B. 看报纸

C. 想某事

12. 在满天繁星的夜晚，你会(　　)。

A. 努力观察星座

B. 只是一味地看天空

C. 什么也不看

13. 放下正在读的书时,你会(　　)。

A. 用铅笔标出读到什么地方

B. 放上书签

C. 相信自己的记忆力

14. 你会记住领导的(　　)。

A. 姓名

B. 外貌

C. 什么也没记住

15. 你在摆好的餐桌前,经常(　　)。

A. 赞美它的精美之处

B. 看看人们都到齐了没有

C. 看看所有的椅子是否都放在合适的位置上

答案及评分:

评分＼序号	1	2	3	4	5	6	7	8	9	10	11	12	13	14	15
A	2	1	3	3	1	1	1	3	2	3	3	3	3	2	1
B	3	2	2	1	3	3	2	1	1	2	1	2	2	3	2
C	1	3	1	2	2	2	3	2	3	1	2	1	1	1	3

得分说明:

A 型总分 15 ~25 分,B 型总分 26 ~35 分,C 型总分 36 ~45 分。

A 型:你的观察能力有待提高,你比较注重个人感受,而忽略了许多真实的东西,或者仅限于对自己感兴趣的人或事有观察。建议你要多观察工作中的细节,这样才能做得更好。

B 型:你有一定的观察能力,但带有强烈的主观色彩。一般来说,在服务中,你待人接物往往会有一定的偏见,全凭自己的喜欢来判定所观察到的事物。建议你在工作中要收敛自己的主观情绪,把心思更多地放在如何根据你观察到的细节去让他人满意上。

C 型:你有很敏锐的观察能力,并且会有目的、有意识地去观察身边的事物。你观察到的"蛛丝马迹"总是能在适当的时候为你所用。在工作中,你总能敏锐并且得当地利用你所观察到的信息,因地制宜地采取有效的工作方法。

一、观察始于理解和模仿

与口头语言相比，人的身体语言能够传递更多的信息，因此，理解身体语言是理解他人的一个重要途径。从他人的目光、表情、身体运动与姿势，以及彼此之间的空间距离，我们能感知到对方的心理状态。了解了对方的喜怒哀乐，我们就能够有的放矢地调整我们的交往行为。

要培养自已敏锐的观察力，善于从对方不自觉的姿势、目光中发现对方内心的真实状态。不要简单地下结论，身体就像一个无法关闭的传送器，时刻传送着人们的心情和状态。比如，中国人喜欢客套，当客人起身要走时，往往极力挽留，然而很多时候，这些挽留都并非出自诚意，这一点我们从主人的身体语言上是可以看出来的，口头上慢走，却早已摆出了送客的架势。

理解别人的身体语言，最重要的是要从别人的角度来考虑问题。要用心去体验别人的情感状态，也就是心理学上常讲的要注意“移情”。当别人对你表情淡漠，很可能是由于对方遇到了不顺心的事，因此不要看到别人淡漠就觉得对方不重视你。事实上，这样的误解，在年轻人中最容易出现，也最容易导致朋友、恋人之间的隔阂。站在别人的角度，替别人着想，才能使交往更富有人情味儿，使沟通更顺利。

通过有意地与他人在言谈举止上保持一致，可以与对方建立良好的合作关系，如有客人气急败坏地向我们投诉时，我们相应有遗憾、同情的表情，而不能面带微笑、不急不慢、不温不火。要模仿一个人时，必须具备敏锐的观察力及弹性，而唯一能让你熟练的方式就是练习！一开始模仿他人的动作、表情、呼吸时，你会觉得非常不自在，同时做得不好或不像，这是必然的现象，不过当你练习得够多够久后，你会对人生理上的变动及肌肉使用变得特别敏锐，这时，你甚至不必刻意去模仿他人的生理状态，便能自然地做出和对方相同的动作、表情和呼吸来。当你能达到这种地步时成功也就离你不远了。

二、有价值的信息来自细心的观察

有句俗话说：要想钓到鱼，首先要问问鱼儿爱吃什么？服务不是蒙了眼睛蛮干，而是要去悉心观察，通过观察，了解顾客内心真正的需求。

美国沃尔玛的老板在去世以前有一个习惯，在看他的门面时，他喜欢站在门口观察。他说，公司到底碰到什么问题，还有顾客对公司有什么想法，这要站在门口才能发现。一家饭店最容易出现问题的地方一定是在它的大堂，所以饭店一定有一个大堂副理，这个大堂副理就是要替饭店经理去观察这个市场。可惜,很多大堂副理只是坐在那里打电脑,或者写公文或者看文件。大堂副理要站到大堂的中间去观察整个大堂,就像美国沃尔玛的老板一样,站到门口去看看发生了什么事儿,以便收集相关信息。

有一位美国客人入住某饭店,他个性孤僻,不喜言笑,单身。在饭店住了一周,几乎从不开口,不跟人打招呼,更难得让人看到一丝微笑。楼层服务员觉得这位客人极难伺候,任凭他们如何笑脸相待、主动招呼,所得到的总是一张铁板的脸,天天如此。

每天早上,他爱去自助餐厅吃早饭。当他吃完自己挑选的食品之后,便开始在台上寻找什么东西,一连三天都是如此。第一天,餐厅领班小梅问他要什么东西,他没吭一声,掉转头便走出餐厅。第二天小梅又壮起胆子问他,他还是一张冷冰冰的脸,小梅窘得双颊发红。当这位美国客人正欲步出餐厅时,小梅又一次笑容满面地问他是否需要帮助?也许是小梅的诚意感动了他,他终于吐出“香蕉”一词,这下小梅明白了。第三天早上,那位沉默寡言的客人和平时一样又来到自助餐厅,左侧一盘黄澄澄的香蕉吸引了他的注意力,绷紧的脸第一次有了一丝微笑。在接下来的几天里,饭店每天早餐都特地为他准备了香蕉。

几个月后,这位客人又来到该饭店。第二天一早他步入自助餐厅,原以为这次突然“袭击”餐厅一定没有准备香蕉。孰料走进餐厅,迎面就是引人注目的一大盘香蕉。这位“金口难开”的客人看到小梅,第一次主动询问是不是特意为他准备的香蕉。小梅嫣然一笑,告诉他昨晚总台服务员已经给餐厅带来了他入住本店的信息。

“太感谢你们了”,美国客人几个月来第一次向饭店表示了发自内心的感谢。

自助早餐准备一些香蕉不是件难事,要想获得客人的认同,重要的是要去观察客人的行为,探索客人的心理,了解他们的需求,然后有的放矢,为客人提供个性化服务。

观察的时候不光要看,还要思考。无论是从他人讲话上,还是从他人打扮上,都要认真分析,抓住人们行为表现的主要特征,进而推断其心理活动,为进行恰当的服务提供依据。此外,知识的积累在观察过程中也扮演着相当重要的角色,一个人的知识越丰富,观察方法就会越多,观察的准确性也就会越高。

三、没有注意便没有观察

没有注意便没有观察。观察时,高度集中、细致深入才会有结果。很多人在工作过程中确实有意识地观察了,但往往因为注意力太容易分散,最后发现什么也没观察到。

第一,在一个时间段里只能注意一件事

人的精力是有限的,在大部分时间里,我们只能注意一件事情,而不能一心二用,例如,读一本书时不能同时读报或看电视;听音乐时,若注意了管弦乐中的铜管乐部分,就注意不了小提琴部分;为客人办理入住登记手续时,只能将注意力放在排在第一位的客人身上,兼顾问候其他客人……

【小测试】

下面有两组数字,让我们来测试一下你的眼力如何?这两组数字分别为:

9 1 2 3 4 5 6 7 8

8 9 7 6 5 4 3 2 1

问:你能否一眼就看出哪组数字之和大?

训练与分析:

我们的注意力一开始就被数字所吸引,思维就会忽略问题的关键。实际上,本题所要问的是哪一组"数字之和"大,而两组数字组合是一样的。

注意力一开始就不被其他细节所干扰,直接指向问题的关键,将注意力从观察数字序列及时转移到观察数字的组合上,也是思维灵活的一种表现。

第二,在不同的事情上分配注意力

虽然,在特定的条件下,我们能够在同一时间里注意一件以上的事情,比如,在同一时间里一边织毛衣一边看电视,或一边开车一边谈话,但是,我们分配注意力的能力毕竟是有限的。

要是某个人一边留心地听小孩讲话,一边还要帮老年人做家务,心里还得盘算着如何准备下午茶,担心着隔壁房间的小狗正在折腾什么,她就会充分体会到人们进行信息加工的能力实在太有限了。

四、要避免将错觉当成决策的信息来源

所谓错觉,是认知过程中在一定条件下所发生的感官对客观现象的一种错误的感觉。只要某种客观条件存在,错觉必然产生。虽然错觉很难通过感官对其消除,但通过观察分析,仍可以尽可能地减少错觉对人们思维认知的影响。

错觉包括视错觉、听错觉、味错觉、触错觉等。最常见的是视错觉。

【小测试】

左图是一个少女还是一个老妇人？右图是一个花瓶，还是两个头像剪影？

经过观察，图中的两种答案都成立。

从认知心理上讲，当思维主体观察事物时，第一感觉的作用，使得思维倾向于对事物做单一的解释，因此，首先映入头脑中的第一感觉，会立即成为注意力的主要对象。主要观察对象之外的其余部分，立刻成为观察背景。如果将注意力转移到观察背景上，背景也会变成主要观察对象。这种观察对象和观察背景的相互转换，表明了知觉具有选择性。

我们在观察事物时，就应该按照知觉的选择性，尽可能地不断变换思维点，列举尽可能多的解释。

下面我们用两个图来再现错觉是怎样产生的？

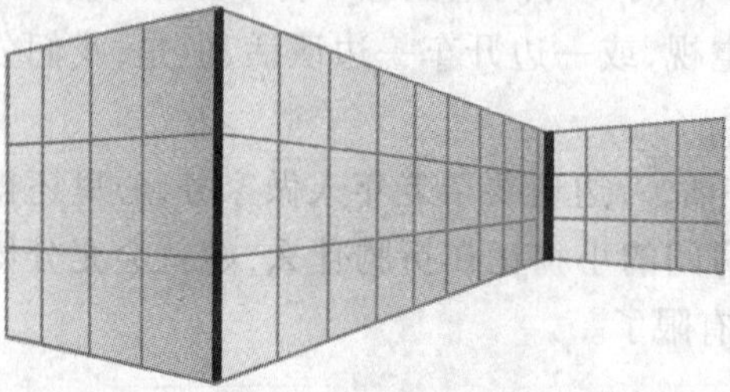

图1

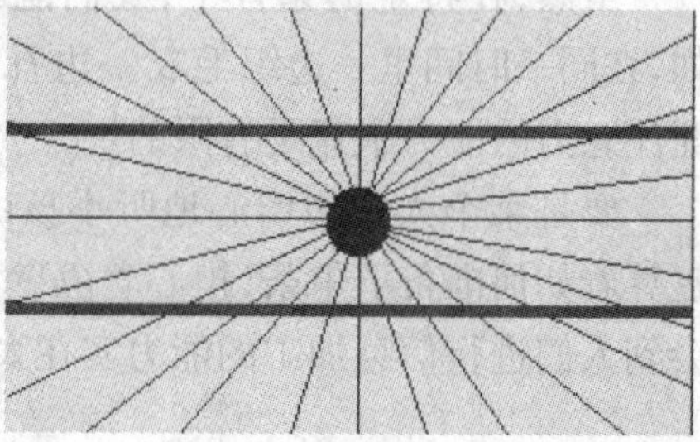

图2

在图1中，两条粗黑的竖线其实是一样长的，在图2中，两条横线是平行的而不是弯曲的。也许你的答案不同，实际上，这只是一种视错觉。

由于错觉歪曲事物的形象，混淆人们的视听，常起到消极作用。但另一方面，如果人们能够很好地利用错觉，也可为人们服务。如胖人穿竖条纹衣服会显瘦,瘦人穿横条纹衣服会显胖。而在军事上,利用伪装技术、假武器等,使敌方产生错觉,从而获得胜利的例子,在战争史上不胜枚举。

由此看来,提高观察能力、纠正错觉、利用错觉,都是提高创造性思维能力的好方法。

模块2　用出色的语言表达展现你的才华

一、用语言展现自己的能力

在我国人力资源和社会保障部提出的职场人的八种核心技能中,语言技能排在了首位,可见,语言表达能力是多么的重要。

语言交流与表达包括两个方面:一是信息获取,二是信息传递。能否准确理解、领悟和把握语言信息,能否准确传递自己的观点、情感、态度和意志,与人进行有效的沟通,将直接关系到一个人的职业生涯顺利与否。

第一,强化口头表达能力的训练

我们的表达沟通能力主要表现在口头语言表达能力和文字语言表达能力上。作为创新型人才能力结构中的核心技能,语言能力的地位和作用逐渐被社会各界所关注。

口头语言表达能力的本质是思维能力和口头训练的结合。人们每天都在说话,但是,不同的人说话的效果大不一样。有的人说话,大家爱听;有的人说话,大家就不爱听。

曾任英国首相的丘吉尔,就是一个口才天赋不好,但经过后天刻苦学习和训练最终成为世界著名演说家的典型。

丘吉尔小时候口吃,直到25岁他参加“英布战争”的时候,还被称为是一个“讲话鼻音很重、S字母发音不准”的人。在担任下议院议员的最初几年中,他常感到参与议会的辩论时十分吃力。有一次,他在议会的正式演说中,由于一时口吃,甚至忘掉了讲话的下文,当场出丑。这次不光彩的记录激发了他训练口头表达能力的斗志。此后,他演说时都要事先写好稿子,对着镜子演练……经过刻苦训练,丘吉尔的口头表达能力大大提高。第二次世界大战中,丘吉尔作为首相,通过电台发表的那篇鼓舞人心的演说,被人们看做是演说的经典之作。丘吉尔也被视为不列颠的精神支柱。正如美国作家威廉曼彻斯特所说:“英伦三岛在最困难的时期,大约只剩下了三种东西:皇家空军的勇气,丘吉尔的声音和莎翁的一句遗言。”(莎翁的遗言是:“我们英国从来不曾跪倒在征服者的脚下,将来也不会。”)由此可见,丘吉尔的讲演在当时民众之中的反响是何等的强烈。

口头表达能力的标准是:干净、准确、生动、有节奏、即兴反应能力强、能够适应不同对象,要讲普通话。

第二,书面表达能力的训练同样重要

语言表达能力的优与劣不仅仅表现在口头上,书面语言的表达也是非常重要的,比如,撰写一份很有价值的市场调研报告,拟订一个工作计划,起草一份小组文件,打一份请示报告……这是任何一个职场人都必须会做的事情。但现实是,由于计算机和手机的普及,使人们热衷于“网聊”和短信“聊天”,很多人为了追求打字的速度,根本不在乎打上去的字是否正确,只要音同、连猜带想猜出个大概意思即可,因而造就了一大批白字专家。同时,网络上五花八门的写作范本,让人们动一动键盘上的“Ctrl C”“Ctrl V”键,就能轻松搞定一篇文章,就连年终总结,也有网络写手替人操刀……这一切,使我们成了用各种现代化设备武装起来的而文字书写能力大大下降的一代人。

由人力资源和社会保障部职业技能鉴定中心创办的国家职业汉语能力测试(ZHC),是为广大毕业生就业及其他进入职场的人提供的汉语能力测试。ZHC 是学校语文教育的一种补充,是毕业生在开始职业生涯之前的资格检验。ZHC 的目的是提升学生职业汉语运用的能力,促进学生优质化就业。

ZHC 确定的职业汉语能力包括五个方面:一是运用语言获得信息和传递信息的能力;二是运用语言完成一定的学习和工作的能力;三是把握和概括语言材料的能力;四是领会语言材料中所蕴含的态度、情感和情绪的能力;五是以口头或书面形式清楚、得体地表情达意及依据材料作出合理推断的能力。

因此,掌握论文、应用文、调查报告、实验报告的写作要领,并能够应用于工作中,是就业前的人们普遍应该达到的文字表达要求。自己的论文自己写,自己的总结自己做,才不会让行驶在信息高速路上的我们思想生锈。

第三,学会积极有效地倾听

在口头沟通尤其是面对面的沟通中,积极倾听是非常重要的。有一句名言说得好:“善言,能赢得听众;善听,才能赢得朋友。”

倾听是对一个人最好的恭维,这表示你对他的观点感兴趣,欣赏他说话的方式,甚至欣赏他整个人;反之,你对一个人的谈话不感兴趣,很容易让人误以为你不喜欢他本人,尽管事实上并非如此,但人们的感觉就是这样。

如果你希望别人喜欢你,这里有一个方法:耐心倾听对方的谈话,不管他说什么,你都兴趣盎然,尽管你已经了解了他将要讲什么,没关系,别打岔,不说话,耐心地听就是了。雄辩是银,沉默是金。有价值的人善于沉默,他们懂得在什么时候开口,在什么时候闭上嘴巴。

每天我们所遇见的人中,有百分之八十都渴望得到同情,而你给予对方的同情方式很简单,就是倾听,作为回报,你将得到爱和尊重。

有一位主管,发现一位员工最近工作表现大不如前。他虽然对这位员工的业绩不满意,但并不打算急于责备。有一天,主管把员工请到办公室,问:"你一向对工作都很在意,从来不是一个马虎的人,但最近你好像很不开心……难道是家里出了什么事情吗?"

员工脸变红了,犹豫了半天,点了点头。

"我能帮忙吗?"

"谢谢,不用。"接下来,这名员工滔滔不绝地谈起他的苦恼。原来,他的太太得了肝癌,而且是晚期。对这件事,谁也无能为力,主管只能默默地听他述说,他们聊了一个多小时。谈话结束后,这位员工的情绪看起来好多了,后来,他的工作有了长足的进步。

听别人说话,有主动和被动两种。倾听,就是主动地凝神聆听,边听边搜索信息;单纯地听,就是被动地听,有时甚至会左耳朵进右耳朵出。

倾听之所以重要,是因为倾听时双方都在思考,促进了信息的理解和接受。

要训练积极倾听的能力,需要从以下几点入手:

1. 与说话人保持目光接触,这样可以使听者集中精神,并能鼓舞说话者。

2. 避免中间打断说话者,让说话者把完整的意思表达出来,这是对说话者的尊重。

3. 使用赞许性的点头和恰当的面部表情,这可以表明你在积极的倾听,从而给说话者传达感兴趣并能理解的信息。

4. 恰当提问。积极主动去听,分析消化所听到的内容,弄懂发言人真正的意思,并适当提问,而不是听听就算了。

5. 恰当使用复述。复述是听话者使用自己的语言将对方的意图重复一遍。复述,一方面可以使听者不易走神;另一方面,还可以检查听者理解的信息是否准确。

【听力测试】

下面的问题测试你在听的过程中捕捉的信息是否正确以及理解是否得当，试着分别念三遍，自念自听也可以。最后根据你听清的问题作答，看看答案正确率是多少。

据说这份看似非常简单的问题，经过多人次测验，绝大多数都不及格，普通人只能答对四五道，你能答对多少？赶快试试吧！

题目：

1. 英国有没有7月4日(美国独立纪念日)？
2. 一个人一辈子有几个生日？
3. 大月有31天，小月有30天，那么一年中几个月有28天？
4. 棒球比赛每一局有几人出局？
5. 在美国加州，一个男人可否和他的寡妇的姐姐或妹妹合法结婚？
6. 30除以1/2再加上10等于多少？
7. 桌上有3个苹果，你拿起2个，你还有几个？
8. 医生给你3个药丸要你每30分钟吃1个，这些药丸多久后会被吃完？
9. 农夫有17只羊，除了9只以外都病死了，农夫还剩几只羊？
10. 摩西将每种动物选了几只带上方舟？
11. 一打每张三元的邮票共有几张？

答案：

以下是测验解答，对对看你做对了几个？

1. 有，每个国家都有7月4日
2. 一个
3. 12个，每个月都有
4. 6个，上下半局各3个
5. 不能，他已经死了
6. 70
7. 2个，因为你只拿了2个
8. 60分钟，第1个→间隔30分钟→第2个→间隔30分钟→第3个，共60分钟
9. 9只
10. 0只，方舟是诺亚建造的，和摩西没有关系

11. 12 张

良好的沟通有两件法宝,“听”和“说”,我们应多采用双向沟通的方法,就是“我说你听”或“你说我听”,来提高沟通的效果。

二、工作中的语言表达技巧训练

工作中的语言表达能力是指人们在工作中运用语言、表情进行交流和传递信息的能力,是员工必须具备的重要素质。有效的语言表达能引起对方发自内心的好感,增强其信任感,迅速拉近人与人之间的关系,让你的工作变得轻松自如。

第一,发音准确,要讲普通话

中国的方言五花八门,各说各的不仅不便于交流,还会加大交流成本,所以,我们提倡在工作岗位上多用普通话与人交流,尤其是一些窗口行业的从业人员,更要说标准的普通话。就业前,如果你通过了普通话水平测试,将使你在求职大军中获得更多的话语权。

语言表达的基本要求是,说话时音节清晰、吐字清楚、发音准确。另外,坚持用普通话的同时,应努力学习外语。

【小训练】

“绕口令”的最大特点是“拗口”。它是学习语言艺术(如相声,快板等)的必修课。“绕口令”可以锻炼人“舌”“唇”“齿”相互配合的技巧,因而被形象地称为“口腔体操”。

练习绕口令最好从儿童时期开始,尤其是方言地区更要多多练习。初练绕口令时速度要慢,务必保证发音准确,在此基础上逐步加快速度。

经典绕口令

1. 哥哥挎筐过宽沟,
快过宽沟看怪狗,
光看怪狗瓜筐扣,
瓜滚筐扣哥怪狗。

2. 八百标兵奔北坡,
炮兵并排北边跑,
炮兵怕把标兵碰,
标兵怕碰炮兵炮。

3. 树上卧只猴,
树下蹲条狗。
猴跳下来撞了狗,
狗翻起来咬住猴,
不知是猴咬狗,
还是狗咬猴。

4. 嘴说腿,腿说嘴,
嘴说腿爱跑腿,
腿说嘴爱卖嘴。
光动嘴不动腿,
光动腿不动嘴,
不如不长腿和嘴。

第二,表达要生动

要想语言生动,必须感情投入。真挚、和善并且富于感情的语言表达,能给人发自内心的好感,起到吸引人的心理效应。

口头语言表达的直接目的是为了感染对方,引起共鸣,使对方更容易接受自己的观点。因此,语言表达的生动性不是技巧问题,而是基于感情投入的态度问题。同样一句问候语,语音语调不同,或者说话时伴随的表情姿态不同,都有可能传达出截然不同的感情信息。

【小测试】

测测你的口才如何?

善谈者,左右逢源,言克天下;不善辞令者,处处被动,举步维艰。你与人交谈的口才能力如何?

下面每题有三个答案可供选择:A 表示非常肯定;B 表示有时如此;C 表示绝对否定。

1. 你是否只会对那些经过千挑百选的朋友才大胆吐露自己的心事与秘密? A B C

2. 与一群人交谈时,你是否经常发觉自己驾驭不住自己,东想西想一些与交谈话题无关的事情? A B C

3. 别人问你一些复杂的事,你是否时常觉得很紧张? A B C

4. 你是否觉得那些太过于表现自己感受的人是肤浅的和不诚恳的? A B C

5. 你是否时常避免坦诚地表达自己的感受,因为你认为别人根本不会理解? A B C

6. 你是否觉得需要自己的时间、空间,一个人静静地才会清醒并能整理好自己的思绪? A B C

7. 你与一大群人或朋友在一起时,是否时常觉得有深深的隔阂、孤寂和失落感? A B C

8. 当一些你不太熟悉的人对你倾诉他的生平遭遇以求同情时,你是否会觉得厌烦甚至不加掩饰这种情绪? A B C

9. 当有人与你交谈或对你讲解一些事情时,你是否时常觉得兴趣索然,很难聚精会神地听下去? A B C

评分标准及说明:

选“A”得 0 分,选“B”得 1 分,选“C”得 2 分。

得分越少，表明你的沟通表达能力越弱；得分越多，表明你的沟通表达能力越强。

第三，语言表述要有节奏感

语言表述的节奏就是语速快慢、语气抑扬、是否重复和停顿等。与他人交流时，要合理运用语言的节奏。

◆ 要合理控制声音

明与暗：明，即明快的声音。喜悦、兴奋时用明快的声音。如有客人光顾饭店时，服务人员必须使用"明快"的声音问候客人，方能显示出饭店的欢迎之情。

实与虚：实，即实实在在的声音。生活中与人交际一般都用"实"的声音。虚，即用气声说话，类似耳语。

刚与柔：刚，即刚劲有力的声音。吵架、据理力争时用"刚"的声音。柔，即温柔、温和的声音。交际中要表达说话人的谦恭，常常会选择偏"柔"的声音。

粗与细：粗与细往往同刚与柔密不可分，也就是说，"刚"中必定会有"粗"，"柔"中必定会有"细"。

◆要选择合适的语调

平直调：该语调平稳舒缓，句末稍抑，没有多大变化。用于表示庄严、冷淡、平静、沉思等感情。这样的语调没有一丝热情，传递出的信息是例行公事、无可奈何。

高升调：该语调先低后高，逐渐上升。用于表达疑虑、亢奋、命令、警告、愤怒等感情。

曲折调：该语调先降后升，有曲折变化，往往把句中某个词语加强、拖长，表示有言外之意。曲折调常常表示讽刺、迟疑、厌恶、惊奇或其他思想感情。口语中应慎用曲折调，弄不好，会有阴阳怪气、冷嘲热讽之嫌。

降抑调：该语调先高，然后猛然下降，句末音节短而低。降抑调常常表示坚决、感慨、赞美、沉重等感情。

第四，语态表情要妥帖

语态表情的核心是眼神。眼神，又称"目光语"，它是心灵信息的反映，也是情感交流的枢纽。与人交谈时，目光中应表现出对对方的尊敬、欢迎、热情、亲切之情，并根据实际情况，表示出我们的关心、同情、抱歉等复杂的情感。

◆ 选择注视位置

与人交谈时，我们应当注视对方的什么部位呢？我们注视对方的具体部位，由双方关系及相距远近所决定：在洽谈、磋商、谈判等公务活动中，常常注视的是对方的双眼或双眼与额头之间的部位，表示认真严肃；在各种社交场合和双方交流较长时间的场合，常常注视的是对方唇部中心到双眼之间的三角区域；在亲人、恋人、家庭成员及朋友之间，常常注视对方的双眼到胸部之间的部位；如果注视的是对方的全身，则双方相距较远。

◆ 调整注视方向

与人交谈时，我们要根据谈话场所，适时采用下列注视方式：俯视，即目光向下注视对方，一般表示爱护、宽容之意；平视，即双方目光约在同一高度平行接触，一般体现平等、公正、自信、坦率等语意；仰视，即目光向上注视对方，一般体现尊敬、崇拜、期待的语意；斜视，即视线斜行，一般表示怀疑、疑问的语意；扫视，即目光向一侧扫视，一般表示感兴趣、喜欢或轻视、敌意等语意，表示感兴趣、喜欢时，伴有微笑，眉毛上扬；表示轻视、有敌意时，伴有皱眉、嘴角往下等表情。

◆ 控制注视时间

交谈过程中，双方连续目光接触的时间一般为 1 秒左右，注视时间过长或过短都不合时宜。正确的做法是：谈话时，将目光停留在对方注视区域 5 秒左右，然后将目光移开 1 ~ 2 秒后，再回到对方注视区域。当然，我们也可视与对方的关系、性别及谈话内容，适当延长或缩短注视的时间。但无论怎样，谈话时东张西望、心不在焉，或由于紧张、胆怯、羞涩不敢与对方进行目光交流，都会显得失礼和自信心不足。如果交谈中对方缄默不语，我们就要收回自己的目光，以免因无话可说造成冷场；如果对方显得拘谨或说错话，我们要移开目光而不要再紧盯住对方，以免对方把自己的目光语误读为是对他的嘲讽。

第五，讲究说话的艺术

◆ 正确理解

语言交流讲究互动，如果心不在焉，反应迟钝，说话结结巴巴，是很难与人产生共鸣的。一个人要想得到别人的认可，唯有认真对待每件事、每个人，哪怕自己多么不想干、多么累，都要如此，即使做不到随机应变、出口成章，也要善于倾听，听出条理，听出门道，听出弦外之音，只有这样，才能在正确理解别人意思的基础上，为下一步工作探好路。

◆ 表述富于感情

在交际过程中要有真情实感。“感人心者，莫先乎情”，“情自肺腑出，方能入肺腑”，“通情才能达理”。在与人交谈时，一定要投入感情，不要因为是例行公事而千人一面，更不要因为重复劳动而稍有懈怠。要知道，那些成功的人之所以能成功，是因为他们只把低落的情绪留给自己，把工作的激情和真心实意留给他人。

巴黎圣马丁大教堂附近有一个双目失明的乞丐：老人拖着黑毡帽，等待游客的施舍。身旁有一块乞讨招牌，上面写着："我一出世就瞎了眼，可怜可怜我吧！"可面对这块招牌，游人却无动于衷，没有几个掏腰包的。这时，一位美国游客对同行的朋友说，自己有办法让老乞丐的黑毡帽盛满钱。于是，他撕下原招牌，换上一块新的，上写道："各位先生、小姐来到这里尽情享受了美妙景色，一定快乐得很，但我不能，因为我一出世就瞎了眼。"果然不出所料，游客看后纷纷解囊。

为何同是乞讨，却会有两种截然不同的结果呢？这"话"就看你怎么说了。原来的招牌只是一种生理缺陷的表述，不如新招牌饱含浓厚的情感色彩。

◆ 表达委婉亲切

委婉，是指委婉贴切，主要是就语言的内容而言的。话语委婉可以体现出对他人的尊重和关心，"你很丰满"比"你太胖了"更容易让人接受，"你一点儿都不嫌老"比"你看起来真年轻"更会让人心花怒放。

亲切，是指态度温和、口气热情，主要是就说话的态度而言的。如果委婉的话语用生硬的态度来表达，肯定起不到应有的作用。

表达委婉亲切，可以对人际交往起到一种协调、润滑的作用，让你的工作变得轻松自如。

◆ 即兴反应

口语表达语境的变化，要求表达者具有即兴反应的能力，而且不允许出现较大的遗漏或差错，这一能力是通过日常训练能够掌握的。

第六，注意说话的内容

◆避免使用祈使句

祈使句，一般是指用命令的口吻要求受话人做某种事情，例如"不要抽烟""请勿吐痰"等。工作中应尽量避免使用命令式语气，而应多用请求式、商谈式语气。

"等一下！"——（祈使句，听者容易被触怒："我为什么要等？"）

请您等一等！——（请求式肯定句，听者能接受。）

请您稍等，好吗？——（请求式疑问句，以商谈口吻要求别人做事，听者容易接受。）

◆ 不用反问句

反问句是对提问人的发问。例如,“我为什么要告诉你?”这样的话语含有质问的口气,会令听者反感,常被解释为充满敌意、表示不满。在语言交际中,建议不要使用不中听、不友好的反问句。

◆ 少用否定句

当表示否定、劝阻的意思时,尽量不用“不要……”,“不应该……”,“不是……”等否定句式,而应使用语气委婉的用语。如遇到客人排队时,“请到后面等一等,我这里加快办理,马上就到您啦!”的说法要比“别加塞,别乱挤!”的说法更容易让人接受,也体现出了对对方的尊重。

◆ 注意措辞

餐厅服务员为客人添饭时不能问“还要饭吗?”,这是犯忌的。客人点菜时询问客人:“需要酒水吗?”,这种问法的结果是:要与不要的概率各占一半。如果我们稍稍调整一下说话的内容,“您需要什么酒水?”那结果就大不一样了。看似简单的一句话里竟藏有如此大的学问,我们只有边学边问,边问边学,才能不断进步。

第七,语言表述技巧

如何让你的嗓音、音质、话语听起来更悦耳,更富有感染力?请牢记下面几点提示并付诸实施吧。

◆ 不要忽视了身体语言的运用

人的身体语言与面部表情会强化说话的效果。想想用你的话语、你的嗓音和身体来传递信息,并且把心都投入进去,那会是什么效果?

◆ 呼吸一口新鲜空气,再开始说出一个新的想法

要节省足够的气息,或者呼吸第二下,以便有力地、加以强调地说完你的想法。有时,平静的开始并逐渐提高嗓音以便强调最后一句话会更加有效。

◆ 不要着急,慢慢说

说话慌张会使你所说的话听上去啰嗦重复,还会给别人留下这样的印象,那就是我们并不把我们正在说的东西看得很重要。遇到这种情况时,可以放慢说话的节奏,略微停顿,静下声来等片刻再说。这样,人们会听得更明白,会更加注意他们所听到的事情。

【小训练】

当你觉得心烦的时候,该怎样突出友好而有礼貌的嗓音呢?让我们来做个简单的练习!

请你皱眉头，把两眼的眉毛尽可能靠拢在一起，仿佛你很烦躁一样，然后说："早上好！"你听到自己的声音了吗？现在，把你的面部肌肉放松，使脸上没有表情，重复说："早上好！"怎么样，你听到有什么不同吗？现在，把脸舒展开，扬起眉毛，仿佛你很古怪，并且说："早上好！"怎么样，你听到你嗓音的音调了吗？听起来应该是悦耳的，仿佛你在微笑着一样！

当你扬起眉毛，你的脸就舒展开了，你嗓子的肌肉也就伸长并展开了，使得声带产生了愉悦的声音。即使你不是有意的，结果也是这样。所以，当你与人交谈时，需要提高嗓音，扬起眉毛来。

另外，当你每天要重复说好多次的话时，为了避免让人听起来很单调，就暂停一下。在几句话之间暂停下来，呼吸一下再说，这样，你说的话听起来就会有所不同，而且你的音调会使你所作的说明更加有趣。

注意，说话时，要合理使用你的嗓音音调、音量、语速、音质以及呼吸，以确保你正在传递给对方的信息是连贯一致的，你的用词和语音说的是同样的事情。

第八，沟通中的语言禁忌

◆交谈禁忌

双方交谈时，最忌讳自己"独白"搞"一言堂"，应该调动对方热情，照顾对方情绪，尽量给对方提供至少与自己同等的讲话机会。俗话说"狂人语躁"，只顾自己一个劲儿地说，是没有修养的表现。

多人在场时，忌讳自己只同个别人或地位较高的人谈话，而不顾及他人和会场气氛。切忌随意插话，对别人评头论足，更不能谈论他人的生理缺陷或讥笑讽刺、挖苦他人。

◆幽默禁忌

交谈时，适当来点儿幽默，既可以活跃气氛，又可使表达更委婉含蓄，这是现代应该具备的素质。但幽默应该格调高雅、积极健康，且符合不同民族的审美要求，切忌不合时宜地滥用幽默，如开庸俗低级的玩笑，开残疾人和女士的玩笑……

◆口头禅禁忌

讲话必须干净、文雅、利落，这不仅是交际的需要，也是培养个人良好谈话修养的需要。忌脏话口头禅；忌傲语口头禅（你知道吗、你明白吗、我跟你讲、你懂不懂……）；忌废话口头禅（这个、那个、嗯、啊……）。

◆数字禁忌

与外宾打交道,必须了解他们的数字禁忌。许多西方人认为13是不吉之数,因此,我们应尽可能避免使用13这个数字。另外,星期五也是不吉之日。如果正巧13日与星期五遇到同一天,就会被称为“黑色星期五”。

在非洲,奇数被视为消极之数,而日本人则视之为吉祥之数而忌讳“4”和“9”。因为日语中的“4”与“死”同音,而“9”与“苦”发音相似。我国港澳台地区有少数人也忌讳数字“4”,若非说不可,可用“两双”或“两对”代替。

语言在人际交往中有着重要的作用。“良言一句三冬暖,恶语伤人六月寒”,“好人长在嘴上,好马长在腿上”,“会干的不如会说的”。职场中你的人际关系如何,在很大程度上与你是否会说话密切相关。

模块3　应变创新能力是激发工作热情的催化剂

一、提高自己的职场应变能力

应变能力是当代人应当具有的基本能力之一。在当今社会中,我们每个人每天都要面对纷繁复杂的信息,能否迅速地分析这些信息并将其应用于工作中,是我们工作能力高低的一个重要体现,它需要我们具有良好的应变能力。另一方面,随着社会竞争的加剧,我们所面临的压力与日俱增,每个人都可能面临择业、下岗、再择业等方面的困扰,努力提高自己的应变能力,对保持健康的心理、适应社会的变化是非常重要的。

我们在选择职业和进行人生的其他选择时,除了考虑客观条件和个人的兴趣外,还应考虑自己是否适合于某一职业。一般来讲,应变能力高的人可以选择需要灵活反应的工作,如运动员、推销员、主持人、咨询工作以及教师、法官、侦察员等。这些工作需要人们在外界环境或条件有较大变化时,具有良好的调节能力。相反,应变能力低的人可以选择一些工作内容较单一、持久、细致的工作,如财会、统计、保管人员、档案管理以及仪器测试等。在这些工作中,外界环境或条件的变化不是很大,对人们应变能力的要求也相对低些。

第一,了解自己的应变能力

每个人的应变能力是不同的,有的人应变能力较强,而有些人则较差。那么,你的应变能力如何呢?以下的问题有一定的代表性,通过你的回答,可以测出你对于某些突发事件的反应能力。假如你的得分高,很能说明你有较强的应变能力，相信你在关键时候能泰然处之。反之，你就要找找自己的问题在哪里，加以纠正，以适应复杂多变的职场生活。

【小测试】

1. 你是否有一定的急救知识——哪怕最起码的急救知识。

有□ 没有□

2. 你是否见血就晕，一时不能恢复常态。

是□ 不是□

3. 你看护过病人吗？

有□ 没有□

4. 假如你是事情的见证人，你是否积极配合有关部门陈述经过的情形？

会□ 不会□

5. 在街上遇到事变时，你会（ ）。

退避三舍□ 好奇而走近围观□ 看看自己是否能助一臂之力□

6. 假如有人衣服偶然着火，你会（ ）。

拿水浇灭它□ 替他把着火的衣服脱掉□ 用毯子把他裹起来□

7. 你是否有适量的运动（如户外运动、步行、种花、家务劳动及正常的娱乐活动）？

是□ 不是□

8. 假如你遭到意外的打击，你会（ ）。

感觉头昏眼花，不过几秒钟就会恢复□

不知所措，以至数分钟处于困顿中□

一段时间内都处于伤感、悲痛之中□

9. 当他人叙述已往经历或者说笑话时，你记忆的速度是否与他人相同或略胜一筹？

是□ 不是□

10. 你到了一个陌生的地方，以后能否作相当正确的叙述？

能□ 不能□

11. 你对陌生人的第一次印象是否比较准确？

是□ 不是□

12. 你是否有丰富的想象力？

是□ 不是□

13. 你对下列各物是否有害怕的感觉？

老鼠□　蛇□　黑暗和传说中的鬼怪神物□　大象□

14. 有些人在危急时刻(不论急病或意外)会很镇静，你有这种情况吗？

有□　没有□

15. 如果游人在匆忙中告诉你一件事，你能(　　)。

记住一部分□　忙乱之中，一点也记不住□　完全记住□

16. 假如你有痛感，你会(　　)。

马上告诉别人□　忍着痛□

17. 你相信自己想得到的东西一定能够得到：

相信□　不相信□

18. 过马路时如果你被夹在车流中间，你会(　　)。

退回原处□　仍然跑过去□　站立不动□

19. 如果你是班长，你觉得很难让他人听从你的意见吗？

是□　不是□

20. 你能忍受肉体上的痛苦吗？

能□　不能□

21. 当你知道将要遭到不幸的事情时，你会(　　)。

自我进入恐怖状态□　相信事实并不会比预料中的更坏□

22. 如果有人给你介绍工作，你会选择(　　)。

工资中等而不需要负责任的□　工资高但责任重的□

23. 当你要作出一项决定时，你是否(　　)。

犹豫不决□　审慎但果断□

24. 你对自己所做的一切肯负责任吗？

能□　不能□

25. 假如你的朋友突然带来一个你最不喜欢的人到你家里，你会(　　)。

表示惊奇□

暂时忍耐，以后再把实情告诉你的朋友□

把你的感觉完全隐藏□

评分标准：

第1、3、5、7、9、10、11、14、17、20、24 各题答案是肯定的，各得5分。

第2、12、19 各题答案如果是否定的，每题得5分。

第4、8 题的答案是肯定的，得5分。

第 13 题,如果答案是肯定的,得 2 分。

第 15、16、18、21、22 题的答案是肯定的,各得 5 分。

第 6、23、25 题,如果答案是肯定的,各得 10 分。

解析:

如果你的得分在 75 ~ 136 分之间,说明你对应付事物很有把握,而且你的自制力、勇气和机智都是超人的,你有很强的自信。

如果你的得分在 30 ~ 74 分之间,说明你对于一般的事变都能应付,你神经系统的反应平衡。学学急救知识也许对你有益,可以增加你的自信心。

如果你的得分在 30 分以下,那我们要建议你应该努力学习一些应变的常识,强化自己的应变能力。

第二,训练自己的应变能力

人的应变能力是不同的。造成这些不同的主要原因,既可能是先天因素所致,如多血质的人比黏液质的人应变能力高些,但也可能是由于后天的环境因素造成,如长期从事紧张工作的人比工作安逸的人应变能力高些。

那些应变能力较低的人也不用担心,应变能力是可以通过一些方法加以培养的,并通过实践来逐步改进和提高。一般情况下,我们可以通过以下方式培养和强化应变能力。

◆ 多参加富有挑战性的活动

在实践活动中,我们必然会遇到各种各样的问题和实际困难,如果我们总是担心失败,采取回避的态度,是不可能找到应对问题的方法的。努力想办法去解决问题和克服困难的过程,就是增强人的应变能力的过程。

◆ 扩大交往范围

无论家庭、学校还是小团体,都是社会的一个缩影,在这些相对较小的范围内,我们可能会遇到各种需要应变才能解决的问题。我们只有首先学会应变各种各样的人,才能推而广之,学会应付各种复杂的环境。只有提高自己在较小范围内的应变能力,才能推而广之,学会应付更为复杂的社会问题。实际上,扩大自己的人际交往范围,也是一个不断实践的过程。如果一个人连宿舍舍友的关系都处理不好,那就根本谈不上去应对复杂的职场环境!

◆ 加强自身修养

一次,美国著名作家海明威在晚宴上遇到了一个喜欢吹嘘又无修养的作家,他借故走开,但屡次被这个作家缠住。走,走不开;不走,他又厌烦其人。海明威为难极了,可又无可奈何。后来,这个作家对海明威说出了缠着他的理由:

"尊敬的海明威先生,我老早就很想为您写传,希望在您百年之后,我有这个荣幸为您立传。"海明威实在不喜欢对方的为人,但又不便当面拒绝,怎么办?想了一下,他风趣地说:"既然我知道了你想为我写传,我就不得不设法活久一点了!"那位无聊的作家终于听出了海明威的话外之音,知趣而退。

如果海明威面对无聊作家的纠缠,用发脾气、说狠话等办法对待,不仅有失自己的身份,而且还有可能成为无聊作家们新的"猎奇"的内容。海明威如此风趣婉拒,以幽默的形式使那个无聊作家知难而退。

应变能力高的人往往能够在复杂的环境中沉着应战,而不是莽撞行事。在工作、学习和日常生活中,遇事沉着冷静,能够自我检查、自我监督、自我鼓励,有助于培养良好的应变能力。

◆ 改变不良习惯和惰性

如果我们遇事总是迟疑不决、优柔寡断,那么就要主动锻炼自己分析问题、迅速作出决断的能力了。如果我们总是因循守旧,半途而废,那么就要从小事做起,努力控制自己,不达目标不罢休。只要下决心训练,人的应变能力是会不断得到增强的。

应变能力不是一朝一夕就能提高的,需要一点一点经验的积累。平时,要多听多看,看看别人在面对突发事件时是怎样处理的,利用平时积累的经验,找出恰当的解决方法。要记住,在职场上永远只有怎么办,没有为什么。工作不是做学问,老板关心的是结果。至于过程,就要充分展现自己的能力拿出解决问题的方案来。老板也好,上级也罢,他们是不会赏识只会提问题不会解决问题的员工的。

二、强化自己的职场创新能力

第一,什么是创新能力

创新,是当前社会十分强调的一种工作能力。创新并不深奥,一般来说,面对新情况,新问题,作出新概括、提出新方法、理出新思路、寻找新角度、制定新方案的行为就是创新。

创新能力的表现主要有:发现问题的敏锐观察能力,通观全局的思维能力,远见卓识预见未来的能力,拓展思路求索答案的能力,借鉴经验开拓新路的能力。

一个企业讲究创新能力,一个人讲究创造能力,这两者的道理是一样的:只有创新,才有进步!

第二，人才的核心价值在于创新能力

事实上，我们每天都在创新，因为我们在不断改变对世界的看法。我们开发出来的东西对于世界来说可能不一定是全新的，但对于我们自身来说却是独一无二的，这就足够了。

如何才能创新？

创新能力源于不断学习。在西门子，每个员工都被要求要积极主动地从工作过程中学习，并通过和他人分享知识来学习。西门子要求自己的员工有个性、不平庸，他们或充满热情、或平静沉稳、或勤于思考、或感情冲动、或精明能干，无论个性如何，他们都有一种特质，就是随时愿意接受新的东西。

通用公司的总裁韦尔奇经常鼓励他的经理们去仔细搜索好点子，这被称为“合理的剽窃”。韦尔奇说：“借鉴的就是最好的。”

在日本的一家味精公司，社长对全体员工下达了一个命令，要求每位员工必须提出一个建议，以保证公司能成倍地提高销售量。接到指示，各个部门都行动起来，大家都提出了各自的方案。就在大家积极行动并提出自己建议的时候，公司内有一位女工怎么都想不出办法，心里很着急。一天，在家吃晚饭时，这位女工想往菜上撒些调味粉，由于调味粉受潮撒不出来。她的儿子将筷子捅进瓶口的窟窿里，用力往上搅，调味品立即撒了下来。在一旁的女工的母亲说：“如果你实在提不出建议的话，你就把这个办法拿去试试看吧。”

“这算什么建议？”女工很不以为然，但她最后还是将“把瓶口开大一倍”这个建议报了上去。令人吃惊的事情发生了。女工提的建议竟进入了15件得奖作品之中，获得奖金3万日元。她的建议被实施之后，公司味精的销售额成倍提高，女工又从社长那里领取了特别奖。受宠若惊的女工想，提建议，本以为很难，原来这样简单的想法也叫建议。

看了上面的故事，你有什么感想？

如果你是一名员工，就从现在开始，用创意的眼光来重新认识身边的一切。下面让我们来看看美国一位员工是怎样将他的设想付诸行动的。

由于长期积压，美国一家图书公司有批滞销书久久不能脱手，令其陷入了极度的困境当中。一名员工再三考虑，有了主意，并且立即开始行动。他给总统送去一本书，正在处理政务的总统怕他过多纠缠，便随便说了一句：“嗯，这是本好书。”

在这名员工的努力下，公司大做广告：“现有总统先生喜欢的书籍有售，欲购者从速。”于是，没用几天那批滞销书便销售一空了。

不久，公司又有一批书压在手中卖不出去，这名员工又送了一本给总统。

鉴于上次的教训,总统便回了一句:"这书不怎么样。"

公司又大做广告:"现有总统认为很糟的书出售,欲购从速。"于是书又被抢光了。

第三次,这名员工送书给总统时,总统不想再上当了,索性一言不发。

于是,广告上说:"现有总统还拿不准是好是坏的书出售,欲购从速。"那批书又被抢光了。

读了这则故事,你或许会觉得好笑,不管事情的真相如何,我们不得不佩服这名员工的聪明,他能充分利用总统的名声使公司滞销的书籍迅速脱手。更令人敬佩的,应是公司果断地用行动将创意变为现实的勇气。

第三,用创造性思维工作,不断推陈出新

随着社会的发展,创造性思维显得越来越重要,也越来越被人们所认可。要想使自己的工作产生超凡出众的效果,就要改变思维定式,不断思索、不断创新。

一些企业招聘员工时,除了对招聘人员的学历和年龄有要求外,还特别注意考查员工的创新能力,面试时不仅要问与工作相关的问题,更要考察应聘者的思维方式是否独特。例如,微软公司在面试时,会问这样的问题:"你现在使用的电话有什么缺点?怎么改进?""下水道的井盖为什么是圆的?""龟兔赛跑时,如果兔子没有睡觉乌龟怎么赢得比赛?"……这些问题显然与专业无关,但它们考查的是人们是否善于观察。

日本本田公司专门招收个性不同但有创意的"怪才"。本田的员工一般是两种人:一种是本田迷,即对本田车喜欢到痴迷的程度,一心想亲手研制发明新型本田车;另一种是有创新精神的"怪才",喜欢奇思异想,或喜欢提不同意见,或热衷于发明创造。在美国获得汽车设计大奖的本田车型,都是这些"怪才"们的杰作。

微软公司和本田公司的做法,无疑证明了组织对创新型人才的需求是当今企业招聘人才趋势。每个单位都欢迎不墨守成规的员工。

如何在工作中推陈出新,这并非只是管理者所考虑的问题。如果认为创新与自己无关,那就大错特错了。

著名的物理学家爱因斯坦说过,想象力比知识更重要。爱因斯坦在谈到他形成狭义相对论观点的情境时说:"我躺在床上,那个折磨我的迷似乎毫无解答的希望,没有一丝的光明,但是黑暗里透出了光亮,答案出来了!于是我立即投入工作,连续奋斗了五个星期,写成了《论动体的电动力学》的论文。这几个星期我好像处在狂态里一样。"

爱因斯坦创造的广义相对论就是灵感带来的。他说:“一天,我坐在伯尔尼专利局的椅子上,突然想,假设一个人自由落体时,他会不会感到自身的重量,我吃了一惊,这个简单的思想实验,给我打上了一个深深的烙印,这是我创立引力论的灵感。”

【小测试】

本测验有5个可供选择的答案,在回答下列题目时,若你的现状是“能”,则计5分;“倾向于能”,计4分;“不知能否”,计3分;“倾向于不能”,计2分;“不能”,计1分。回答问题时,除了已经给出的条件外,你不必考虑可能影响作出决定的具体环境和细节。

1. 早上起来你就能感到自己是幸福的并预感到这一天有美好的前景吗?( )

2. 你能保证在任何情况下都在寻找积极因素吗?( )

3. 你能采取积极的自我暗示,说“我一定做到”、“我一定胜利”,而不说“试试看”、“希望胜利”吗?( )

4. 你能把注意力集中在胜利和成绩上,任何时间都不放在失败上吗?( )

5. 你能在意识中选择和保持一个自己想要成为一个什么样的人的概念吗?( )

6. 你能确定自己的个性并预先确定阶段的、近期的及长远的实现目标的计划吗?( )

7. 你能直接而坦率地接受批评和赞扬吗?( )

8. 你能从自己的词汇中去掉“我不能”这一类词吗?( )

9. 你能每天专门抽出时间思考计划,并对达到目的的途径有一个明确的概念吗?( )

10. 你能对人充满了温暖、热爱和善意,并在周围人中寻找和学习好的东西吗?( )

11. 你能从多侧面观察自己,做到实事求是地讲真话吗?( )

12. 你能注意倾听对方的谈话并感到自己有责任同别人顺利交往吗?( )

计分与解释:

把各题的分数相加,即为测验分数。

若你的总分在51分以上,说明你具有很强的创新动力;若你的总分在45~50分之间,表明你有较强的创新能力;总分在36~44分之间,说明有时你有创新性，有时又显得不足；总分在36分以下，反映了你的创新能力不足，这将影响你的成功，你需要不断训练创造能力。

总结与评估：

1. 不管你信不信，被认为具有创造力的人在提出想法时，他们通常并不刻意追求新颖或创新！这怎么可能呢？这是因为：第一，他们很早就发现，许多好想法都是从那些没有独创精神的想法中涌现出来的。第二，也是最重要的，如果给大脑施压，强迫他们一个接一个地提出新颖的想法，他们很快就会觉得有压力，会感觉很疲倦，最终会导致他们的创造力枯竭。第三，许多伟大的思想来源于普通的事物。解决问题的人常说：答案总是摆在我们的面前。

2. 创造性思维的规则就是：首先要有想法，然后再评价它。我们是在想到很多办法之后，才想到新颖办法的。

3. 很多人不能想到新颖的办法是因为他们不能坚持，当他们想不出什么想法时，他们就放弃了。所以，当你感到无路可走的时候，努力坚持也许就会有光明的前程。

第四，矛盾冲突的处理方式体现人的创新能力

当今社会，冲突无处不在。比如：两个以上的人想要同一个东西，那么冲突就产生了，不论争夺的是一份工作、一个公交车上的座位、一个漂亮的女朋友，或者是对一件事情的不同看法……可以说，只要有竞争存在的地方，就有冲突。

冲突并不只发生在人与人之间，还会发生在物与物之间甚至是同一物体本身。比如，必须在两个都喜欢的东西中选出一个；或者必须从两个都不喜欢的东西中选出一个，或者找出同一个东西中包含的喜欢和不喜欢的因素。

如何有技巧地、顺利地处理好人际关系中的冲突，是我们很多人都欠缺的能力，尤其是应对发生在工作场合中的冲突，我们更显得无能为力。

有一幅著名的漫画，描述的情境在意大利西西里地区相当常见，当地的司机都非常霸道，根本不知道让路。这幅名为“西西里僵局（The Sicilian Stalemate）”的漫画描绘的是：4辆车因为交通灯的失误，同时到达十字路口，每辆车的前进方向都被另一辆车堵着。

这个问题很容易获得解决，其中一辆车退后，被它堵上的车就可以通过了，其他的车也就都可以依次开走了。

这幅画想要传达的信息是：有时候，因为不愿意做出次要的牺牲和让步，最后却付出了更高的代价。

你也许会认为漫画中的这种状况很不可理喻，但是，很多人在家庭生活中或者在工作中遇到冲突时，却都是这样表现的。

如果我们能够有效地、正确地处理冲突，并引导它们往好的方向发展，那么，就可以化冲突为双赢。

只要愿意，我们总能找到冲突的处理办法，使得损失降到最低，使收益最大。

【小测试】

“我”处理冲突的方式

以下陈述描述了人们处理冲突的不同方法，请仔细阅读，用1～5表示你对每个陈述的同意程度。数字越大，表示同意程度越高。

非常同意:5 同意:4 不能确定是否同意:3 不同意:2 非常不同意:1

1. 让员工按自己的方式获得满意，自行解决问题。□
2. 我们能够一起处理这个问题。□
3. 强有力的一方会获胜。□
4. 如果你让步，我也会让步。□
5. 只要回避，冲突就不会发生。□
6. 当一个职员向你大叫时，随便他好了。□
7. 问题的解决应靠技术或讨论，而不是靠投票。□
8. 如果一名职员反对你，他必定遭受报复。□
9. 得到一些总比什么都没有强。□
10. 我对和我争吵的人不感兴趣。□
11. 让职员做他们想做的事，会使他们做得更好。□
12. 为解决问题我们得刨根问底。□
13. 强制职员一起工作以进一步证实我的控制能力。□
14. 大家都对公平解决感到满意。□
15. 没有什么值得争斗的。□
16. 让职员们按照自己的方式去做，他们会很积极。□
17. 值得花时间去解决问题。□
18. 我的职位有权让他人按照我的方式办事。□
19. 双方都让步，结果就会公平。□
20. 远离争吵的职员，他们没什么价值。□

将你的评分填入每个问题后的方格内，合计你的分数。得分高，说明你倾向于采取哪种策略;得分低,说明你不常采用该策略。

回避型:5、10、15、20 题的总分

顺从型:1、6、11、16 题的总分

强制型:3、8、13、18 题的总分

妥协型:4、9、14、19 题的总分

协作型:2、7、12、17 题的总分

【链接】

中央民族大学考试中心首次组织进行了《创新能力培训考试》。根据《核心能力测评大纲——创新能力(试行)》的说法,创新能力,是指在前人发现或发明的基础上,通过自身的努力,创新性地提出新的发现、发明或改进革新方案的能力。

人的创新能力被划分为三个等级:初级、中级和高级。参加创新能力培训的人员按照规定的课时参加培训,经过全国创新能力基础知识和技能操作考试,合格者将获得中华人民共和国人力资源和社会保障部职业技能鉴定中心和中国就业培训技术指导中心颁发的 OSTA 创新能力等级证书。

模块 4 锻炼自己承受挫折的能力

一、承受挫折是人生的必修课

人生在世,谁都会遇到挫折,适度的挫折可以催人奋进。

有这样一个故事:草地上有一个蛹,被一个小孩发现并带回了家。过了几天,蛹上出现了一道小裂缝,里面的蝴蝶挣扎了好长时间,身子似乎被卡住了,一直出不来。天真的孩子看到蛹中的蝴蝶痛苦挣扎的样子十分不忍,于是,用刀把蛹壳剪开,帮助蝴蝶脱蛹出来。然而,由于这只蝴蝶没有经过破蛹前必须经过的痛苦挣扎,以致出壳后身躯臃肿,翅膀干瘪,根本飞不起来,不久就死了。自然,这只蝴蝶的欢乐也就随着它的死亡而永远地消失了。

这个小故事说明了一个人生的道理,要想得到欢乐,就必须承受痛苦和挫折。这是一个人成长必经的过程。

关键的问题是我们应该如何面对挫折,下面是一些经验之谈,你可得认真体会哦!

第一,拥有积极的心态

积极的心态是一种乐观、进取的心态,它是一种正面的心态。当我们遇到挫折时,积极的心态会传递给我们希望、乐观、勇气、进取等正面的信息;消极的心态是一种负面的心态,它传递给我们的是悲观、颓废、抱怨、等待、我行我素等的负面信息。遇到问题,积极的心态将帮助我们轻松搞定一切。

有很多人每天都要坐公共汽车上班,从公寓出来经过一座过街天桥才能到达马路对面的停车点。有时候,走在天桥上,看到公共汽车远远而来,人们对能否赶上这班车并没有十足的把握。可到最后,走在一起的人总有一些能冲进车里,而有些人却只能被远远地甩在后面。

看到从远处疾驰而来、只停留片刻的公共汽车,人们的心理反应是不一样的,一种是冲锋陷阵型,看到车子出现,就不顾一切往前冲;第二种是犹豫不决型,看到车子出现也很兴奋,跑两步,怕赶不上,便又放慢了脚步,于是只能在犹犹豫豫、跑跑停停中看着公共汽车绝尘而去;还有一种人,本来在疾走,看到车子远远驶来反而会放慢脚步,因为他们在想:这趟车我是赶不上了,既然这样,还不如等下一趟。

第二,保持良好的情绪

过分情绪化是一个人心理不成熟的表现,工作中能够管理好自己的情绪可以为你提供更多的成功机会。走在就业的道路上,最大的敌人往往不是没有机会,也不是我们资历浅薄,而是我们缺乏对情绪的控制。这些不良情绪如仇恨、愤怒、恐惧、嫉妒、抑郁、紧张等,将让你的职业生涯变得异常艰辛,尤其是因愤怒情绪导致的损失很可能使你从此失去一位好朋友,失去一个工作机会,或是丢掉一份合约,失去一个合作伙伴,更可怕的,它会使你的形象受损、威信下降,实实在在影响你的领导力。

有这样一个故事:一位女作家在纽约街头遇到一位卖花的老太太。她穿着破旧,身子看上去也很虚弱,但脸上满是喜悦。女作家挑了一朵,说:"你看上去很高兴。""为什么不呢?一切都这么美好。"老太太说。"你很能承担烦恼。"女作家又说。老太太的回答令她吃惊:"耶稣在星期五被钉在十字架上时,那是全世界最糟糕的一天,可三天后就是复活节了。所以,当我遇到不幸时,就会等待三天,一切就恢复正常了。"

一个多么平凡的卖花老人,一颗多么不平凡的看待生活的心。她用一双乐观的眼睛看待生活,生活就将快乐回报给了她。也许你会欣赏这样一个比喻:"每个人的心都像一个水晶球,晶莹闪烁,一旦遭受不测,忠于生命的人,总是将五颜六色折射到自己生命中的每一个角落。"确实如此。当你遭遇到挫折，当遇到不顺心的事儿时，不要灰心，不要绝望，无论此刻你已经失去了什么，你仍然拥有着最宝贵的东西——生命，请试着对着镜子露出微笑，因为当你笑迎生活的时候，生活必定将最美好的一面呈现给你，快乐就会重新出现。用快乐打造生活，生活必将给你最丰厚的回报。

在压力面前保持弹性是一种重要的职业能力。对企业来说，受挫弹性比较高的员工往往是他们最为青睐的。受挫弹性，就是一个人对于挫折的承受能力。受挫弹性越高，对于挫折的承受力就越强。受挫能力高的员工能够承受较大的心理压力，能够在高压的工作环境下，为企业创造效益。

一位叫杰克·马特森的美国教授开设了一门课程，学生们戏称为"失败101"。马特森让学生们设计无人购买的商品模型。于是，仓鼠用的热水浴缸、在飓风中飞行的风筝等十分荒唐可笑的且往往不会成功的各种设计便应运而生了。

为什么要这么做呢？马特森的目的是让学生们"学着重新装弹，做好再次射击的各种准备。"由于大多数学生要经过几次失败才能找到合适的工作，因此，他们认识到绝不能将失败视为最后的定局。

第三，有持久的耐受力

耐受力，是一个人承受疾病、疲劳、挫折和艰苦的一种力量。当工作中遇到困难时，只有咬紧牙关忍耐并继续努力的人，才有可能取得成功。

日本松下电器的总裁松下幸之助说过："信心加忍耐能化一切不可能为可能，任何事情都离不开这个原则。虽然事情不见得会完全照着预期的方式进行，但只要咬紧牙关忍耐下去，在坚决的忍耐中，终究会曲曲折折地迈向成功。"

所以，遇到困难和挫折，要坦然面对，相信成功就在不远处。

二、寻找方法，积极面对挫折

人在遭遇挫折时，往往会感到缺乏安全感，而难以安下心来，工作和生活都会受到影响。下面的方法将帮助你在遭受挫折时迅速进行调试，你不妨一试。

1. 沉着冷静，不慌不怒。

2. 增强自信。

3. 审时度势，迂回取胜。所谓迂回取胜，即目标不变，方法变了。

4. 再接再厉，锲而不舍。遇到挫折时，要勇往直前。既定目标不变，努力的程度加倍。

5. 调整目标，灵活机动。倘若原来太高的目标一时无法实现，可用比较容易达到的目标来替代，这也是一种适应的方式。

6. 寻找原因，理清思路。遇到挫折时，先静下心来把可能产生的原因找出来，再寻求解决问题的方法。

7. 情绪转移，寻求升华。可以通过自己喜爱的集邮、写作、聊天、体育锻炼等方式，使情绪得以调适，情感得以升华。

8. 学会宣泄，摆脱压力。面对挫折，不同的人有不同的态度。有人惆怅，有人犹豫，此时不妨找一两个亲近的人，把心里话全部倾吐出来。从心理健康角度而言，宣泄可以消除因挫折而带来的精神压力，可以减轻精神疲劳，同时，宣泄也是一种自我心理救护措施，它能使不良情绪得到淡化和减轻。

9. 必要时求助于心理咨询师，心理医生会对你动之以情，晓之以理，导之以行，循循善诱，使你从“山重水复疑无路”的困境中，步入“柳暗花明又一村”的境界。

10. 学会幽默，自我解嘲。“幽默”和“自嘲”是宣泄积郁、平衡心态、制造快乐的良方。遭受挫折时，不妨采用阿 Q 的精神胜利法，比如“吃亏是福”、“破财免灾”、“有失有得”等来调节失衡的心理。

人生在世，不可能事事顺心。面对挫折，若能虚怀若谷、大智若愚，保持一种恬淡平和的心境，是彻悟人生的大度。一个人要想保持健康的心境，就需要升华精神，修炼道德，积蓄能量，风趣乐观。正如马克思所言：“一种美好的心情，比十服良药更能解除生理上的疲惫和痛楚。”

三、了解自己的心理承受能力

心理学家们为我们提供了一个自我测试的方法，以判定自己面对挫折时的心理承受能力。

下面这些问题，请你用最诚实的态度选择答案。

1. 我能和别人很好地相处。

2. 我看一个人时，总能看到他的优点，而不是总看到他的缺点。

3. 我没有“别人什么都不如我”的感觉。

4. 我讲话比较注意，从不贸然否定别人。

5. 我感到别人愿意和我来往。

6. 当别人没有按我的意图行事时，我不会感到十分不满，总会理解他。

7. 我常为别人设想，总是从他人的角度考虑问题。

8. 我能成功地运用一般人际交往的技巧。

9. 在和别人交往时,我很注意礼貌和礼节。

10. 我能平等待人,与人友好相处。

11. 在工作和竞争中我能够承受失败和挫折。

12. 我不是一个看重名利的人。

13. 当别人误解我的时候,我不会马上发怒,而是设法弄清事实真相。

14. 当我的生活发生意外情况时,我不会茫然失措,而是积极想办法解决问题。

评分依据:

A. 表示与自己的情况完全不同

B. 表示与自己的情况大部分不同

C. 表示拿不准

D. 表示与自己的情况大部分相同

E. 表示与自己的情况完全相同

得分标准:

A. 1 分　B. 2 分　C. 3 分　D. 4 分　E. 5 分

测试结果:

如果得分在 50 分以上,表明你的心理承受能力较强,能轻松愉快地生活,坦然面对挫折,并有许多朋友。

如果得分在 35 ~ 50 分之间,表明你的心理承受能力一般,心理状态不够稳定,有时会充满信心,有时则害怕失败,畏缩不前。

如果得分在 35 分以下,表明你的心理承受能力很差,应加强自我心理调节。

模块 5　通过多能力训练及时有效收集信息

一、尽可能多地收集信息

当今社会的信息不但面广量大、传播速度快、传播工具和手段多样化,而且更新变化也非常快,稍不留心,可利用的信息就会从身边溜走,原有的信息就会变得滞后或过时。只有善于收集信息、发现有用信息的人,才可能获得成功。

当年,斐济总统访华,在他访问了中国其他几个城市后来到上海,下榻锦江饭店。这位身材高大的总统有一双出奇的大脚。因此,他在访问中国期间,还没有穿到过一双合脚的拖鞋。此刻,当他走进锦江饭店的总统套房时,一双特大号拖鞋端端正正摆在床前,总统穿上一试,刚好合脚,不由得哈哈大笑,问道:"你们怎么知道我脚的尺寸的?"服务员笑道:"得知您将来上海,下榻我们锦江,公关部人员早就把您的资料提供给我们,我们就给您特地定做了这双拖鞋,您看可以吗?""舒服,太舒服了,大小正好,谢谢你们!"当总统离开中国时,还特意把这双拖鞋作为纪念品带回了斐济。

通过各种渠道、途径获取信息后,还要及时加工和有效利用各种信息,养成有目的获取和运用信息的习惯。

二、训练自己持久稳定的注意力

持久稳定的注意力,将有助于我们捕获更多有价值的信息。

法国网球名将玛丽·皮尔斯在获得1997年意大利公开赛冠军后曾说过这样一段话:"我花了很长的时间来训练我集中注意力的能力,现在我已经开始感觉到在这一方面能力的提高了。我想,关键是在于不去想过去和将来,不去想输或者赢。在以前,我总是不能控制自己去想这些事情。现在,我所想的就是尽我最大的能力做得最好。当我能做到这一点的时候,我就能打好球了。"

按照皮尔斯所说,把注意力集中在现在,就是"不去想过去和将来",这样才能捕获眼前稍纵即逝的信息,从对方的言谈举止中察觉蛛丝马迹,立刻做出反应。

在工作中,要想捕获更多有价值的信息,就要将工作放在第一位,不分心、抗干扰,时时刻刻做个有心人。

从根本上来说,集中注意力就是保持三个统一,即个体的统一——我只想自己;地点的统一——我在这里;时间的统一——我在现在。

步入职场后,你会经常听到有人这样抱怨:"我有些心不在焉,总是记不住……"面试时"我不知道自己在哪儿,一直不知所以然。""整个下午,我完全不能集中自己的注意力,我总是想着上午与客户洽谈时我的那个失误。"

很明显,在上面的职场情境再现中,个体的统一(自己)、地点的统一(这里)、时间的统一(现在)都没有被遵守,这就是我们很多时候不能集中注意力的原因。

如果不能集中注意力,你一定是在以下三个方面的一个或几个方面出了问题。知道在哪个方面出了问题非常重要,下面是鉴别的方法:

1. 周围的人是否使你注意力分散。这些人一般包括主考官或上级、谈判对手、其他同事或朋友、刚进来的其他人员等。

2. 你的思绪是否跑到了别处，比如跑到了你的家、办公室、学校、上次面试的场景或谈判的地点等。

3. 你的思绪是否回到了过去，老是想前几次面试的不顺利，或者在想将来的事，想下一个要面试的事儿。

如果有上面几种情形，你就该好好集中注意力了，想想自己、这里、现在，你会重新集中注意力，更好地面对自己想要解决的问题。

三、训练自己有效的记忆力

收集到有用的信息后，还必须强化记忆，这就需要我们在实践中逐步摸索，寻找规律，不断提高自己的记忆能力。

人脑有无穷的记忆潜力。美国麻省理工学院的一位教授说："倘若你一生好学，那么你脑子一生中储备的知识，将相当于美国国家图书馆藏书的50倍。"也就是说，人的脑子可以容纳5亿多本书的知识。但很多时候，我们会常常埋怨自己笨，记忆力不好。那么，我们该如何提高自己的记忆力呢？

记忆，就是过去的经验在人脑中的反映。记忆的大敌是遗忘。提高记忆力，实际就是尽量避免和克服遗忘。在学习和工作中只要进行有意识的锻炼，掌握记忆的规律和方法，就能改善和提高记忆力。

提高记忆力，没有诀窍只有坚持，以下是几点提示：

1. 注意力要集中。记忆时只要聚精会神、专心致志，排除杂念和外界干扰，大脑皮层就会留下深刻的记忆痕迹。如果精神涣散，一心二用，就会大大降低记忆的效率。

2. 提高对所记事物的兴趣。如果对学习材料、知识对象索然无味，即使花再多时间，也难以记住。

3. 加强对事物的理解。理解是记忆的基础，只有理解了的东西才容易记得牢、记得久。仅靠死记硬背，则不容易记住。

4. 增加记忆强度。即对知识对象在记住的基础上，多记几遍，达到熟记、牢记的程度。过度学习的最佳程度是150%。

5. 一定要及时复习。遗忘的速度是先快后慢。对刚学过的知识，趁热打铁，及时温习巩固，是强化记忆痕迹、防止遗忘的有效手段。

6. 经常回忆。学习时，不断进行尝试回忆，可使记忆错误得到纠正，使遗漏得到弥补。闲暇时，经常回忆过去识记的对象，也能避免遗忘。

7. 眼到、手到、心到、耳到。可以同时利用语言功能和视听觉器官的功能，来强化记忆,提高记忆效率,这比单一默读效果好得多。“好记性不如赖笔头”,心想手记也是不错的方法。

8. 运用多种记忆手段。根据情况,灵活运用分类记忆、特点记忆、谐音记忆、争论记忆、联想记忆、趣味记忆、图表记忆及编提纲、做笔记、卡片等法,均能增强记忆力。

9. 掌握最佳记忆时间。一般来说,上午 9 ~ 11 时,下午 3 ~ 4 时,晚上 7 ~ 10 时,为最佳记忆时间。利用上述时间记忆难记的东西,效果更好。

10. 学会科学用脑。在保证营养、积极休息、进行体育锻炼等保养大脑的基础上,科学用脑,防止过度疲劳,保持积极乐观的情绪,能大大提高大脑的工作效率。

四、训练自己丰富的想象力

有三种类型的想象或许对你的学习和工作有所帮助。

1. 联想法:通过将所记忆的各个项目联系起来形成一个心理映像。心理学家认为,记忆的最基本规律,就是把新的信息和已知的信息进行联想。例如,将你需要知道的一个心理过程视觉化为某人在操作这些行为的一系列动作。

2. 轨迹法:想象自己沿着一条路径将记忆的材料与确定的位置或项目联系起来。例如:将试图要记住的材料与房间中特殊的项目联系起来,“触景生情”时就会记起要记的东西。

3. 标记法:通过诗词韵律和其他便于记忆的方式和要记忆的项目之间建立起联系,只有你自己知道这些标记所代表的特殊含义。

思考题:

试着把你一天内所关注的客人的信息记录下来,包括客人的姓名、年龄、职业、气质特点等。然后从中挑出三位,运用联想法,将这些信息整理成一段有关联的、语意通顺流畅的文字。要求有完整的故事情节,有描述性文字,体裁不限。

中 篇

职业形象塑造

第一单元
塑造良好的职业形象

模块1　得体的形象是竞争的一把利器

学前测试：

你给别人怎样的第一印象呢？

1. 与人初次见面，你能从对方的言谈举止中对其知识能力等素质做出积极、准确的评价。

A. 不能　B. 很难说　C. 可以

2. 与朋友告别时，下次约定见面的时间、地点是：

A. 对方提出的　B. 谁也没提这事　C. 由你提出来

3. 第一次见到某个人，你自然而然流露出的表情是：

A. 热情诚恳、大方自然　B. 大大咧咧、漫不经心　C. 紧张局促、羞怯不安

4. 与人寒暄后，你是否很快就能找到双方都感兴趣的话题？

A. 是的　B. 很困难

C. 经过较长时间才能找到

5. 你与人谈话的坐姿通常是：

A. 两膝并拢　B. 两腿分开　C. 翘起“二郎腿”

6. 你与异性谈话时眼睛通常望着何处？

A. 看着对方的眼睛　B. 看着其他东西或人

C. 盯着自己的衣角，不停地摆弄

7. 你选择交谈的话题是：

A. 两人都感兴趣的　B. 对方感兴趣的　C. 自己感兴趣的

8. 通常第一次交谈，你与对方分别占用的时间是：

A. 差不多　B. 他多我少　C. 我多于他

9. 与别人会面时你说话的声音总是：

A. 很低，以致别人听得很费劲　B. 柔和而低沉

C. 声音高亢，热情洋溢

10. 你说话时是否喜欢采用身体语言？

A. 偶尔打些手势　B. 从不指手画脚

C. 常用身体语言补充语言表达

11. 你说话的速度是怎样的？

A. 相当快　B. 十分缓慢　C. 快慢适中

12. 假如别人谈到了你极不感兴趣的话题，你会：

A. 打断话题，另起一话题　B. 沉默、忍耐

C. 仍然认真听，努力从中找出乐趣

分数分配：

选项 得分 题号	A	B	C
1	1	3	5
2	3	1	5
3	5	1	3
4	5	1	3
5	5	1	3
6	5	1	3
7	3	5	1
8	3	5	1
9	3	5	1
10	3	5	1
11	1	3	5
12	1	3	5

评分标准:

总分为2～22分,为甲型;23～46分,为乙型;47～60分,为丙型。

得分分析:

甲型:第一印象差——也许你感到吃惊,因为很可能你只是依自己的习惯行事而已。你本来是很愿意给别人一个美好的第一印象的,可是,你的不经心或缺乏体贴或言语无趣,无形中给别人留下了错误印象。你必须记住:交往是一门艺术,而艺术是需要修饰的。

乙型:第一印象一般——你的表现存在着某些让人愉快的成分,但同时又有点不够精彩。别人不会对你印象恶劣,但也不会认为你有很强的吸引力。如果你希望提高自己的魅力指数,首先必须在心理上重视,并努力在第一次见面时就展现出你的最佳形象。

丙型:第一印象好——你的适度、温和、合作,给第一次见到你的人留下了深刻的印象。无论对方是你工作中的接触者还是生活中的接触者,他们都会有与你进一步交往的愿望。你的问题只在于注意那些单向的对你"一见钟情"者。

——本测试转引自《心灵解码》,盛乐编著

职业形象,可以将其理解为一种角色形象,即人们对某种职业承担者的所有行为和表现的总体印象和评价,是构成个人形象的基本因素。

一个人的职业形象有内在的和外在的两种主要因素。内在因素包括职业道德、职业责任感、职业认知及职业心理特征等,它代表的是职业形象的内涵;外在因素主要指一个人展现给他人的容貌、服饰、言谈举止、姿态风度等,是职业形象的外显。在这里,我们讨论学习的主要是职业形象的外在因素。在职场中,有意识地塑造自己的职业形象,不仅可以充分展示优雅得体的风貌,更可通过自身的形象体现自身的价值。

一、给人良好的第一印象

虽然谚语说"人不可貌相,海水不可斗量",但在现实中,大多数人不可能有太多时间研究不可斗量的海,而往往会在短暂的交往中,对你的形象形成一定的认识。

第一印象是人际认知、人际交往中形成的最初印象,这一印象一旦形成,往往会在人们心里形成一种定式。人们常常会用对他人的第一印象来评价他的学识、涵养以及性格等,并对此人以后的行为进行推测。

美国心理学家 Walster 曾以明尼苏达大学新生为对象,举行了电脑舞会,由电脑随机安排舞伴，不得交换。舞会休息时请每人填写一个问卷，用来了解每个人对自己舞伴的印象。得出的结论是：对方被喜欢以至想进一步约会的原因只有一个——外表，而外表是为初次见面的人留下第一印象的关键，我们很容易从人的面孔、服饰、体态、态度等对其作出评价。

第一印象决定着他人对我们的信任，而且大多数人常常会根据第一印象推测交际对象的性格、能力、进而决定与其交往的深度。在职场中，第一印象也往往会决定一个人是否被录用、晋升等。在竞争激烈的时代，我们每个人都希望通过自己给他人留下美好的第一印象，获得一个理想的工作或职位，良好的职业形象就显得非常重要了。

二、形象可以提升你的价值

形象有价，在当今这个形象导向和形象竞争的时代里，形象就是个人能力的广告，也是一个人品位的标志。

我们发现，演艺界的明星，除了有出色的演技之外，精心“包装”打造也是必不可少的。购买商品，吸引眼球的是“包装”，卡通明星，也以它们可爱的形象家喻户晓。我国出口的商品曾以“一流的商品，末流的包装”而成为国外市场上的“地摊货”。“买椟还珠”这一成语，说明了包装的价值。同样，我们如果能做到衣着整洁、举止优雅、谈吐不俗，拥有良好的职业形象，就能为自己赢得更多的机遇。

一般情况下，我们都承认，形象良好的人在社会上有许多优势。

研究结果表明，我们经常会下意识地把一些正面的品质加到形象良好的人头上，像聪明、善良、诚实、机智等。更有甚者，当我们作出这些判断时，我们一点也没觉察到外表在这个过程中所起到的作用。这种趋势可能导致的后果非常令人不安。

例如，一个对1974年加拿大联邦政府选举的研究就发现，外表有吸引力的候选人得到的选票是外表没有吸引力的候选人的2.5倍。而尽管有明显的证据表明，英俊的政治家有很多优势，一个随后的研究却表明投票人并没有意识到自己的偏见。事实上，有73%的加拿大选民都强烈否认他们的投票决定受到了外表的影响，只有14%的人承认也许有这个可能性。但不管投票人怎样抵赖外表的吸引力对选举结果的影响，却有源源不断的证据表明，这种令人担忧的倾向的确是一直存在的。

在公司雇用职员的过程中也有类似的现象。研究发现，在一个模拟的招工面谈中，申请人是否精心修饰过自己，在决定他是否被雇用的过程中所起到的作用比一个人的资历还重要。此外，形象良好的人的优势不仅表现在是否被雇用上，也表现在他们的薪水上。经济学家们在美国和加拿大做了一些抽样调查后发现，形象良好的人的工资比那些形象一般的同事平均高出12%~14%。

为什么会有这样的情况出现呢？

首先，人们从各方面学到，形象良好的人才值得去爱。无论在电影或电视中，被爱的总是形象好的人。因此，形象好就起到爱的反应线索的作用。

其次，和形象好的人在一起会显得荣耀和光彩。有时，只因为有漂亮的女朋友，其人就会受到有好感的判断。

再次，人们往往有个定式，就是认为形象好的人还有其他方面的好属性，如性格开朗、心地善良等。

最后，形象好的人看着就让人舒服，使人沉湎于美的满足之中。

——转引自《旅游心理学》，孙喜林、荣晓华编著，东北财经大学出版社

三、得体的形象是竞争的一把利器

1960年9月的一天，尼克松与肯尼迪在全美近七千万电视观众面前进行竞选美国总统的第一次辩论。在当时，这两位的名望与才能没有太大的差别，但在此前的历次民意测验中，尼克松都领先于对手肯尼迪。同时，尼克松还以经验丰富的“电视演员”著称，比起缺乏电视演讲经验的肯尼迪来，多数民众以及评论员预料尼克松入主白宫应当是胜券在握了。当天的电视演讲尼克松也的确稍胜一筹，而结果却出乎所有人的意料。正是这次电视辩论使尼克松受到致命一击，也因此将肯尼迪送上总统宝座。造成这一结果的原因是他们在形象上的巨大反差。

尼克松并非其貌不扬、精神萎靡之人，但他在演讲前身患感冒，加之当时由于参加竞选十分劳累。更失败的是，辩论前，给尼克松进行面部化妆时使用了颜色较深的粉，在强烈的灯光下，他面色铁青、神情疲惫。正如历史学家罗杰·巴特菲尔德所形容的：“在全世界面前，他看起来好像一个不爱刮胡子和出汗过多的人，忧郁地等待着电视广告告诉他怎样不要失礼。”而他的竞争对手肯尼迪不仅在事前进行了练习和排练，还专门跑到海滩晒太阳、积极进行体育锻炼，使他1.85米的身高保持了79公斤的体重。身材匀称、健康结实、精神饱满、神采奕奕，加之得体的服饰，更使他显得风度翩翩。最后，肯尼迪以49.9%对49.6%战胜了尼克松。有评论声称，战胜尼克松的不是肯尼迪而是肯尼迪的形象设计师。此话也许不够全面，但是无论如何，在竞争中，我们的形象的确能起到非常重要的作用。

我们都知道以貌取人永远都是不对的，但是不以貌取人好像又是永远不可能的。虽说“成大事者不拘细节”，然而在某些特殊的情况下，由众多细节汇集而成的个人形象就会显得十分重要，甚至会成为决定我们前途与命运的重要砝码。因此又有了这样的一句话“细节决定成败”。可以说，我们正在步入形象制胜的时代。形象越来越成为个人以及组织生存发展的决定性因素之一。

四、打造良好的职业形象

天生丽质是我们每个人的梦想，但相貌平平对大多数人来说却是不争的事实。其实，我们的形象犹如我们的生活，总会有些缺憾，总会有不尽如人意的地方。生活中的缺憾并不影响我们对生活的热爱，关键是我们怎样去弥补这些缺憾，使生活变得完美。

那么，我们该如何打造良好的职业形象呢？

第一，注重你的行为举止，不断提高自身修养

良好的职业形象并非一定与身材高大、相貌英俊有必然的联系。倘若一个人举止不雅、衣着不当、目中无人，即使相貌堂堂也不会是个形象良好的人。

良好的职业形象并非天生的，而是后天磨炼的结果。我们都知道周恩来总理，他并不是一个身材高大魁梧的人，但只要是与他接触过的人，没有不被他身上的魅力所吸引、不被他的形象所折服的。一位西方记者这样述说与周总理初次见面的情境：“他仪表堂堂，风度优雅，浑身上下透出一股吸引人的魅力。那张脸上永存着善意的微笑，令人感到亲切和蔼；然而，他剑眉炯目间流露着刚毅和英气，又会使人觉得凛然生畏。他才思敏捷而又待人谦逊，睿智机警而又不乏含蓄幽默……”这样的形象，除与周总理过人的学识、良好的修养有关外，还与他自青年时代就非常重视自己细微的言行举止是分不开的。早在天津南开中学读书时，周总理就把教学楼门口大镜子上的“镜铭”作为自己言行的规范，并时常告诫自己。镜铭的内容是：面必净，发必理，衣必整，纽必结，头容正，肩容平，胸容宽，背容直。气象：勿傲，勿暴，勿急。颜色：宜和，宜静，宜庄。长期的注意，使他成了20世纪最杰出、最有魅力的外交家，也形成了他那举世公认的秀外慧中的优雅风度。

第二，搭配好你的服饰，塑造形象上的完美

即使是“闭月羞花、沉鱼落雁”的四大美女，据说也有不足之处，仍需要用服饰来修饰，更何况我们这些本来就平平常常的人呢？

“尺有所短，寸有所长”，我们每个人都会有形象上不尽如人意的地方。比如，身材的高与矮、体态的肥与瘦、肤色的黑与白等。如何扬长避短，在职场上给人良好的职业形象,这是可以通过后天的努力和恰当的修饰来达到的。

例如,初入职场的人或缺乏自信的人,往往在服饰的选择上会追时髦、随大流,盲目从众,而忽略了自身的特点,反而会弄巧成拙。了解自己,选择适合自己的服饰搭配,才能展现出最好的职业形象。记住,适合自己的才是最好的!

第三,多读书、善表达,充分展示你的形象

优雅的谈吐也是你在职场上展现自己形象的大好机会,但很多人恰恰是在这方面败下阵来,输掉了自己精心打造的形象。

"腹有诗书气自华"。多读书既可以改变一个人的外在形象,又可以提高一个人的涵养。孟子曾说:"充实之为美。"一个富有涵养的人,他的言谈举止就会美,而一个内心贫乏的人,其言行就会粗鲁低俗。"慧于中而秀于言",多读书可以帮助我们丰富自己的语言,想想看,谁会拒绝一个能够在恰当的场合以恰当的语言、恰当的表达方式与人进行有效沟通的人呢?

模块2　包装你干练的职业形象

用服饰包装是塑造我们良好职业形象的重要手段,正如莎士比亚所说:"衣着常常先是人品。即使我们沉默不语,我们的衣着与体态也会泄露我们过去的经历。"对于如此重要的问题,你了解多少呢?

学前自测:

1	"穿衣戴帽,各有所好",我可以按自己的好恶穿着。	□对　□错
2	面试时,应该穿着西装或套装。	□对　□错
3	正式场合穿着浅色西装是可以的。	□对　□错
4	女性在上班时可以穿皮拖。	□对　□错
5	上班时不应光脚穿凉鞋。	□对　□错
6	只要是流行的、时尚的就是美的。	□对　□错
7	干净舒适的白色线袜适合男士穿。	□对　□错
8	女士工作时间可以化妆。	□对　□错
9	体态丰满的人尽量不要穿着浅色服装。	□对　□错
10	在工作场合,从业人员均应选择正装。	□对　□错

评分标准：

选“对”得1分，选“错”得0分。

8分以上，眼光不错。

6~7分，仍要学习。

5分以下，好好学习。

一、从服饰看你的自信与自尊

在职场上，“穿着细事切莫等闲看”。著名形象大师乔恩·英利曾说过：“那些穿着不合身的化纤西服、陈旧衬衣和耀眼的领带的人，是没有机会走到高层的。”

刚刚迈出校门进入职场的你，难免尚带稚气、羞涩、不够洒脱，但记住，你却不能衣饰不整、毫无修饰，那样，你就无法展示自己的自信，无法敲开工作的大门。

人的自信来自两个方面，第一，幼年成长的经历，第二，公众场合得体的形象塑造。虽然说“穿衣戴帽，各有所好”，但在职场中，你绝不可以仅凭个人所好决定自己的服饰。一个人的成功并不完全甚至也不首先取决于他的服饰，但得体的服饰却是很多职场人士获得成功的一个秘诀。

张伟马上就要毕业了，作为一名中文系的高才生，除了才学之外，80后的他思想前卫，朝气蓬勃，在穿着上更是追求不拘一格的个性打扮。在他看来，为找到一个不错的工作而刻意修饰是内涵不够、才学不足的表现。一个单位把外在形象看得过重也不是什么好的单位。因此，他常常是一副休闲打扮游走在各求职场所。但是，正是他与众不同的装束使他在求职面试中屡屡受挫，以至他开始怀疑自己的能力。用他自己的话说：“每当我面对那些有着干净面容、整洁发型、得体西服正装的主考官时，就感受到了他们的精明强干，而且在气势上也感觉到压人，让我觉得自己有些不伦不类，甚至都没有勇气去直视他们，自己曾有过的自信与不羁也都消失得无影无踪了。”

不同的衣着打扮，不但会使自己在面对他人时产生不同的心境和情感体验，也会引起他人不同的评价和印象。面对一个衣着整洁得体，仪态端庄且谈吐不俗的人，大家往往会认为其有着良好的文化素养和审美观，也会认为其是一个精明强干的人，这些肯定会使你在与人交往时增强自己的信心，而乐于与人交往。反之，如果一个人的仪表服饰不够整洁，不修边幅，与周围环境格格不入以至于影响自身形象的时候，不仅难以赢得他人的好感，自己也会感到自卑。

因此,若想在社交中、职场上成功地与人交往,就要学会推销自己,而一个成功推销自己的人,就要学会用服饰来修饰、弥补自身的缺陷与不足,使大家能喜欢你、认可你、接受你。

二、掌握着装的三原则

赵艺峰女士在其《形象塑造》一书中说道:自信在于穿对场合,出色在于穿对身份,升迁在于穿出能力。那么,我们该如何着装呢?

第一,掌握着装的"TPO"原则

"TPO"是英文单词时间(Time)、地点(Place)和目的(Object)的缩写,其含义讲的是着装要符合时间、地点和目的要求。这一原则是由日本男装协会在1963年提出的。

1. 时间。在这里,时间不仅是指一天的早中晚,也有一年四季的划分,同时也包括了时代的变迁。例如,凌晨外出,穿上袒露肩背的晚礼服,就会贻笑大方。夏季,在服装的面料选择上要以轻柔、凉爽为宜,能给人凉爽、清新的视觉和心理感受。如果选择的色彩过于厚重、杂乱,会让人产生燥热感。而在冬季,着装又以暖色调、轻便、保暖为宜。既要避免着装过厚显得臃肿不堪,又要避免"只要风度、不要温度",衣着过于单薄而被冻得面色青紫、瑟缩一团。春秋两季着装的自由度相对较大,"春捂秋冻"、"二八月乱穿衣",即是如此。只要着装不过于让人侧目即可。

2. 地点。这一原则强调的是,着装应与特定的地点、环境相适应和协调,以获得人们视觉和心理上的和谐感。可以想象,如果公务员穿休闲装和皮拖上班,肯定会给人办事拖拉、敷衍了事的印象。而刚刚离开校园进入职场的年轻人,穿着印有动漫的T恤上班,也会让你显得又幼稚、又脆弱,会让人对你的职业能力大打折扣。因此,根据不同的地点选择适宜的着装,既能体现自身的审美力,也可以展示我们的优雅和品位。

3. 目的。穿着的目的是要通过自己的打扮给别人留下美好的印象,而这一目的的达成,要求你必须选择与工作场合适宜的服饰,否则,你的目的不仅不能达成,还会引起周围人们的猜忌、厌恶甚至反感。

在某一房展会上,有个楼盘的销售人员打扮得瑰丽时尚,高挽发髻,旗袍合体,连指甲上也涂了亮亮的指甲油,本以为这样会吸引客户,谁料,问津者寥寥。倒是另一楼盘人头攒动。几位售楼人员一律白衬衫、深蓝领带(女士为领花)、藏青色西装,脚上黑色皮鞋一尘不染。他们面带微笑、有条不紊地与顾客商谈,给人稳重、可靠的感受。正如一位看房的顾客所说:"那几个姑娘打扮得跟模特一样,心思都放在打扮上了,能有多少心思替顾客考虑呢。”

所以,穿衣戴帽如果不考虑工作目的,所起的作用将会适得其反。一项关于消费心理的研究证明,客户更信任那些穿着得体的业务人员。而另一项研究证明,身着商务制服和佩戴领带或领结的推销人员所创造的业绩,就比穿着随意、不拘小节的推销人员高出约60%。所以,在职场上,我们一定要学会用端庄、大方、得体的服饰来装扮自己。

第二,掌握着装的三色原则

所谓“三色原则”,就是包括领带、鞋袜、包袋等在内,人们同时穿戴在身上的一切服饰的配色不应超过三种颜色,特别是在职场上,颜色、式样简约的服装,会显得整洁、干净、优雅。

第三,掌握着装的适合原则

所谓适合原则,是指我们在穿着上要与自己的年龄、体型、肤色、职业相协调,表现出一种和谐的美。正如梨园界的行话所言:宁穿破、不穿错。

1. 穿着要与年龄相适合。研究证明,一个人的着装可以比他的实际年龄小5~8岁,如果穿着与年龄差距太大,40多岁的人还穿着20岁年轻人的服装,就会让人感到“为老不尊”。年轻人在服饰的选择上可以选择式样时尚、活泼的款式,充分体现青年人的朝气和青春之美。在职场上,很多女性都怕听“老”,在一些公司里,三十岁就已经算“老了”,所以,为了不显“老”,很多女孩会刻意在着装时尽量“装嫩”。其实,无论你是二十岁、三十岁、抑或是四十岁,哪怕是到了知天命的年龄,只要你的穿着与你的年龄相适合,都会展示出你的美。

2. 穿着要与身材相适合。人的身材是千差万别的。有高的、有矮的、有胖的、有瘦的,有上身长下身短的,也有与其相反的。因此,在着装上不可盲目效仿、追时尚,应考虑个体的差异,扬长避短。例如,身材瘦小的人,不宜选择宽大的裙子或衣裤,这样会显得更加瘦小;体型较胖的人士,应尽量避免穿大花图案或横条纹的服装,而应选择冷色系的、小花纹、直条纹的衣服以达到显“瘦”的目的。身材较高的人,上衣应适当加长;而身材较矮的人,最好选择浅色的套装,上衣应略短,使腿的比例加长,以达到较好的视觉效果。过于消瘦或太胖的人都不宜穿过紧或过松的服装,腿短的人最好不要穿牛仔裤,腿形不好的女士不宜穿短裙。

3. 穿着应与肤色相适合。尽管人的肤色基本上是没有变化的,而且无所谓好与不好,但是,人的肤色会随服装色彩的不同而发生微妙的变化。一般来说,无论是男士或女士,如果肤色较白,那么选色与配色的余地都较大,因为白皙的皮肤几乎可以与任何一种色彩进行搭配。例如，你若想突出自己皮肤的白皙，就可以选择深色的服饰，如海蓝、深蓝、藏青色；你若想突出自己皮肤的柔润，就可以选择乳白色、白色、淡黄色、米色等；你若想突出肤色的光泽，就可以选用绿色、鹅黄、绛红等色。肤色较黑或偏红者不宜选择偏暗颜色的服饰，如棕色、紫色、红色、深蓝色等，不然会使肤色看起来更晦暗，而显得萎靡不振、缺乏生气。但如果选择色彩过浅的服饰，则更凸显自己较黑的肤色。因此，此类人可以选择浅蓝、果绿色、淡黄等颜色的服饰。面色病黄或过于苍白的人，尽量不要穿过于娇艳的服装，这样会加重病态感。正如著名设计师伊蒂斯·里德在他的《如何装扮》一书中所说："也许在取得衣着成功方面，色彩是最有帮助的要素。颜色可以是您最好的朋友，也可以是您最凶恶的敌人，它可以使您显得年轻，也可以使您显得病态；可以使您显得肥胖，也可以使您显得苗条；可以使您邋遢，也可以使您潇洒。因此，在服装的色彩搭配上要想获得成功，最重要的是要了解和掌握不同色彩的特性、色彩的搭配以及正装色彩的选择这三个方面，选择适合自己肤色、职业和场合的服饰。"

4. 穿着应与职业相适合。并没有哪一条戒律规定不同职业的人应如何着装，但长期的社会实践使人们对什么人应穿什么衣着产生了一种心理定式。有些职业的人穿着可以随意些、时尚些，而有些职业的人就应穿着规范些、严谨些。如果你不考虑人们业已形成的心理定式，而以个人的好恶着装，势必会给自己带来麻烦。

下面列举几种具体职业的着装风格，我们可以感受到其中的差异性：

◆公务员。国家公务员从事公务活动，其着装应展现恪守职责、勤于政务、廉洁奉公的职业形象，因此，公务人员一般按照规定统一着装。

◆教师。教师着装展现给学生的应是庄重的、典雅的、亲切的形象。著名教育家蔡元培先生每一次给学生讲话或上课，总是要换上得体整洁的服饰，扣好每颗扣子，对着穿衣镜整一整衣冠，然后从容地走进教室，他还没开口，他的仪表已经向学生"说话了"，以至有了"先生北上，人才北聚，先生南下，人才南聚"的"蔡元培现象"。这一现象固然与蔡元培先生的学识、人品所产生的影响分不开，但先生的仪表也是学生的楷模。

◆IT 技术人员。这些人不需要面对客户，工作时间的伸缩性也很大，也许深夜一两点他们还滞留在办公室，也许上午 11 点他们尚未起床。因此，随意的休闲服装更能使他们在繁重的脑力劳动中充分缓解工作带来的压力，而西服革履会让他们更易身心疲惫。

◆广告策划人员。广告策划，是一个具有艺术创造力和极具想象力的工作,其从业人员没有张扬的个性是难以获得上司和同事的认可的。因此,在着装上,凸显个性、敢为天下先是他们处处显示与众不同的特点。只要在个性张扬的同时不失沉稳,就不会使张扬成为一种轻浮。

◆金融机构人员。金融业的从业人员如银行职员、个人理财顾问、保险推销员、证券经纪人等,其着装必须展现给客户严谨、可信赖的职业形象,一身得体的深色西装是最佳选择。

◆媒体记者。记者的工作性质决定了他们要经常接触不同的采访对象,会出现在完全不同的场合里,因此,如何使自己的穿着与采访对象、采访环境相适应,是他们必须经常考虑的问题。例如,采访政界要员、报道国际政治要闻时应穿正装;在建筑工地或军事训练场采访,就要注意着装的方便与安全。当然,由于工作原因,记者经常奔波在外、频繁采访,因此,舒适性也是应当考虑的因素。

职场上还有很多人从事不同的职业,作为窗口行业服务人员的服务员、销售员、咨询顾问、形象代言人等,应按要求统一着装或选择与自己职业相适合的服饰。

三、你该如何着装

随着社会的发展,礼仪从简趋势越发明显,人们对服饰的要求也出现了简化的趋势,除了特别隆重、正式的场合要求人们穿着不同的礼服外,一般的社交场合穿着礼服的机会很少,而穿大礼服(燕尾服)的机会则更少。在比较正式的社交场合,男士多穿深色或黑色西服套装、浅色衬衣、配以相应的领带及黑色硬底皮鞋,而女士则以西服套裙搭配丝质衬衣及半高跟皮鞋为主要着装风格。

第一,男士西装穿着要领

俗话说:"西装一半在做,一半在穿。"西装的选择、穿着、搭配都要中规中矩。

1. 西装款式的选择。男士西装大体分为四大类,即欧式、英式、美式和日式四种西装。欧式西装造型优雅、剪裁得体、洒脱大气,双肩及胸部略微耸起,视觉上呈倒梯形,穿着者身材较高大魁梧;英式西服肩部与胸部线条平坦流畅,不强调肩宽,穿在身上自然贴身,轮廓清晰明快,腰部略收,体现出绅士派头,显得庄重、高贵;美式西装宽松舒适,较欧式西装略短些,领形为宽度适中的"V"形,后摆中间开衩,多为单排扣,穿起来略显休闲散漫;日式西装近些年在商界流行,外观呈"H"形,不过分强调肩与腰的部位,垫肩不高,领子较短也较窄,不过分收腰,后摆不开衩,多单排扣。中国人的体型特点不太适合穿欧式和美式西服,相对来说,英式和日式西装更适合中国人。

2. 西装面料的选择。选择西装时,面料应挺括些,纯毛织物是西服正装的首选。但由于纯毛织物不好打理,日常穿着的西装可以选择质量较好的仿毛织物,但必须挺括、伏帖,不易起皱。

3. 西装色彩的选择。由于西装多作为正装穿着的,因此,其色彩必须体现庄重,不可过于随意。藏蓝色西装是每位男士必备的,此外,可选择黑色、深蓝、深灰及深咖啡等深色系面料的西服。在极庄严肃穆的场所,则应穿黑色西装。

4. 西装的做工及尺寸。一套好的西装应达到以下六方面的要求:衬里不外露、衣袋应对称、纽扣应钉紧、表面不起泡、针脚要均匀、外观要平整。西装的尺寸要合适,做到大小合身、宽松适度。

5. 西装的穿着要领。俗话说,西装一半在做,一半在穿。再好的西装若穿着不得体也会有损自身形象。

◆拆除袖口商标熨烫平整。新买来的西装通常在左袖口处缝有一块纯羊毛标志,穿着前一定要先行拆除袖口商标并熨烫平整,而不要带着这块标志“招摇过市”。除了定期清洗熨烫西装外,每次穿着前都要检查其是否平整熨帖。

◆不卷不挽袖子和裤腿。西装属于正装,穿着一定要得法,在任何情况下,都不能挽起衣袖更不能卷起裤腿。

◆纽扣的扣法。西服上衣扣子的系法是颇有讲究的。站立时,应将上衣扣子全部系上,以示郑重;入座后,要视不同情况解开上衣扣子,以防服装走样影响形象。如果穿着的是单排两粒扣西装,讲究的是“扣上不扣下”,即只扣上边的那粒纽扣;如果穿的是单排三粒扣西装,纽扣的正确扣法有两种,一种是只扣中间的一粒扣,一种是扣上面的两粒扣;如果穿的是双排扣西装,就要扣上所有可以扣上的扣子。

◆西服口袋的用法。需要注意的是,西服口袋只起装饰作用而不能用来装东西,要记住,在任何情况下,都不可以将手机、钥匙、眼镜、面巾纸等装在西服口袋里。

第二,西装与衬衫、领带、鞋袜的搭配要领

男士着装艺术的四大主题是西装、衬衫、领带、鞋袜。

1. 衬衫的选搭。与西装相配套的衬衫应以高织精纺的纯棉、纯毛织物为主,也可以选择以棉、毛为主的混纺衬衫。在较为正规的场合,白色衬衫应是首选，也可根据西装的颜色搭配银灰、蓝色等单色或细条纹的衬衫，不推荐有方格等图案的衬衫。

2. 衬衫的穿着。与西装配套的衬衫必须是挺括、整洁无褶皱的，尤其是袖口、领口应干净整齐。穿着时，衬衫袖长应比西装袖长长出约 1.5 厘米，衬衫领应高出西服领约 1.5 厘米。这样，不仅可以避免西装领口、袖口过多磨损，而且用衬衫衬托西装的美，更显得干净利落。穿着衬衫最讲究的是领口和袖口一定要平整、挺括、干净。在正式场合，无论是否与西服上装相配，都要将衬衣的下摆束在西裤内，并将衬衣袖口的扣子扣好。即使穿着短袖衬衣，也要将下摆束进西裤内。男衬衣一般是以领口大小为衡量标准的，穿着时，系上第一粒纽扣后衣领与脖子之间以能插入一个手指为宜，尺寸要合适，不宜过大或过小。

3. 西装的灵魂——领带的用法。领带，是男士的三大饰品之一。选用领带时应注意以下几点：应选用真丝或羊毛质地的领带，也可选择涤丝制成的价格较低廉的领带。可选择蓝色、银灰、咖啡色等单色领带，也可选择带条纹、圆点、细方格或斜格的领带，但图案不宜太大，色彩以不超过三种为宜。领带的款式大体上分为箭头和平头两种，下端平头的领带较为时尚、随意，不太适宜在正式场合佩戴；下端为箭头的领带比较传统、正规，可作为正式场合的首选。领带夹是固定领带用的，因此不宜突出其装饰性。佩戴时，应将其夹于第四和第五粒纽扣之间，不宜让别人看到。打好的领带长度一般以下端大箭头正好与皮带扣的上端平齐为宜。

4. 鞋袜的选搭。与西装相配套的鞋子只能是皮鞋。运动鞋、翻毛皮鞋、磨砂皮鞋以及休闲类皮鞋等都不宜与西装配搭。与西装配套的皮鞋应为深色、单色，以黑色最为适宜。在袜子的选择上，应选择纯棉、毛或棉毛交织的单色中筒袜，避免坐下时露出腿部皮肤及腿毛。袜子颜色应比裤子深些，以黑色、藏蓝为佳。白色袜是与运动鞋搭配的，绝不可与西装搭配。

第三，职场女性的着装

如果说，西装是男士的专利，那么，裙装则是女士的专利。在职场上，女士应如何着装呢？职场女性着装的总体原则是“流行中略带保守”。

一般来说，在正式场合，女士穿裤装不太符合礼仪规范，而在所有适合于职场女性在正式场合穿着的服装中，西装套裙可以说是首选。西装套裙是由男士西装演变而来的，上身为女士西装，下身是一条长及膝盖上下 10 厘米左右的短裙。

1. 面料及色彩的选搭。套裙的面料应以纯毛或工艺考究的上等面料为主，讲究的是手感好、有弹性，平整、滑润、光洁，柔软、挺括，有悬垂感，穿着时不易起皱、起毛、起球。在色彩的选搭上，要遵循前面提到的着装三原则。

2. 造型和款式的选搭。裙装造型有“A”形、“H”形、“X”形、和“Y”形四类：“A”型套裙上衣较紧、裙子宽松，旨在突出穿着者上身身材的优势，适当遮盖下半身身材不足的缺憾，由于这种套裙在穿着时松紧有致，极富动感与变化，所以显得较为活泼；“H”形套裙多为直筒式，上衣略显宽松，穿着优雅、含蓄，较适合于体型丰满的女性；“X”形套裙是以宽肩收腰的紧身上衣和两片、四片或八片的喇叭裙结合而成，有意识地突出穿着者纤细的腰部，使人感受到着装者的楚楚动人和娇媚；“Y”形套裙以短款的松身上衣和紧身的直筒式裙子搭配而成，可以较好遮盖穿着者上身的不足，同时较好地突出下肢的优势，给人亭亭玉立、端庄典雅的感觉。人们可以根据自己的风格选择裙装的款式。

◆假如你是一位传统典雅的女孩，上班时最佳的穿着应以直线裁剪的冷色调、单色或条纹、方格职业套装为主，再配以色彩艳丽的丝巾或胸针，会显得大气、干练，具有时代感。

◆假如你属于随和自然的一族，上班时可以把太过严肃的套装分开配以不同的衬衣、长裤穿着。这种略带休闲的半职业装非常适合你亲切、随和、自然的本性，可以给他人轻松、愉悦、洒脱的印象。

◆刚刚走进职场的女孩，若要展示自己单纯可爱、阳光靓丽的气质，可以选择短小的上装，配以不同花色的喇叭口短裙，再以胸花或胸针作为点缀，一个天真可爱少女型上班族的形象就形成了。

◆时尚、前卫的年轻女士，不妨在职场中选择硬朗的直线剪裁的职业套装来展示自己与时俱进的时代感，可用闪光的衬衣、瑰丽的胸针来点缀，既具有时尚的白领丽人的风采，又给人留下大气、时尚、有魄力的良好印象。

3. 套裙的穿着要领。无论女士选择什么样的套裙，在穿着上都是颇有讲究的：其一，套裙大小合身，无论上衣还是裙子都不可过长或过短。其二，穿着到位讲究规矩。所谓穿着到位，就是翻好上衣领子，盖住有盖的衣袋，扣好衬衣纽扣（除第一粒纽扣），拉好衣裙拉锁，裙子穿得端正。另外，要切记内衣不外穿、内衣不外露、内衣不外现。其三，兼顾举止。穿着裙装时，要举止优雅：站立时，身姿端正、腿部夹紧、两脚并立，不可两腿叉开；就座后，上体挺直，两膝靠紧；行走时，步幅要小，显示出职业女性的端庄典雅。

4. 鞋袜的穿着要领。和女士职业裙装配套的鞋子一般应是黑色（或与服装颜色相配套的颜色）的高跟或半高跟皮鞋，露脚趾的各类凉鞋都是不合时宜的。在欧美国家，一切正规场合是不允许穿凉鞋的，否则，会被认为缺少教养、不懂规矩。和女士职业裙装配套的袜子以肉色的连裤袜为最佳,也可以选择与服装相配的灰色或黑色的连裤丝袜,不能不穿袜子,更不能穿带网眼或图案的黑色丝袜。为防止丝袜脱丝,应随身准备一两双袜子,以备不时之需,千万不能穿脱丝和有破洞的丝袜。

5. 饰物的选搭。饰物是我们在社交场合中使用和佩戴的饰品及物品,如女士佩戴的各种首饰以及男士们也用到的帽子、围巾、眼镜及包袋等。

在饰物的选择上,要切记一条重要原则——以少为佳。在《没有不散的筵席》一书中,作者谈到宋美龄在美国进行公关时这样描写道:她经常穿一件长长的中式旗袍,至于珠宝首饰,她却很精明从来不戴,至多是佩戴不起眼的普通别针或一只戒指……

◆首饰。相对于服装来说,首饰的作用在于烘托、美化服装的作用。女士在选用首饰时,宁肯不用也不要乱用:其一,在工作场合可佩戴小型的胸针、项链以及不带坠的耳环,并以不过于耀眼、不妨碍工作为宜。出席较庄重的会议时,除婚戒外最好不佩戴首饰。其二,佩戴的首饰应与自己的性别、年龄和从事的职业以及工作环境相协调。其三,佩戴首饰要讲究方法。例如,穿着西服套裙时,一般应将胸花戴在左侧领上,穿着无领上衣时则应将胸花别在左侧胸前。

◆饰物。饰物,如眼镜、包袋、手表、围巾、帽子及我们常用的手机、打火机、写字用笔等。在选用这些物品时,可参照前面提到的着装三原则合理配搭。

第四,修饰与化妆

在开始学习前,先请你回答下列问题:

1. 男士不需要修饰和化妆品。错
2. 女士用于脸部的都是化妆品。错
3. 化妆是一个人对自己容貌不自信的表现。错
4. 修饰不仅仅是化妆。对
5. 适度的化妆是自尊的体现。对
6. 在社会交往中,适度地修饰和化妆是对他人的尊重。对
7. 天生丽质的人是不需要修饰和化妆的。错
8. 女士应注意自己的形象,因此要随时随地化妆和补妆。错
9. 你可以很容易地将化妆品进行大类的划分吗?可以
10. 你知道俗语说的“三庭五眼”指的是什么吗?知道

如果你不能准确地回答出上面 10 个问题中的至少 8 个问题,说明你并不了解修饰与化妆重要性,那你就要好好读读这部分内容了。

一个人的形象大体上受两个因素的影响:一是先天遗传,一是后天修饰。

顾客刘先生购买的一台等离子电视发生了故障,他便打电话到该品牌的特约服务站请求支援。很快,维修人员来到刘先生家进行检查。工作人员态度很认真,技术也很好,很快就修好了电视。但当家人问起刘先生维修的经过时,他并没有谈到维修的具体内容,而是皱着眉头说:"我的妈啊,那个维修员身上的味实在让人受不了,我都不愿意靠近他,怎么那么不注意企业形象呢?"

看了这个案例,我们更有理由去好好研究一下美国心理学家梅拉比安的7/38/55定律。我们对一个人的观感,仅有7%取决于语言的表达,另有38%在于表达语言的方法,如语气、音调等,而55%的观感来自于他人的视觉感受,即一个人的姿态、举止、服饰等。这个定律告诉我们:一个人的外表有时会比内在的东西还重要。

那么,我们应该怎样进行修饰外表呢?在职场上,男士是否也需要修饰与化妆呢?

1. 了解化妆品的分类。化妆品依据其功能和作用可以分为三大类:第一类,清洁类化妆品。包括洗面奶、洗发液、浴液及香皂、肥皂等。这类化妆品不分使用对象,主要用于面部、头发、身体及手部的清洁。只是在选择时我们可以根据自己的性别和皮肤特点来选用。第二类,护肤类化妆品。这类化妆品有爽肤水、剃须膏、须后膏、面霜、保湿霜、防晒霜、护手霜等,用于脸部及手部的滋润与养护。第三类,修饰类化妆品。这类化妆品大多是女士的专利,包括粉底、口红、眼影、眉笔、睫毛膏、眼线笔、唇线笔及唇膏等。除无色唇膏可用于男士润唇外,其余均为女士修饰面部所用。

2. 勤洗澡、勤洗头,保持身体无异味。试想一下,如果工作的环境充斥着难闻的汗味以及脚臭、腋臭等体味混合而成的难闻的气味,那该是多么让人难受的一件事情,而坚持勤洗澡、勤洗头,是消除体味的最好方法。

3. 注意口腔卫生。嘴,是人脸上动作较多也是最引人注意的器官之一。推销商品、进行谈判、发表议论、与人交谈,都离不开嘴。倘若一张嘴,牙齿不洁、口气难闻,是很失礼的事儿。要保持口腔卫生,首先要做到早晚刷牙、餐后刷牙,即使不能每餐刷牙,也要在餐后漱口或嚼口香糖;其次要切忌在工作场合吃带异味的食物,有些人的口腔异味是由于消化系统出现问题造成的,这就需要及时就医。

4. 注意手部的清洁和养护。俗语说,手是人的第二张脸。一个指甲缝里藏污纳垢、满手脏兮兮的人是不会获得职场上的成功的。我们不仅要养成勤洗手的好习惯,还要注意保持指甲清洁。指甲的长度要适当,女士可根据工作性质决定是否涂抹指甲油。

5. 修饰化妆要有度。在职场上，适度的修饰与化妆是必须的，这不仅是工作的需要，也是尊重他人和自尊的需要，但修饰与化妆也要适度。一般来说，男士的修饰相对简单些，只要做到面部、手部、头发清洁，给人干净利落的感觉即可。相对而言，女士的化妆要复杂些。女性化妆非常强调因人而异、因地而异、因时而异。但总体来说，应坚持美化、自然、协调的原则。

关于如何化妆有很多专业的电视节目和书籍，既形象又生动，这里仅介绍一种简便易行的10分钟化妆法。

先清洁皮肤，使用爽肤水后涂上一些润肤霜；用粉底霜调整自己的肤色；用化妆刷在脸颊及眼睛周围刷上淡淡的红晕色，使脸色红润动人；用浅咖啡色眼影在鼻翼两侧打出鼻侧影并画上眼线；用眉笔对眉毛有缺陷部位略加修饰；直接涂上唇膏并用唇线笔加以修饰。

化妆不但要掌握方法，还要掌握礼仪。首先，化妆的浓淡要视时间而定，白天宜淡，晚上则浓淡均可；其次，不要在众目睽睽下化妆，特别不要当着男士的面化妆；再次，不要在工作时间化妆，这样会让老板、同事觉得你心思不在工作上；最后，尽可能不借用别人的化妆品，这样做既不礼貌也不卫生。

可以说，化妆既是一门学问，又是一门艺术，只有存乎一心才能运用自然。

模块3　展示你优雅的举止

前面提到的梅拉比安定律告诉我们，无声的语言，即非语言信息（手势、身姿、表情等）在我们的形象展示中起到了多么大的作用。

现实中，我们常常会通过行为举止来对一个人的思想情感及心理状态进行判断。试想一下，一个容貌秀丽、衣着时尚的人，若举手投足粗俗不堪，其形象也会大为失色；而一个相貌平平却举止优雅的人，则会显得气质高雅。正如英国哲学家培根所说：对于美来说，相貌的美高于色泽的美，而秀雅得体的动作美又高于相貌的美，这才是美的精华。

举止动作的美是一个人在动态中展示出来的美，下面重点告诉大家如何塑造优雅的举止。

第一，站姿挺拔

站姿挺拔，即我们经常说的“站如松”，说详细点儿，就是站姿端正、挺拔，除此之外，如果能让人觉得优美、典雅就更好。

站立时，人们常犯的毛病是身子歪斜、塌腰驼背、依靠他物，有时还会将手插入裤袋或双手抱臂在胸前交叉……这些都是大家要极力避免的动作。

另外，女士站立时，两腿两膝要靠紧，不可将两脚分开站立。男士在站立时，只要能向他人传递刚毅潇洒、挺拔向上的感觉即可。

第二，坐姿端庄

坐姿端庄，即我们常说的"坐如钟"，说详细点儿，就是坐姿要像钟一样沉稳、端庄。

采用坐姿时，人们常犯的毛病是前趴后仰，左右倚靠，抖动双腿，跷起脚尖，双腿伸出太远……这些都是大家要极力避免的动作。

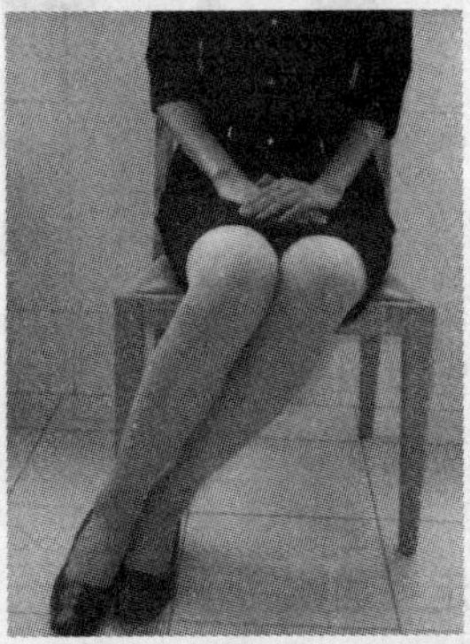

当缓步入座时，应走到座位前，转身后退半步，平稳坐下。女士穿裙装或男士穿长衣入座时，应用手将衣服的下摆向前收拢一下再坐下，不要等坐下后再

欠身整理衣服。入座后，腰背自然挺直，略微前倾，也可朝向谈话对象，但要保持头、肩平正，坐满椅子的2/3。双臂贴身自然弯曲下垂，双手可放于膝上或椅子、沙发的扶手上。

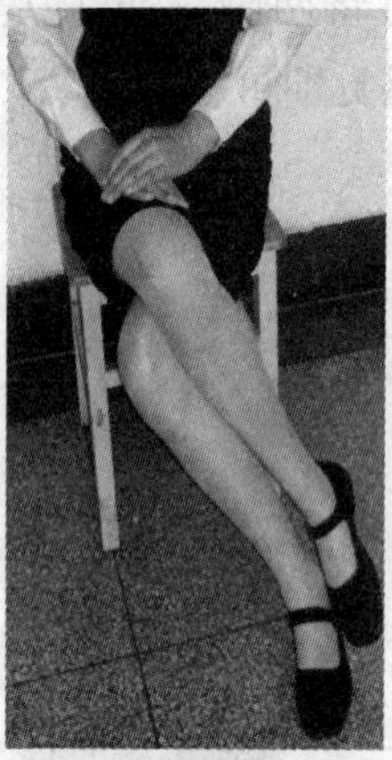

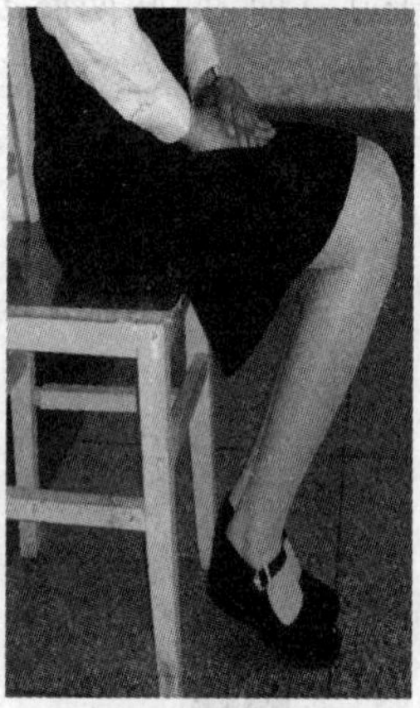

端坐时间过长，感觉不自然、不舒服时，可以通过变换双腿及双脚的位置来调整坐姿进行放松。男士可将双膝略微打开，也可将双脚交叉略微前伸，但切忌双膝的开度超过肩宽。女士可采用的优雅坐姿很多，特别是通过变换双腿双脚的位置来体现女士的风度，但无论采用何种坐姿，都应将双腿双膝靠拢。

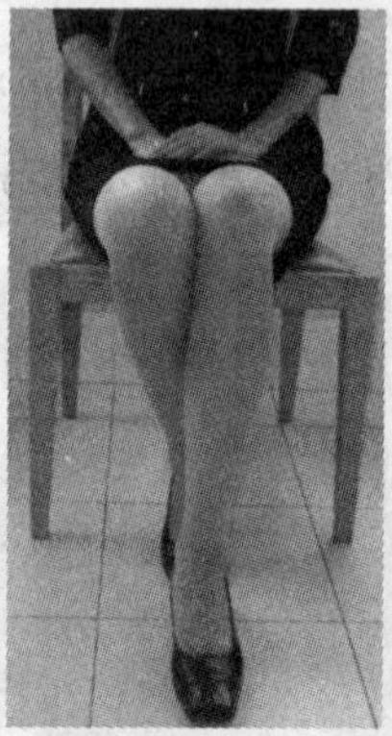

第三，走姿优雅

走姿是一种动态的美，通过优雅的走姿，可以展现出我们高雅的气质和风度。

行走时，上体基本保持站立的标准姿势，双肩及头部平正，双眼平视，两臂以身体为中心前后自然摆动。行走时,身体略微前倾,膝盖伸直,两脚的内侧要落在同一条直线上,两脚尖略微外开。

一般情况下,男士的步幅要略大些,以显示男性的潇洒刚毅;女士的步幅则要小些,以体现女士的典雅飘逸。在办公场所,往来于各部门之间时,步伐要略微快捷稳重,一般情况下,每分钟男士走100~110步、女士走110~120步,这样可以体现我们的干练和效率。

第四,手势得体

手势是我们与人交往的另一张重要名片:谈话时,我们用手势更准确地表达自己内心的意思;演讲时,我们用手势增加现场的感染力;高兴时,我们手舞足蹈;痛苦时,我们捶胸顿足;害怕时,我们双手发抖;害羞时,我们以手掩面……当遇到语言障碍沟通困难时,我们也会借用手势进行沟通。可以说,手势是人际交往中最具有表现力的一种语言。正如奥地利作家茨威格在他的短篇小说《一个女人一生中的24小时》中所说:在泄露感情的隐秘上,手的表现是最无顾忌的。

在社交场合,我们一些下意识的动作,例如,咬指甲、拧衣角、转动手中的笔、叩击桌面或扶手、双手交叉等,这些动作都是我们内心体验和感觉的自然流露,我们不仅要用对场合,更要在平时的工作与生活中养成良好的行为习惯。

有关手势的礼节很多,一些专业书籍都有详细介绍,这里只提醒大家一点:使

用手势礼时，只要让对方感觉舒服、得体即可。同时要注意，不要用单指指点或招呼他人。

第五，学会微笑

在所有人体语言中，面部表情最有表现力和感染力，最能表达人的情感和心理活动。我们所说的七情六欲中的“七情”都可以通过表情传达出来。

在职场，我们要学会运用每个人身上与生俱来却常常被我们忽略的能力——微笑。当你与人相处时，能带着发自内心的微笑，把你的快乐、自信、亲切、热情展现给大家，你就会拥有与众不同的美丽与魅力。即使在一个陌生的环境，即使你与周围的人语言不通无法交流，只要有微笑，就能迅速缩小彼此的心理距离，创造出交流与沟通的良好氛围。

晓云毕业于一所普通学校，是个掉到人群中找不出来的相貌平平的女孩。但是，她在刚入职的公司里，不仅很快结束了试用期，而且只用半年时间就被提拔到了客服主管的位置上。这一切，除了归功于她认真的工作态度外，很重要的一点，就是她得体、亲切、自信的微笑感染了周围的人。她的老板说，之所以在众多应聘者中选择了晓云，就是被晓云在面试时的微笑所打动。老板这样说：“她的微笑感染了我。通过她的微笑，我看到了她身上有一种其他求职者不具有的自信和她对生活的积极态度。”

从晓云求职的案例中我们不难发现，在职场中，学会微笑、善于微笑，可以为我们赢得更多的机会。

第六，善于用眼睛说话

与其说眼睛是心灵的窗户，不如说眼神可以传递我们内心的情感。

我们都知道，人际交往中很多语言不是通过嘴说出来的，而是用眼睛表达出来的。不同的眼神能够表达不同的情感，在人际交往中，既要注意观察、鉴别和应对不同的眼神，又要特别善于运用眼神与他人交流。

在职场，我们交往的对象常常不是一个人，有结伴而来的，也有互不相识的，此时，我们就要注意，交谈时不能只面对一个人，而要巧妙地运用自己的眼神，对每一位交往对象给予关注，使在场的每一个人都不会有被冷落、被疏忽的感觉。要记住，即使你心情不佳，也不可以眼帘下垂、无精打采；对自己不喜欢的人或事，不能流露出不屑和鄙夷的眼神；对自己好奇的人与事，不能死死盯住看个没完。

有关“看”的技巧有很多，我们在上篇模块2“语态表情要妥帖”中已有述及，这里不再赘述。

第二单元
学做职场交往的高手

模块1　游刃职场必须拥有的品质

一、拥有阳光的身心

良好的形象、优雅的气质与一个人的身心健康是密不可分的。试想，一个整天忧心忡忡、斤斤计较的人会风度优雅？一个对社会、对工作满腹牢骚的人会阳光满面？一个病恹恹的人会气宇轩昂？用老话说，身体是革命的本钱、心态决定成败！

第一，健康的生活方式是身心健康的保障

你也许尚未工作，也许已是职场老手，不管你是哪类人，一定对这样的场景不陌生：整天以快餐充饥，上班匆匆忙忙，下班身心疲惫，混得差的，面容憔悴，混得好的，大腹便便……这一切，不仅损害了我们的健康，还影响了我们的形象。

要想拥有阳光健康的身心，需要双管齐下——科学饮食、加强锻炼！

1. 合理安排一日三餐。三餐不规律是健康的头号敌人，我们不要光顾着填饱钱袋子，而亏待了自己的肚子，特别是那些经常主动或被动加班的人，更要关爱身体、及时就餐，做到早餐吃好、午餐吃饱、晚餐吃少，而不要早餐省掉、午餐将就、晚餐吃饱。

2. 学会休息，保持良好的精神状态。所谓“文武之道，一张一弛”，学会休息、善于休息，是我们保持身心健康和良好形象的法宝。其一，要保证充足的睡眠；其二，中午小憩；其三，利用工作间歇做一下放松式的腹式呼吸，进入自我催眠状态，帮助体能恢复。

3. 积极锻炼身体。每个人都知道健康的重要，但对于锻炼身体这件事，我们却多的是敷衍，少的是行动！有多少人把难得的休闲时光奉献给了游戏、网游、电视……以至于现在的人，点击鼠标和遥控器的手是越来越灵活了，但四肢的功能却越来越下降了。而谁又会想到，常年采用静坐体位生活和工作的人，其死亡率要明显高于保持运动的人。身体保持相对静止对健康的危害，相当于每天吸一包烟！所以，为了健康，我们应该马上行动了，每天拿出三四十分钟的时间来锻炼身体吧！

第二，阳光的心态是职场人的魅力所在

从某种意义上说，拥有了阳光健康的心态，也就拥有了职业形象的魅力，而自信是阳光心态的核心，是一个人职场魅力的所在。

也许，在校读书时，你是一个成绩优异的学生，但进入职场的你却处处碰壁：你不懂得如何与人交往，遇到问题时你不能控制自己的情绪，你会无端觉得自己不如别人，遇到挫折时你会指责别人不能理解你，你甚至会抱怨命运不公……别着急，每个初入职场的人，甚至是职场老手都会遇到这类问题，只要我们学会了如何应对，并能保持阳光心态，问题很快就会解决的。

不过，开始学习前先测测自己的心态吧，认为符合自己情形的请打“是”，不符合自己情形的请打“否”。

1	我认为很多生活中的问题可以逐渐得到解决	□是　□否
2	我觉得社会上有阴暗面很正常	□是　□否
3	我乐意欣赏和享受生活的乐趣	□是　□否
4	我认为变通不是一种虚伪	□是　□否
5	我认为社会生活中出现一些丑恶现象是难免的	□是　□否
6	我可以接受自己不如别人的一些地方	□是　□否
7	虽然有挫折，但我对生活仍然充满希望	□是　□否
8	对社会上的不公正现象我认为可以理解和接受	□是　□否
9	我不认为生活太阴暗、世道险恶、人心叵测	□是　□否
10	我可以顺应社会生活环境的转变	□是　□否

看看自己的选择，如果你选择的“是”在 8 个以上，说明你能够认同和适应现实生活，如果你选择的“是”不足 5 个，提醒你，你需要调整自己对社会和现实生活的认识了。

事实上,初入职场遇到的一系列问题,不是社会不公,更不是自己在学校所学毫无用处,而是我们过高的期望“欺骗”了自己。

小李和小王都是有硕士学位的毕业生,一起被分配到某市图书馆工作。刚到单位,他们就被分派到图书库房,帮助清理、搬运图书。他们本以为这是个两三天的临时工,谁知这一搬就是三个月。小王沉不住气了,找上级反映,向同事发牢骚、说怪话。小李则不然,每天早来晚走,认真踏实。半年过去了,小李的踏实认真得到了大家的认可,被调到相应的岗位上工作,而小王,仍留在库房。没多久,小王辞职离开了图书馆。

如果小王不能及时调整心态,还会辞掉一个又一个工作,他寒窗苦读的成果和对工作的期待也会在一站又一站寻找工作的旅程中消耗殆尽。

著名心理学家弗兰克曾这样说:“真正重要的不是我们对人生有何指望,而是人生对我们有何指望。我们不应该继续追问生命有何意义,而应认清自己无时无刻不在接受生命的追问。面对这个追问,不能以说话和沉思来答复,而应以正确的行动和行为来答复。”我们可以这样理解:社会虽然不像我们曾经想象的那么美好,但也没有我们所见的那么不尽如人意。生活的艺术就在于坦然面对那些我们无法改变的,所谓智慧,就是一种适应。

那么,如何调整好心态,打造自信的职场形象呢?你可以试试这样做:

1. 接纳自己的不完善,停止批评和责备自己。

2. 停止和别人比较,欣赏自己的独特性。

3. 珍惜自己所拥有的,学习使用积极正面的自我对话方式。

4. 列出自己的优点,每天早上读一遍。

请看看下面这个故事,也许会对你树立信心有所启迪。

艾森豪威尔幼年时常和家人一起玩牌。他的手气很不好,每次抓到的牌都很差,于是,他不停地抱怨。这时,母亲对他说:“你要懂得玩牌的意义,打牌,就是将你手中所握的那副牌,不管好坏都要打得淋漓尽致。人生也是一样,不尽如人意的事情十之八九,你要把自己所能掌握的环境和条件,发挥到极致。不能抱怨,不能逃避,也不能期待着重新换一个环境。”“二战”期间,艾森豪威尔率领军队与德国纳粹作战,每到最艰苦的时候,他总是想到母亲的话,把自己所能掌握的一切条件发挥到极致,直到取得胜利。

其实,我们的人生就如我们拿到的一副牌,很多牌是我们不想要的,但我们无法调换和改变牌形,我们能做的,就是在现有条件下打好我们人生的这副牌。

二、打造诚信的品格

职业形象不是美丽、轻薄的包装纸，它不会仅停留在你优雅的外表上，它的魅力更多地来自我们的品格，而诚信，是良好职业形象的重要名片。一个人不讲诚信，好比驾车没有辕和轮一样，将会寸步难行。（孔子）

我们必须记住的是：我们可以具备丰富的知识，我们也可以具有优雅的风度，我们或许还有其他值得炫耀的一切，但是，你只要丢失了诚信，这一切也就不复存在了。

第一，要慎重许诺，量力而行

答应别人做的事一定要做到，但是，在郑重承诺时，一定要量力而行，不要为了讨好对方或怕别人不高兴而勉为其难。在做出承诺前，至少应当问问自己：我是否有能力办成这件事？我是否有时间去做这件事？如果答案是否定的，就不能碍于情面草率承诺，一旦你无法兑现承诺，不仅会失去你想极力维护的人际关系，也会使自己的信誉受到损害。当然，拒绝对方也不能简单地说"不"，而要在恰当的时候，以恰当的语言、恰当的方式表达出来。如果履行承诺时遇到特殊原因确实无能为力，也要及时诚恳地向对方说明原因，求得谅解。

第二，谨慎跳槽，提高对企业的忠诚度

"打造个人品牌价值的第一步，要从培养对工作的忠诚度开始。"（明基电器公司的董事长李焜耀）没有人喜欢不讲诚信的人，没有哪个公司欢迎不讲诚信的员工，而忠诚，恰恰是个人诚信的一个重要方面。

进入职场，我们都希望能有所作为，事业有成。但是，你很快就会发现，有许多事情是不尽如人意的，此时，有些人会常常把跳槽挂在嘴上：不行就走，此处不养爷，自有养爷处！对老板不满意，跳槽；对工资不满意，跳槽；对工作环境不满意，跳槽；人际关系搞不好，跳槽……你也许觉得跳槽是对那些你不满意的老板或个人的惩罚，你也许会为自己跳槽给他们带来的麻烦而窃喜，但是，选择跳槽，更多时候受伤害的是自己，频繁跳槽自己损失更大。无论是工作上还是生活中，总是有了这一样就少了那一样，所谓"舍得"，只有舍，才能得。

任何一家企业都很看重员工对企业的忠诚度，他们对那些频繁跳槽的人历来都是心存芥蒂的。李焜耀作为明基电器的董事长，他的跳槽值为零。在长达25年的时间里，他一直在为明基效力。也许我们很难想象一个人25年都在一个公司会是什么感觉，但李焜耀却说："如果没被炒鱿鱼，我还想从一而终。"他在回顾25年的心路历程时曾感慨地说："如果不了解自己的品牌价值坐标在哪儿，就算跳槽到再大的公司，或是自己出去创业，都不会成功。"这段话，是否能给频频跳槽的人一点启迪呢?

三、勇于承担责任

也许你有扎实的专业技能,也许你有别人没有的能力,但在职场上,这些只是你的一种能力,有时甚至是用不上的能力。要想有所成就,就要敢为人先、勇于承担责任。正如一位伟人曾说:"人生所有的履历都必须排在勇于负责的精神之后。"

责任承载着能力,在职场上,一个充满着责任感的人才有机会充分展示自己的能力,而责任本身就是一种能力。你可以读读下面这个故事,对初入职场或抱怨没有机会施展才能的人会有一些启发。

某公司的营销部经理带领由公司员工组建的小组参加一个国际产品展示会。在开展之前有很多工作要完成,包括展位设计和布置、产品组装、材料整理及分装等,由于时间紧,需要加班加点干。经理带去的那些安装工人,大多数人都是正点上班,准时下班。一到点,不是溜回宾馆,就是去逛街。当经理要求加班时,他们竟问:"加班有加班费吗?没有就不加!"甚至还有人说:"你也是个打工仔,只不过职位高我们一点而已,何必那么卖劲儿呢?"

在开展的前一天晚上,公司老板亲自到展会现场检查布展情况,当时已是凌晨一点。让他吃惊的是,只有营销部经理和工人小张趴在地上,擦拭着装修时粘在地板上的涂料,其他人都不知去向。营销部经理站起来对老板说:"我失职了,没能让所有人都来参加工作。"老板没有责怪他,而是指着那位安装工人问道:"他是在你的要求下留下来工作的吗?""不是!他是主动留下来的。"销售部经理还就这几天的工作情况向老板做了汇报。

听了汇报,老板没有说话,只是招呼他的秘书和几名随行人员加入到布展工作中。

展会结束了,一回到公司,老板就解雇了那天晚上没有参加劳动的所有人员,同时,将那位坚守岗位的安装工人提拔到一个主管的岗位上。

被解雇的人非常不服气,找到公司人力资源总监理论:"我们不就少干了几个小时,凭什么给我们这么重的处罚?小张不过多干了几小时,凭什么就当了主管?"听完他们的抱怨,总监说:"用前途去换取几个小时的休息是你们主动的行为,没有人逼你们那么做,怨不得别人。通过这件事可以推断,你们在平时偷了多少懒。小张的确比你们多干了几个小时,他平日里也默默奉献了很多,从不要求什么,提拔他,是公司对他过去默默工作的回报。"

也许,在你的周围也有这样的事情发生,讲这个故事,是想告诉大家,老板的眼睛是雪亮的，谁努力工作、谁敷衍了事，老板的心里一清二楚。多承担一份责任，就多一个机会、多一份回报。“勿以善小而不为”。能力永远由责任来承载，坚守自己的岗位、承担自己应承担的责任，这就是一种能力！

四、学会宽容他人

孔子说：“宽则得众。”在职场上，良好的人际关系不仅能帮助我们取得成功，还会给我们带来阳光和快乐，而宽容的品质则是建立良好人际关系的基础。

看看这个故事吧，你会真正理解什么叫“不战而屈人之兵”了。

林肯在竞选总统前夕的参议院演说时，遭到一个参议员的羞辱，那个参议员说：“林肯先生，在你开始演讲之前，我希望你记住自己是个鞋匠的儿子。”

“我非常感谢你使我记起了我的父亲，他已经过世了，我一定记住你的忠告，我知道我做总统无法像我父亲做鞋匠那样做得好。”

参议院陷入了一片沉默。

他转过头来对那个傲慢的议员说：“据我所知，我的父亲以前也为你的家人做过鞋子，如果你的鞋子不合脚，我可以帮你修改。虽然我不是伟大的鞋匠，但我从小就跟我的父亲学会了做鞋子的技术。”然后，他又对所有的参议员说：“对参议院的任何人都一样，如果你们穿的那双鞋是我父亲做的，而它们需要修理，我一定尽可能帮忙。但有一点可以肯定，他的手艺是无人能比的。”说到这里，所有的嘲笑化作了真诚的掌声。

有人批评林肯总统对待政敌的态度：“你为什么试图与他们变成朋友呢？你应该想办法打击他们，消灭他们才对。”

“我们难道不是在消灭政敌吗？当我们成为朋友时，政敌就不存在了。”林肯总统温和地说。这就是林肯总统消灭政敌的方法，将敌人变成朋友。

他，两度被选为美国总统。

今天在以他名字命名的纪念馆的墙壁上刻着这样一段话：“对任何人不怀恶意；对一切人宽大仁爱……”

我们必须把自己的聪明才智用在有价值的事情上面，集中自己的智力，去进行有益的思考；集中自己的体力，去做有益的工作，不要总是企图论证自己的优秀，而去批评别人的拙劣；不要事事、时时、处处总是唯我独尊；不要事事、时时、处处总是固执己见。在非原则的问题和无关大局的事情上，善于沟通和理解，善于体谅和包涵，善于妥协和让步，既有助于保持心理的安宁与平静，也有利于人际关系的和谐和团队的稳定。

请相信，当我们学会宽容，常常记着别人的好处，对别人总是心存感激，别人就会更乐意帮助我们；当我们学会宽容，善于发现别人的优点，肯定别人的长处，我们的朋友就会越来越多；当我们学会宽容，更加善解人意，更能够体谅别人、尊重别人，愿意与我们合作的人就会越来越多。

请相信宽容的力量！

模块2 交往礼仪——职场上的"通行证"

英语中，"礼仪"一词是由法语演变而来，原意是指法庭上的"通行证"，上面记载着进入法庭时应当遵守的规则。后来，其他各种场合也都制定了相应的规则。这些规则由繁渐简，逐步形成体系，逐步得到世人的认可，成为大家共同遵守的礼仪规范。所以说，礼仪是一种尊重他人并得到别人尊重的"通行证"。

你能很好地、恰当地使用礼仪这一"通行证"吗？来做个测试吧！

1	电话铃响时应马上接听	□对 □错
2	上下级握手，下级要先伸手，以示对上级的尊重	□对 □错
3	递名片时，名片的文字要正向自己	□对 □错
4	为他人作介绍时，要懂得"尊者居后"	□对 □错
5	享用自助餐时，可以多次拿取却不宜一次拿取太多食物	□对 □错
6	接听电话时一般应当用右手持话筒	□对 □错
7	要想在社交场上进行有效的沟通，就要多说少听	□对 □错
8	即使你是女士，在与男士握手时也不宜只用指尖与对方相握	□对 □错
9	在社交场合对女士都应称呼为小姐，以示尊重	□对 □错
10	在社交场合有话直说证明你是一个非常坦诚的人	□对 □错

4、5、8题答案为"对"；1、2、3、6、7、9、10题答案为"错"。

如果你能正确回答全部答题，恭喜你，你已经获得了职场"通行证"，但仍要不断实践；如果你的回答正确率不足70%，就需要好好学习了。

一、使用称谓要贴切

在社会交往中，我们如何称呼对方，这里面有很多学问。见面时，一个得体的称呼会让人感到亲切温馨，为以后的交往打下良好的基础，而不恰当的或错误的称呼不仅是失礼的，还会令对方心中不悦，以致影响今后的关系和交往。

称谓不当导致的悲剧

1932年11月，在庆祝十月革命15周年的晚宴上，正处在极佳情绪中的斯大林当着所有宾客的面，对自己的妻子娜杰日达喊道："嗨！你也来喝一杯吧！"如果是在平常人家，这会是一句十分平常、随意和亲切的招呼，可当时在场的有苏共所有高级官员和很多外国代表，这样的话就有失庄重，显得十分随便。偏偏娜杰日达是位个性极强且又与斯大林政见不同的人，听斯大林这样叫她，感觉受了极大羞辱，一时又未想到化解的语言和方法，于是她大喊道："我不是你的什么'嗨'！"随即站起来，在所有宾客惊愕的目光中冲出会场……第二天，人们听到了娜杰日达自杀的消息。

我们不能说，就是那句不恰当的称呼断送了娜杰日达的生命，也许政见不同才是罪魁祸首。但不能否认的是，斯大林不分场合、不恰当的称呼成为了重要的导火索。

在人际交往中我们该如何使用称呼呢？

1. 称呼恰当关系近。人际交往中，我们经常用到的称呼很多，如先生、小姐、女士、师傅、同志；和职务有关的，如老总、经理、局长、主任、科长等；和职称有关的，如教授、工程师等；而老师、医生、律师、教练等又是和人的职业有关的称呼。我们使用的称呼得体时，交际双方的感情就比较融洽，办起事情来就比较顺利；称呼使用不当时，就会好心办坏事，轻则招致对方不满，重则产生交往障碍。

2. 照顾习惯不犯忌。俗话说：到什么山唱什么歌，进什么庙拜什么佛，强调的是人要"入乡随俗"。称呼他人也要"入乡问俗"，要照顾到交际对象的语言习惯、文化层次及地方风俗习惯等因素，不能见什么人都是"先生""小姐""大爷""大妈"。称呼他人也不能用"喂""左边那位""下一个""三号"等代替，更不能用"老头""秃子""眼镜"之类的称呼。

3. 分清主次讲顺序。在人较多的场合，使用称呼要分清主次，总的原则是位尊者先。例如，先长辈后晚辈，先上级后下级；地位平等时，先女士后男士……还要避免只与自己熟悉的人打招呼。

4. 使用称呼讲细节。进入职场一段时间后，和同事的关系日益密切，此时，不能因为关系很熟而随意称呼对方，特别是在公众场合，更不能随口称呼同事"老张""小李"甚至"小丽""阿梅"。与人初次交往时，更要讲究称呼礼，用"姓氏+职务"称呼对方，如张总经理、李秘书长、赵研究员等，咬字要清楚，不能图省事而直接称呼张经理、李秘书……如果对方职务称谓中带有"副"字，则可视情况省略掉"副"字。

二、进行介绍要恰当

介绍是社会交往中最常见、最重要的礼节之一。恰当、准确地介绍有助于在人与人之间架起沟通的桥梁，使交往双方迅速了解彼此，为进一步交往打下良好的基础。

介绍，大体可以分为两种：自我介绍和他人介绍。

第一，自我介绍

自我介绍一般在以下情形使用：销售人员在公共场合进行推销时，到其他组织初次拜访时，求职面试以及求学时，在社交场合与不相识者共处时，在社交场合打算进入陌生人组成的交际圈时……自我介绍看似简单，但如果在有些方面把握不好，也会产生不良后果。

小张是北京某名牌大学的应届毕业生，所学专业也很热门，找工作时面试过好几家公司都没有结果。在一次同学聚会时，他向已经找到工作的同学请教，发现问题出在自我介绍不够恰当。其他同学自我介绍时，是根据面试的单位或岗位，首先报出姓名及所学专业，然后再报上自己学校的名称，并不刻意强调重点大学的牌子。而小张，首先强调的是"我毕业于著名的某某大学，我叫……"然后才提到自己所学的专业。

用人单位挑选的是适合岗位需要的人才，而不是毕业院校的招牌，小张略带炫耀的口气会让人感到很不舒服，怎么还会给他机会呢？

自我介绍时,一定要注意五个方面的问题:

1. 调整介绍的态度。自我介绍时,要使对方感受到你的亲切、自然、不做作,既不谦卑,又不骄傲。

2. 选择介绍的场合。自我介绍要选择合适的地点,不能不分场合逮着机会就介绍,生怕错过与对方再见面的机会,这样做只能适得其反。如,对方谈兴正浓时不要插话介绍,对方正在用餐时不宜自我介绍,在洗手间遇上希望认识的人时也不宜作自我介绍。

3. 设计介绍的内容。自我介绍时要重点突出、长短适度,既不能滔滔不绝,又不能像挤牙膏一样问一句答一句。如果是招聘面试,自我介绍的内容应包括姓名、毕业院校、所学专业、主要课程(介绍与应聘职位相关的课程即可)、有何特长等。如果在社交或商务场合自我介绍,除介绍姓名外,还要报出供职单位、职务等,所有这些内容应一气呵成。

4. 把握介绍的时间。如果没有特别需要强调的内容,自我介绍的时间应把握在 30 ~ 40 秒为宜。长篇大论不仅让人摸不着头绪,还会让对方产生听觉疲劳,更何况言多必失。

5. 注意介绍的举止。自我介绍不仅是语言表达能力的展示,也是个人形象的展示。如果介绍的内容大同小异,那么,形象的展示就会为你加分或减分。对一个站姿挺拔、举止得体、表情自然、充分展示自信的人,谁又能说“不”呢?相反,介绍时手足无措、左顾右盼,一开口就面红耳赤的人,是会失去很多工作的良机。

第二,介绍他人

介绍他人,通常是由第三人为彼此不相识的双方相互引见,或把一个人引见给其他人的一种介绍方式。

介绍他人时要注意这样几个问题:

1. 举止得体。作为介绍者,无论介绍哪一方,都要保持良好的站姿,五指自然并拢,手掌心斜向上方,肘关节自然弯曲,手臂与身体成 50 ~ 60 度夹角,上体略微前倾,指向被介绍的一方,同时向另一方点头微笑,用自己的视线把另一方的注意力引导过来。

2. 发音清晰。介绍双方职务、特别是姓氏时发音要清晰,不要“黄”“王”不分,“邹”“周”混淆。“张”与“章”,“徐”与“许”等音同字不同的姓氏更要介绍清楚。

3. 用词准确。介绍他人时,言辞不能过于夸张,尽量避免使用表示绝对的词语,如“最出色的”“最有成就的”等。过于夸张、不合时宜的赞扬会使被介绍者陷于尴尬境地。

4. 顺序得当。介绍他人时要遵循“尊者居后”的原则，即把年轻者介绍给年长者，把男士介绍给女士，把职位低的介绍给职位高的，把客人介绍给主人，把个人介绍给团体等。介绍他人时，要事先了解被介绍双方的身份、地位、年龄等信息，以免引起误解和不快。分不清被介绍双方的职位高低时，可以把和自己关系近的一方介绍给关系较远的一方。

三、握手展示风度

你会握手吗？看到这个问题，你一定会不屑地说：“握手谁不会？我每天都会用到的。”但事实真的如此吗？握手真的是一件很简单、很容易的事情吗？

张丽是负责公关公司客户接待工作的女孩，既漂亮，又能干，很得老板赏识。但很多客户反映她太过清高、不实在，甚至有客户说，她表面上看起来很热情，接触起来却让人不舒服。老板觉得这里面一定有原因。经调查发现，张丽的问题出在与客户握手上。每次与客户见面握手时，张丽虽然都会满面笑容，但总是很矜持地把手伸向客户，用几个指尖轻轻一捏就算了事，给人被轻视的感觉。

握手，看似平常，却很有学问。正如美国著名盲人女作家海勒·凯伦深切感言：“我接触过的手，虽然无言却极有表现性。有的人的握手能拒人千里……我握着那些冷冰冰的手指，犹如与凛冽的北风握手一样；而有些人的手却充满阳光，他们握着你的手，使你感到温暖……”我们可以想象，如果张小姐能通过真心实意的握手让公司客户感受到她的真挚和坦诚，又会是怎样一个结果呢？

透过握手的姿势、力度、时间长短的不同，既可以彰显自己的个性，也可以据此判断对方的性格和心态。

第一，了解握手类型，正确传情达意

握手的类型很多，如掌心向下的控制式握手，掌心向左上的顺从式握手，还有握手的同时握拍对方臂、肩的“政治家式的握手”……这类握手与本书读者定位相左，故不提倡使用。

下面几种握手方式是我们在工作和生活中要极力避免的：

1.“死鱼式”握手。也称无力型握手。在社交场上，如果握到对方没有任何力度、不带任何感情、传递不出任何信息且毫无生命力的手，你会有什么感觉？冷漠无情，抑或是消极傲慢？你怎么能指望这样的人热爱工作、积极向上呢？

2. 指尖式握手。握手时，如果只是轻握对方指尖，或是只把指尖伸给对方，会给人孤傲、冷淡的感觉。

第二，遵循握手礼仪

1. 握手时，应保持标准站姿，上体前倾 1～15 度，右手四指并拢，拇指打开，手心微凹，手臂略向前下方伸出，肘关节自然弯曲，手掌与地面成 45 度夹角。左手自然下垂放于体侧，不可插在兜里。

2. 握手时，要热情、诚恳，面带微笑，双目注视对方，并行问候礼，如：“欢迎您”、“很高兴见到您”、“您好”、“再见”、“一路平安”等。切不可一边握手一边东张西望、心不在焉。

3. 握手的时间一般为 2～3 秒，用力适中。

4. 握手的顺序遵循“尊者决定”的原则，即把是否愿意握手的主动权给女士、长者、上级、主人。男士、晚辈、下级、客人与前者见面时，应当先行问候，待对方伸出手后再伸手相握。与多人握手时，要先长辈后晚辈、先上级后下级、先女士后男士、先主人后客人。同事、朋友或平辈见面时不计较谁先伸手，一般以谁先伸手谁更为有礼。客人来访，主人先伸手相握；客人告辞时，客人先伸手相握,如果主人先伸手,会有逐客之嫌。

5. 需要提醒大家的是,我们虽然在礼仪上强调握手的主动权在尊者一方,但有时由于地位低的一方不了解交际礼仪先于尊者伸手,此时,尊者一方不应计较对方,应宽容地与之配合,不要使对方陷入尴尬。如果一味强调自己的尊者地位而不理睬对方,反而是一种失礼。

第三,牢记握手禁忌

不要用左手与对方握手,即使是左撇子,也不能这样。

不要戴着手套与人握手,除非你是身着晚礼服的女士。

多人握手时相互间不要交叉成"十字",因为它意味着死亡,是不吉利的象征。

多人握手时切忌亲疏有别。不能只与个别人握手,与每个人握手的时间也要大致相等。

四、掌握交谈的艺术

口头语言的表达能力是以渊博的知识、缜密的思维、丰富的思想、一定的文学素养以及谈话技巧为基础的。正如曾任美国哈佛大学校长的伊力特所说:"在造就一个有修养的人的教育中,有一种训练必不可少,那就是优美、高雅的谈吐。"

让同事们"讨厌"的人

张老师是某学校的一名教师,年近60,学识渊博、待人诚恳,只要知道别人有困难,他都会鼎力相助。可是,同事们都有些"讨厌"他,特别是大家闲聊时,更怕他在场。这是为什么呢?

原因其实很简单,大家闲聊时,只要张老师一来,他不看是谁,也不管别人在聊什么,更不考虑他的话题别人是否感兴趣,上来就说:"我前几天在某某大学听了一个关于某某问题的讲座……""我在网上看了一个消息……"然后就滔滔不绝地讲起来。

不考虑别人的感受,只谈自己感兴趣的话题,肯定会招人"讨厌"的。难怪同事们都说:"人是好人,就是说话让人受不了!"

与他人交往时,你会说话吗?不妨测试一下吧!

1. 当你不是话题的中心人物、不是众人关注的焦点时,你会不由自主地走神吗?

A. 强烈肯定　　B. 有时　　C. 绝对否定

2. 当有人试图与你交谈或对你讲解一些与你关系不大的事情时,你是否觉得很难聚精会神地听下去?

A. 强烈肯定　　B. 有时　　C. 绝对否定

3. 一个在火车上刚认识的朋友详细地向你讲述他从恋爱到失恋的全过程,并期待你的回答,你会:

A. 极不情愿,觉得不舒服　B. 无动于衷　C. 很愿意倾听并积极开导

4. 你是否觉得需要一个人静静的才能清醒和整理好思路?

A. 强烈肯定　　B. 有时　　C. 绝对否定

5. 你是否很难放松警惕,向他人倾吐自己的心事,除非他是你多年相交的密友?

A. 强烈肯定　　B. 有时　　C. 绝对否定

6. 你往往和哪种人最容易相处?

A. 各种人　　B. 和已经了解的人

C. 和相处很久的人,但往往感到困难

7. 你是否会刻意避免表达自己的感受,因为你认为说了别人也不会理解?

A. 强烈肯定　　B. 有时　　C. 绝对否定

8. 你是否认为轻易流露感情和感受的人是没有内涵的?

A. 强烈肯定　　B. 有时　　C. 绝对否定

9. 你是否总在人群中的气氛达到高潮时反而有一种强烈的失落感?

A. 经常如此　　B. 有时　　C. 从未有过

分数分配:

选 A 得 1 分,选 B 得 2 分,选 C 得 3 分。

得分分析:

22 ~ 27 分:你不太会“说话”或者你本来就有“语言排斥”的倾向。这表示你只有在需要的情况下才同别人交谈,或者你与对方有强烈的志同道合的感受、觉得相见恨晚时才同别人交谈。通常,你不会通过语言的形式去发展友谊,除非对方愿意主动频频与你接触,否则,你总是处在孤独的个人世界里。

15 ~ 21 分:你是个外冷内热的人,其实,交谈是你的强项,只是你不会轻易流露。你大概比较热衷于和别人做朋友。如果你与对方不太熟识,开始你会很内向,不太愿意跟对方交谈,但时间久了,你很乐意搭话,彼此谈得来。

9 ~ 14 分:你是一个非常会“说话”的人。你非常懂得交际,能够营造一种热烈的气氛鼓励人家多开口,让别人觉得同你谈得来,彼此十分投缘。像你这

种能把死人说活的人，是非常讨人喜欢的。你知道什么时候该说，什么时候不该说。

——转引自《心灵解码》，盛乐编著

我们该怎样掌握交谈的艺术呢？

第一，讲究方法，知人善谈

你喜欢这样的谈话吗？对方侃侃而谈，你却丝毫不感兴趣、昏昏欲睡。你定会说："不喜欢！"所以你要记住：己所不欲，勿施于人。选择对方感兴趣的话题是永远正确的方法。同时，你要尽可能地了解和判断对方的职业、年龄、爱好等，因为不同的人会有不同的兴趣和爱好。交谈中，积极主动地谈论对方感兴趣的话题，既是对他人的关心和尊重，也常常会使对方感到遇到了知音，而对你产生良好的印象。再者，多听别人谈论他自己感兴趣的话题，有助于了解对方，为今后的交往打下良好的基础。

第二，多听少说，注意避讳

一个真正的谈话高手往往不是一个能说会道的人，而是一个善于倾听的人。"听七分，说三分。""善说使你获得听众，善听使你获得朋友。"

在社交场上，我们每个人都希望能得到别人的尊重，而耐心地倾听表现出你对对方的话题感兴趣，是对他人极大的尊重。在很多重要的场合，许多人为了引起别人的重视，往往急于表达出自己的意见、阐明自己的观点，甚至常常打断对方的话题。但我们发现，引起人们注意的却是那些轻易不肯开口的人，一旦他们开口更会引起人们的注意。因为，人们往往认为他们的观点一定是经过了深思熟虑的，而不是信口开河的，事实也是如此。他们在认真听取别人的发言时，把大量的时间用来比较、斟酌他人的观点，留给自己充分的时间进行归纳、推理，一旦开口，往往显得条理分明、言简意赅。所以说，会说的人想着说，不会说的人抢着说。说话是一门艺术，倾听则是更高超的艺术。

注意避讳，其一，就是在与人交流时忌讳左顾右盼、交头接耳；其二，切忌对你认为有问题的话语用摇头或斜视的方式表示异议；其三，切忌盯着对方目不转睛，使对方感到紧张和不安；其四，忌讳坐姿不雅、漫不经心；还有一点非常重要，就是避免言语刻薄、玩笑伤人，更不能询问私事。

第三，语气亲切、语调适中、语速恰当

在职场上，声音会影响别人对我们的判断，声音还会对人的相貌以及影响力产生修饰作用。在美国心理学家梅拉比安的研究中，发现在人类全部情感信息的传递中，信息接受者接收的信息有38%是通过听觉完成的，即通过信息传递者的语气、声调、嗓音等传递的。

语气的急缓、调门的高低、嗓音的粗细都能体现一个人的气质、能力和性格。高、尖、细的嗓音会给人幼稚、不稳重的感觉；语速过快且声音大，会让人觉得脾气急、易冲动；语速过慢且声音小，会让人感到思维迟缓、不自信；而圆润、浑厚、明亮、穿透力强的声音则带给人亲切、自信和大度的感觉。

也许有人会说，我的声音生来如此，没有什么办法可以补救。其实不然，我们的声音可塑性极强，是可以通过后天的训练进行美化和修饰的。

其一，通过学习改变发声。如播音员、主持人、演员甚至一些教师，他们说话的声音之所以好听，在于他们受过专业的、系统的发声训练。

其二，根据自己说话的场合及说话的内容选择使用不同的语气、声调和嗓音。在三五人的小场合聊天，和在十几个人的会议上发言，或是在大场合做演讲，所使用的语气、声调和嗓音肯定是不同的。你可以选择使用低沉些、轻柔些、洪亮些、厚重些等不同的声音，也可以选择略慢或略快点的语速，以取得不同的效果。

其三，可以多听、多模仿自己喜欢的播音员或主持人的发声，随时关注别人在不同场合使用不同声音、语速带来的不同效果。当然，你也可以向专业人员请教。久而久之，你会发现自己的声音变得动听了，有魅力了。

五、注意打电话的形象

你可能会想：打电话时通话双方是不见面的，怎么会有形象问题呢？其实不然。日本一位传播学家曾说："不管是在公司还是在家里，凭一个人在电话里的讲话方式，就可以基本上判断出其教养水平。"而他所说的"讲话方式"，就是由通话者的声音、态度以及通话者使用的语言这电话三要素所构成的。当我们拿起电话时，应注意自己的声音是否悦耳、语气是否得当、用词是否准确、表达的内容是否有条理。

这样询问合适吗？

礼仪老师问同学们："你们会打电话吗？"大家笑了，说："打电话谁不会啊！"礼仪老师说："这可不一定！你们愿意试试吗？""愿意！"同学们说。"好的，你们谁愿意当接听电话的？"一个同学自告奋勇站了起来。"好，我来扮演拨打电话的人。"老师说道。

老师拿起电话："喂，您好！"

同学："您好！请问您有什么事？"

老师："麻烦您找一下张经理。"

同学："张经理不在，请问您是哪位？"

“停!”老师说:“你直接询问对方是谁合适吗?”同学们面面相觑。礼仪老师告诉同学们,这样直接询问对方是不符合礼仪要求的,会让对方产生这样的联想:也许经理在,但他会根据对方身份决定是否接听电话。

“那我们该怎样说呢?”同学们问道。礼仪老师告诉同学们,当被找的人不在时,我们应当礼貌地说:“张经理不在,您需要留言吗?”

对方:“我姓刘(或我是某某单位),请他回来后给我打电话。”

接听者:“请问,他知道您的电话吗?”

如果对方说知道,我们此时可以礼貌道别,并等对方挂断电话后再轻轻挂断电话;如果对方需要留下电话号码,我们要重复一遍,以确保无误,然后再挂断电话。

“啊?接个电话有这么多讲究!”同学们说道。

礼仪老师告诉大家,接听电话或拨打电话还有很多学问呢。首先,要态度亲切,用词恰当;其次,要积极接听,认真呼应,善解人意,巧于终止;第三,注意通话时间,拨错电话及时道歉;最后,注意姿势表情,通话结束要轻轻挂断电话。

说完了打电话的礼仪,下面说说接打手机的礼仪。

1. 在公共场合接打手机,以不对别人造成干扰为原则。例如,就餐时或与他人正在交谈时需要使用手机,要向他人致歉:“对不起!(抱歉!)”,然后离座接听或拨打。

2. 在课堂上课时、在会议室开会时或去音乐厅欣赏演出时,一定要关闭手机或使手机处于静音状态,确实需要接听电话时,务必到不影响别人的地方接听。

3. 在油库、加油站等特殊场合及乘坐飞机时,禁止使用手机。此外,在医院使用手机也要谨慎小心,避免手机发出的信号干扰仪器、妨碍治疗。

模块3　交往禁忌——职场上的“门禁”

刚刚走进职场的人都希望自己能够赢得别人的好感而成为一个受欢迎的人,但很多时候,因为不了解职场交往禁忌,我们常会陷自己于尴尬的境地,甚至在不知不觉中得罪了别人。

下面介绍一些主要的职场交往禁忌。

一、忌急于表现自己

职场中人会发现：很多在学校受校方器重、得老师宠爱又是各项活动积极分子的人，走入职场后却屡屡受挫，难得企业赏识，其中一个很重要的原因就是这些人太急于表现自己，而忘记了这是社会而不是学校。

法国哲学家罗西法古说："如果你要得到仇人，就表现得比你的朋友优越；如果你要得到朋友，就要让你的朋友表现得比你优越。"在社会交往中，每个人都希望能得到别人的肯定，当我们让同事表现得比我们优越时，他们就会获得成就感；但是，当我们表现得比别人还优越时，他们就会产生一种自卑感，甚至对我们产生敌视情绪。因为谁都在自觉不自觉地强烈维护着自己的形象和尊严，如果有人对他人过分地显示出高人一等的优越感，那么无形之中是对他人自尊的一种挑战与轻视，排斥乃至敌意心理也就悄悄产生。

企业与学校不同。在学校，越是能干越容易得到老师的器重，因为，老师和同学之间没有什么利害关系，老师不会由于你的能干给自己带来危机。即使有同学对你不满，但是有老师在，不会有人把你怎么样。而在单位，情况则大大不同，如果你处处表现出你的与众不同，势必妨碍别人，即使是你的上司，也会担心有一天你是否会代替他的位置。

所以，在职场上，尤其是初涉职场时，不可过多地急于表现自己，为人处世还是谦虚一些好，从某种意义上说，谦虚也是获胜的力量。在与同事、上级交往时，偶然一句"这个问题我不太明白""对不起，您的意思是……""请您再说一遍好吗？"之类谦恭的言语，会使对方觉得你富有涵养和人情味，真诚可亲，这样才能博得大家的支持，为你的事业奠定基础，从而增大自己成功的可能性。记住，当你以谦逊的态度来表达自己的观点时，就能减少冲突，也更容易被他人接受。

二、忌不尊重他人的隐私

所谓隐私，是指自然人享有的对其个人的，与公共利益、群体利益无关的个人信息、私人活动和私有领域进行支配的权利。我们也可以把隐私权简单理解为人们出于个人尊严需求或某些方面的原因，不愿意公开、不希望为外人了解的个人秘密及事宜。

我们都知道，中国人在待人接物方面非常热情，无论是初次见面还是老友相逢，只要自己想问，从对方的身体状况到工作收入，从家庭成员到每个人的婚丧嫁娶，无不在话题范畴之内，但这恰恰是我们在职场交往中的第一大忌。不要说在外企,即使在国有或民营企业,都会有很多不同国家及地区的人们,包括那些“海归”,大家对自己隐私权的重视日渐凸显。

不尊重他人隐私权的行为都有哪些呢?

1. 询问对方的年龄。有这样一种说法:一位真正的绅士,应当记住的是女士的生日而不是女士的年龄。西方人,特别是女性,都把自己的实际年龄当做秘密,不愿意告诉别人。尤其是英美等国家的人对年龄都非常敏感,特别是对“老”字更是讳莫如深。在我国,如果你用“老先生”、“老大爷”、“老奶奶”、“老夫人”等去称呼老年人,他们会很高兴,觉得受到了尊重,在工作中,我们也常用“老李”、“老周”、“老赵”作为对同事的尊称,但对于西方人来说,这样的称呼无疑是对他们的诅咒。

2. 询问对方的工作和收入。国外有一种讲究:女人不问年龄,男人不问收入。但在中国,一见面就会有人很关心地询问对方:“你现在干吗呢?”“收入怎么样?”这些询问都是职场交往的禁忌。

3. 询问对方的婚姻状况。与人交往时,很多人不愿意向不相关的人谈及自己的婚姻状况,所以,我们不要事事关心而讨人嫌。

当然,属于个人隐私的事还有很多,为避免出错,简单可行的办法就是少说多做。

三、忌同事间议论上司或互相议论

初涉职场时,很多年轻人为了急于搞好同事关系,赢得他人好感,会附和别人发发牢骚、讲讲新闻,这是很多人都有的一个通病。但是,议论也要分场合和对象,一次无心的议论也许会变成他人成事的跳板。同事之间相处要把握好尺度,即使是关系非常要好的同事,也不能议论上司和同事。

在工作中,每个人考虑问题的角度和处理问题的方式难免有差异,对上司或同事有意见、有牢骚也在所难免,有了意见、有了牢骚不能到处宣泄、见人就讲,否则,经过他人以讹传讹、添枝加叶,即使你说的是事实也会变调变味,等到上司和同事听到了,难免会对你产生不好的看法。

听到同事发牢骚、讲新闻时,我们的做法是:首先,我们要善意劝告他人背后议论别人是不妥的,更不要说扩大议论范围、以讹传讹了;其次,应尽量回避议论场合,不得已作评价或说明时,也只点到为止,不要主动挑起话题,更不要添油加醋。

在这个问题上,自己要有主见。要记住,“议论是非者必是是非人”。

四、忌上班卡时间做事拖拉

初入职场的你可能早已习惯了学校里朝九晚五的生活节奏，不睡到马上上课了绝不起床，迟到早退是家常便饭。可是，进入职场就大不一样了。

离上班还有一两分钟，老板走进了工作间，看见大家都在，只有一个座位空着。问道："这是谁？"有人答道："是张萌。""哦！"老板点点头，转了一圈走了出去。

下午，刚过下班时间，老板又走进来。看到一个座位空着，便又问道："这是谁？""噢，是张萌，刚走。""哦！"老板点点头走了出去。年底，公司裁员时，大家发现张萌名列其中。

也许你会认为，张萌又没有晚来早走，只是卡着时间上下班，为何还要被炒鱿鱼？即便张萌被裁有其他原因，但是，不能否认的是，做事得给自己留有余地，卡着时间上下班是无法应付突发事件的，如果路上堵车，很难保证不迟到。再说了，行色匆匆上下班，会给人敷衍了事、不负责任的错觉。

办事拖拉也是初入职场的人常犯的一个错误。有时，我们会觉得立即着手完成一件上司交办的工作是一件很累的事情，发发呆，会更惬意些。客户的电话非要今天打吗？还是先在QQ上和刚分手的同学聊几句吧，明天再打给客户也不晚；会议材料非要今天准备好吗？反正离开会还有几天，等明天再说吧……很多时候，就是在这种明日复明日的等待中，我们失去了客户，也失去了工作的诚信。

所以，绝不要给自己任何偷懒的理由，说服自己永远以"现在进行时"来思考问题，告诉自己"我马上去做"，哪怕拿起电话给客户一个友好的问候，让他知道你一直很关注他；哪怕用几分钟时间和主管上级说说你刚刚有的新想法，让他知道你是一个善于思考的员工……

五、忌不懂规矩

现在，很多初涉职场的人大都是独生子女，平时集万千宠爱于一身，一旦到了工作单位，就会不自觉地流露出凡事我先的想法，极大地妨碍了自己在职场上的发展。

该谁先接水

某公司有一台电热水器，供全体职工喝水用。一天上午，公司财会部年近50岁的张会计拿着茶杯去接水泡茶，碰到市场部新来的大学生小赵提着暖水瓶接开水，小赵二话不说，直接把手里8磅大的暖水瓶放在了热水龙头下……还没等大暖瓶接满，热水器上的红灯亮起——水不开了。

后来，张会计不止一次向别人说起那次在热水器前和小赵的“遭遇”。可想而知，公司同事们会怎样看待这个新来的大学生。

也许有人会说，张会计有点儿小题大做，谁先谁后又没有规定，干吗这么计较？的确，礼仪不是法律，不能强制他人执行，但是，当你牢牢攥住凡事优先这个权利的时候，也失去了别人对自己的尊重和信任，接下来，你将失去更多。

在职场上，有些不成文的规矩是我们必须了解和遵守的：

1. 无论是公务往来、商务交流还是社交应酬，凡需要确定礼宾先后顺序的，都应遵守“以右为尊”的准则，即右为上、左为下。

2. 引领客人时，要走在客人侧前方约两步左右处。上楼时，要走在客人后面；下楼时，要走在客人前面。

3. 与他人同行，以右边、前面为尊；三人并肩同行，以中间为尊；三人前后行走，以前者为尊。

4. 在与他人合影时，以右边、前面为尊。多人合影时，长者（领导）或主人居中，其右侧次之，左侧再次，依次按右侧、左侧各就各位。

5. 就餐排定座次时，主人的右侧是第一贵客，左侧次之。

6. 乘坐轿车时，要视轿车的座位数量、驾车者的身份等因素排定座次。根据常识，轿车的副驾驶座是最不安全的，因此，不宜请女士、儿童、老人就座。在商务活动中，副驾驶座也叫做“随员座”，是专供陪同、秘书、翻译、警卫等随从人员就座的。以最常见的双排五座轿车为例，如果是专职司机开车，其排位由高到低依次为后排右座、后排左座、后排中座、副驾驶座。上车的顺序为位尊者（长辈、上级、女士等）先上车、后下车，位卑者要后上车、先下车。当驾车人是主人时，其排位由低到高依次为副驾驶座、后排右座、后排左座、后排中座。

六、忌乱开玩笑

单位里是无风还起三尺浪的地方，在这种场合开玩笑，一定要掌握好分寸：

首先，不要和上司开玩笑。你一定要记住这句话：上司永远是上司，不要期望在工作岗位上能和他成为朋友。即便你们以前是同学或是好朋友，也不要自恃过去的交情与上司开玩笑，特别是在有人在场的情况下，更不能开玩笑。

其次，不要拿同事的缺点或不足开玩笑。金无足赤，人无完人。随意取笑别人的缺点，容易让对方觉得你是在冷嘲热讽，倘若对方是个比较敏感的人，你会因为一句无心的玩笑使同事关系变得紧张。

第三，不要和异性同事开过火的玩笑。工作中开个小玩笑可以调节紧张的工作气氛,异性之间开玩笑亦能拉近彼此的距离。但切记,异性之间开玩笑不可过分,尤其是不能在异性面前说黄色笑话,这会降低自己的人格,也会让异性认为你思想不健康。

最后,不要总和同事开玩笑。开玩笑要掌握尺度,不要大大咧咧总开玩笑,时间久了,会给人不够庄重的印象,上司也认为你不够成熟而无法对你委以重任。

职场禁忌还有很多,总之,“留心处处皆学问”,千万别让自己输在职场的起跑线上。

下 篇

就业指导

第一单元
职业生涯设计

学前测试

请根据你对职业生涯知识的实际了解情况，逐项选出更适合于你的选项，以此来检验你在这方面的知识积累程度。下面，请你进入自测空间！

【评价标准】

1. 非常容易　　2. 一知半解　　3. 真的不行

【问题】

1	你能熟练地说出什么是职业生涯设计	1□ 2□ 3□
2	你很清楚职业生涯设计的重要性	1□ 2□ 3□
3	你对职业生涯设计的步骤了如指掌	1□ 2□ 3□
4	你很清楚自己适合的职业类型	1□ 2□ 3□
5	你知道为了职业生涯设计，应该从哪些方面了解自己	1□ 2□ 3□
6	你能够客观评价自己的优势和劣势	1□ 2□ 3□
7	你了解什么叫做职业锚	1□ 2□ 3□
8	你知道气质和性格没有好坏之分，只有适合不适合某种工作	1□ 2□ 3□
9	你对自己的工作价值观很明确	1□ 2□ 3□
10	你知道自己处于职业生涯的哪一个阶段	1□ 2□ 3□

【自我评价】

如果你选的“1”超过了8个,说明你对职业生涯设计有充分了解,但是,如何将这些知识运用到实际生活中,还需要不断实践、不断学习!

如果你选的“1”在5~8个之间,说明你对本单元的话题有一定了解,但还需要进行系统学习。

如果你选的“1”少于5个,说明你对本单元的话题了解得十分有限,需要立即学习。

你选的“3”超过5个的,将是今后学习的重点。

职业不是一个人生活的全部,但它绝对是生活的一个重要部分,职业生涯设计关系到人生的大部分时间将如何度过。假设你高职毕业开始工作到60岁退休,每年工作245天,每天工作8个小时,你所要做的工作占用了你毕生最好的年华,决定了你大部分的生活风格和身心健康。

这一章将告诉你如何及早准备,合理规划自己的职业生涯方向。这就像是一个没有解开的谜团,而你就是一个职业生涯的探索者,试图寻找各种线索来发现自己喜欢的工作。你可以在这章中看到这些线索,其中一些线索可以帮助你找出职业前景并对它们有所了解,还有一些线索可以帮助你更好地理解自己的个性。你可以把它们整合起来,并努力解开自己的职业生涯之谜。

模块1　认识职业生涯设计

一、什么是职业生涯设计

1908年,一个叫弗兰克·帕森斯(Frank Parsons)的人为了帮助年轻人和成年人梳理这个日渐复杂的职业选择过程,在波士顿一个街道的一栋住宅楼里创建了职业局。这项新计划指导求职者(尤其是新来的移民)去审视他们自己的个性特点,调查当地的就业状况,然后选择可能的最佳机会。正如我们今天所知,这就是职业生涯咨询过程的肇始。

职业生涯设计是西方学者在20世纪50年代提出的新概念,并迅速在美国流行开来,几乎所有的学生都会在专家的帮助下进行职业生涯设计。在美国、英国、日本等国,职业生涯设计已被列入必修课,贯穿于学历教育的全过程。

在开始学习前,我想先问问大家是否了解自己的个性、兴趣和能力,是否清楚自己职业发展的优势和劣势，是否清楚地知道自己喜欢和不喜欢的职业……答案一定会令大家失望，有太多太多的人根本不清楚自己的职业方向，甚至连自己此时此刻为什么坐在某个学校的课堂上都感到莫名其妙。我们对这个即将占用我们毕生最好年华的职业竟然一无所知，这是怎样的悲哀！

下面，就让我带大家进入职业生涯设计这一非常非常重要的领域，帮助大家客观了解目标职业所处的环境，对自己的职业生涯进行合理的规划，成功打开自己的职场大门。

第一，什么是职位、职业、职业生涯

英国前首相布莱尔在参观 Sheffield Job Centre 时说过这样一句话："When my children grow up, I don't want them to have a job, I want them to have a career."

那么，究竟什么是"Job"、什么是"Career"？首先，让我们来分清这几个概念：职位，是在某一职业中的一个岗位；职业，是指一个人的行业、专业；职业生涯，是指一个人一生的工作经历中所包括的一系列活动和行为。比如，网络管理员是一个职位，我们通常说的 IT 就是一种职业，而一个人从数据录入员做到网络管理员这一过程就是一段职业生涯。

吴小姐，24 岁，大专学历，工作两年左右，先后跳槽五次之多，行业涉及房地产业、化妆品业、教育咨询、传媒等，从事的具体工作有服务、营销、策划、编辑等四项之多。

吴小姐所学专业为国际贸易，但她的长项却是中文，写作能力和口头表达能力均非常优秀。以下是吴小姐的工作简历：

2001 年 9 月—2002 年 1 月，某知名房地产公司，任物业主任，主要工作职责是处理投诉。

2002 年 1 月—2002 年 6 月，某合资化妆品公司，任品牌经理。

2002 年 6 月—2002 年 9 月，某台资教育机构，主要销售知名英语教材。

2002 年 9 月—2003 年 3 月，某咨询策划公司，任销售公关经理、编辑。

2003 年 3 月至今，在一家杂志社担任记者。

很明显，这两年来，吴小姐先后拥有了 5 个"Job"，但是，我们很难说她拥有了 1 个"Career"。为了让我们的职业生涯发展得更快、更顺利，而不是像吴小姐那样盲目地从事各种工作，我们就需要进行职业生涯设计。

第二，什么是职业生涯设计

畅销书作家、心理咨询与管理专家、全美最受欢迎的演讲家丹尼斯·魏特利博士说："冬天计划，春天播种，夏天耕耘，秋天收获，原本成功并不神秘，只不过该计划的计划了，按计而行，成功必会适时而至。”

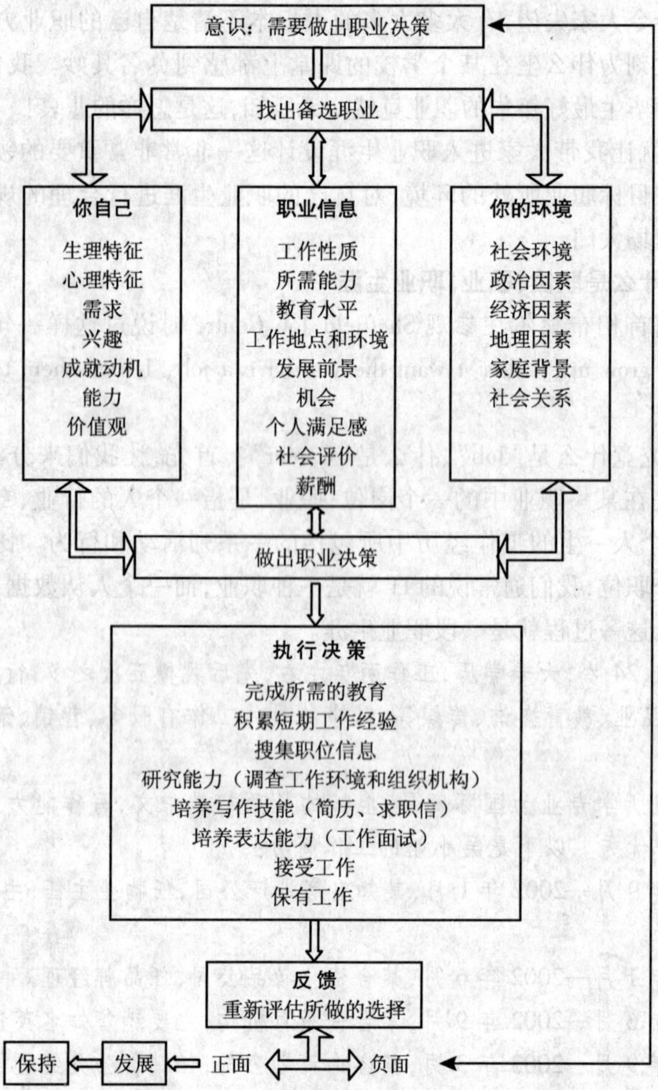

图 1　一个全面的职业生涯规划

资料来源：【美】Robert D. Lock 著《把握你的职业发展方向》

职业生涯设计也是如此，它要求你根据自己的职业兴趣、性格特点、能力倾向以及专业知识技能等因素，同时考虑各种外界因素，经过综合权衡，把自己定位在一个最能发挥长处的位置，以便最大限度地实现自我价值。

职业设计也是个体人生规划的主体部分，用我们自己的话说，职业生涯设计就是明确你打算进入什么样的行业,选择什么样的职业,在不同时期想达到什么样的成就,过一种什么样的生活,如何通过学习和工作达到目标……其实,人生就是计划的过程,计划的主人是自己,计划做得具体,执行做得确实,胜算必然属于自己。

第三,职业生涯设计的步骤

世界上没有完全相同的两片树叶,人与人之间的差异更大,进行职业生涯设计的程序也不尽相同,但总体来讲,可以将其归纳为以下八个方面:

1. 认清现实,承担责任。首先要意识到自己在职业发展道路上像迷失了航向的船长,找不到正确的方向,决定要采取行动解决这个问题。

2. 自我评估。收集信息并分析自己的价值观、兴趣、特长、性格、学识、技能等。只有认识了自己,才能对职业作出正确的选择。

3. 职业生涯机会评估。主要是评估各种环境因素对自己职业生涯发展的影响,只有对这些环境因素充分了解,才能做到在复杂的环境中避害趋利。

4. 找出可能的职业选择。确定几个目标,并做出行动计划。正如人们所说的"女怕嫁错郎,男怕选错行"。职业选择正确与否,直接关系到人生事业的成功与失败。据统计,在选错职业的人当中,有80%的人在事业上是失败者。

5. 收集信息。收集并研究职业选择的准确资料。

6. 设定职业目标。职业生涯目标的设定,是职业生涯规划的核心。

7. 执行职业生涯计划。没有达到目标的行动,目标就难以实现,也就谈不上事业的成功。我们要通过求职活动将职业决策付诸实施。

8. 评估与回馈。俗话说:计划赶不上变化。为使职业生涯规划行之有效,就要不断地对其进行评估与修订。修订的内容包括职业的重新选择、职业生涯路线的选择、人生目标的修正、实施措施与计划的变更等。

二、我们为什么要进行职业生涯设计

三只不同的动物被一个人关进了三个不同的笼子。人对动物说:"我可以满足你们每个动物一个愿望,请说吧。"

浪漫的熊猫说:"我要一个美丽的雌熊猫。"

贪吃的猴子说:"我要很多很多的核桃。"

勤奋的鸽子说:"给我一大沓信纸和一支笔吧。"

三年以后,人决定放他们出来。

第一个冲出来的是猴子,他抱着一大堆核桃,大喊道:"给我砸开!给我砸开!"原来,干硬的核桃壳使他无法享受到美味。

接着出来的是熊猫,只见他怀里抱着一个小熊猫,雌熊猫拉着一个小熊猫,还有一个小熊猫跟在身后。

最后出来的是鸽子,他紧紧握住人的手说:"这三年来我每天与外界联系,我的生意不但没有停顿,反而增长了200%!"

这个故事告诉我们,什么样的选择决定什么样的生活。今天的生活是由我们从前的选择决定的,而今天我们的抉择将决定我们以后的生活。从某种意义上来讲,选择规划比努力更重要。当然,你也可以选择让生活来安排自己。

当人们考虑他们的职业生涯的时候,情况就不一样了,因为工作是我们生活的核心和重要保障。职业生涯设计要求你去探索周围和自己身上正在发生什么,要求你全面了解职业环境,要求你审视自己成为独特自我的个性特征。通过你对自己和职业领域的探究,你可以做出职业生涯决策,使你的生活变得更有意义。

哈佛大学的爱德华·班菲德博士对美国社会进步动力的研究发现,那些成功的人往往都是有长期时间观念的人。他们在做每天、每周、每月的活动规划时,都会用长期的观点去考量。他们会规划五年、十年甚至二十年的未来计划。这一研究成果,对于刚刚跨入社会的职场人士有着重要的启示作用。

小王毕业于2000年,学机械设计出身的她并不喜欢所学专业,因而转入销售行业从事销售类工作。做了一年多,感觉压力越来越大,尤其是业绩考核让自己时刻都有喘不过气来的感觉。小王心头有了脱离这个行业的念头,一个偶然的机会让她凭着过去的专业背景进入一家工厂从事机械设计工作。一开始感觉不错,工作轻松多了,但时间一长,问题又出来了,小王感觉工作枯燥无味、没有发展前途。于是,她又谋求了一份行政类工作。眨眼间,几年的时间过去了,年龄也快到30了,看不到出路的小王突然感觉发展真的是好难好难,面对迷茫的前程,她陷入了困惑。

这样的案例屡见不鲜,而且后继者大有人在。要知道,人生最重要的事,不是你现在站在何处,而是你今后要朝哪个方向,只要方向对,找到路,就不怕路远。如果经常换工作,那么,我们平时积累的知识、技能、工作经验和圈内的人际关系,可能都将用不上,最终,我们也会像小王一样,找不着定位而陷入困惑中。

一份切合实际的职业生涯设计可以从以下几个方面帮助我们:

1. 职业生涯设计有助于帮助自己确定职业发展目标。通过分析,认识自己,了解自己,估计自己的能力、智慧以及性格,找出自己的特点,明确自己的优势，正确设定自己的职业发展目标并制订行动计划，使自己的才能得到充分发挥。

2. 职业生涯设计有助于鞭策自己努力工作。对许多人来说，制定和实现规划就像参加一场比赛，随着时间的推移，你会一步一步地实现规划。

3. 职业生涯设计有助于自己抓住重点。制定职业生涯设计的一个最大好处就是有助于我们安排日常工作的轻重缓急。通过职业生涯设计，能使我们紧紧抓住工作的重点，增加我们成功的可能性。

4. 职业生涯设计有助于引导个人发挥潜能。全神贯注于自己有优势并且有高回报的方面，这样有助于我们发挥尽可能大的潜力，最终成功。

5. 职业生涯设计有助于评估目前工作成绩。职业生涯设计的一个重要功能是提供了自我评估的重要手段，我们可以根据设计的进展情况评价目前取得的成绩。

三、你处于职业生涯的哪个阶段

人的一生，在不同阶段扮演着不同角色，正如莎士比亚在《皆大欢喜》中描述的那样：

世界是个舞台，
男男女女都只不过是演员。
他们都有上场的时候，也有退场的时候，
每个人都会出演很多部分，
表演共分为七个阶段。
最初是婴儿，
在护士的怀中哭泣和呕吐。
而后是背着书包的孩童，
仰着晨光下晶亮的小脸，向蜗牛一样慢腾腾地拖着脚步，
不肯去上学。
而后是情人，
如灶炉般悲叹，有写下诗歌，
歌颂爱人的眉毛。
之后成了战士，
满口前所未有的誓言，
为荣誉而猜忌，突如其来地争吵。
而后是满腹正义的法官，

目光严肃，仪容严整。

第六个阶段，

变成了走路歪斜的傻老头，

鼻上架着眼镜，腰间挂着钱袋。

到了最后一幕，

是第二个童年，

以遗忘，结束这段奇特的历史……

莎士比亚形象地描述了一个人的一生。贯穿整个人生的职业生涯，同样也是一个漫长的过程。科学地将其划分为不同的阶段，明确每个阶段的特征和任务，做好规划，对更好地从业、就业非常重要。

第一，金斯伯格的职业发展论

美国著名职业指导专家金斯伯格对人们的职业生涯发展进行过长期研究，他将初就业前人们职业意识或职业追求的变化发展过程分成了不同阶段。

我们很多人在儿时都玩过“过家家”的游戏，小朋友们仅仅为了高兴扮演着老师、医生、明星等不同角色，这个时候，我们处于幻想期；当我们意识到喜欢或不喜欢某些东西的时候，就打开了兴趣的大门，进入了兴趣期；当我们发现有些事情做得比其他人好的时候，便进入了能力阶段；当我们发现某些事情对你比对别人更为重要的时候，价值阶段就出现了。在上述初就业前的过渡阶段，我们会变得更加有职业意识，更加自信，这会帮助我们进入现实期。

在现实期的探索阶段，我们可能还在读书或者刚刚走出校门，开始从事各种兼职或全职工作，探索不同的职业；在固化阶段，我们已经确定了自己的职业方向和职业模式；接下来，我们有了特定的工作，进入了职业明确阶段。

第二，唐纳德舒·舒伯的职业发展论

美国著名生涯辅导理论大师唐纳德舒·舒伯认为，人在一生当中必须扮演九种主要的角色，依次是儿童、学生、休闲者、公民、工作者、夫妻、家长、父母和退休者。他将生涯管理分为五个阶段：成长阶段，出生 ~ 14 岁；探索阶段，15 ~ 24 岁之间；确立阶段，24 ~ 44 岁之间；维持阶段，45 ~ 65 岁；下降阶段，66 岁以上，退休临近的时候。

处在不同职业发展阶段的人，应考虑不同的事情。例如，在探索阶段，可以多做些尝试、探索，摸索出本人的职业兴趣，逐步找到最适合自己的职业。而 40 岁以上的人，就不应做过多的尝试，而应选择本人有优势的职业做长远的打算。

模块2　认识自己，迈出职业生涯设计的第一步

如果你正在为如何选择正确的职业发展道路而苦恼，不妨就先从了解自己开始。因为成功的职业生涯设计的前提是充分了解和认识自己，对自己的价值观、兴趣爱好、个性特点、能力等进行深入分析，然后结合社会发展情况，设计适合自己的职业生涯。

其实，真正了解自己的内心和能力并不是一件容易的事情，更何况我们的内心世界和各方面的能力都会随着时间和环境变化而不断变化。

一、明确你的价值观

第一，什么是价值观

在墨西哥一个小渔村的码头上，一位美国投资家遇到刚打鱼回来的渔夫，小船里是几条黄色的金枪鱼。美国人大夸墨西哥人的打鱼技术，并问墨西哥人："为什么你不多待会儿，多打点鱼呢？"

墨西哥人说："这些鱼足够我家用的了！"

美国人又问："那你剩下的时间干什么？"

渔夫说："逗孩子玩会儿，陪老婆睡个午觉，晚上在村子里晃几圈，和朋友弹弹吉他，再喝上几杯……"

美国人嘲笑说："我是哈佛毕业的，我想我能帮上你。我建议你花更多的时间去捕鱼，然后用卖鱼的钱买一条更大的船去捕鱼……最后，你就会拥有一个船队。你要把捕到的鱼直接卖给加工商，而不是那些鱼贩子，这样，你才能卖最好的价钱。等财富积累到一定程度，你要开家食品厂，这样一来，你就会控制整个产品的生产、加工和供应。到那时，你就能离开这个小渔村，搬到墨西哥城去，然后是洛杉矶，甚至纽约，在那儿，你还可以进一步扩大你的投资。"

墨西哥渔夫问："但是，这得要多长时间呢？"

美国人回答说："大约15~20年吧。"

"然后又怎么样呢？"渔夫问。

美国人得意地说："然后才是最精彩的篇章。当你投资的企业达到一定规模，那时，时机成熟了，你就可以宣布上市计划，向公众出售你的股票。一夜之间，你会变得非常富有，能够赚进成百上千万的美元啊！"

"上千万？然后呢？"渔夫又问。

美国人说:“然后,你就可以退休了,搬到一个海岸边的小渔村,早晨睡个懒觉,去打几条鱼,逗逗你的孩子们,陪老婆睡个午觉,在村子里溜达几圈,和朋友弹弹吉他、唱唱歌,再喝上几杯。”

墨西哥渔夫不屑地说:“有那么复杂吗?我现在不是已经在享受退休的待遇吗?”

相信大家都看过这个墨西哥渔夫的故事,它很形象地告诉我们:不同的价值观会导致不同的想法和行为。俗话说,人各有志。这个“志”,其实就是一个人的价值观。它是人对周围事物的一种评价和态度,是人的“好坏观”,即人们关于什么是好、什么是坏,怎样为好、怎样为坏,以及自己向往什么、追求什么、舍弃什么、拥护什么、反对什么等的观念、思想、态度的总和。

在一个人选择自己职业的时候,职业价值观表明了一个人通过工作所要追求的理想是什么,是为了钱,还是为了权,抑或是为了满足自己的成就感。

一个人的价值观是从出生开始在家庭和社会的影响下逐步形成的。在特定的时间、地点、条件下,人们的价值观总是相对稳定和持久的。比如,对某种事物的好坏总有一个看法和评价,在条件不变的情况下,这种看法不会改变。但是,随着人们经济地位的改变以及人生观和世界观的改变,这种价值观也会随之改变。这就是说,价值观也处于发展变化之中。

第二,什么是职业锚

在职业生涯设计领域,有一个具有“教父”级地位的概念——职业锚,它是由美国的 E. H. 施恩教授提出的。

职业锚,就是指当一个人不得不做出选择的时候,无论如何都不会放弃的职业中的那种至关重要的东西或价值观,即人们选择和发展自己的职业时所围绕的中心。

经过近 30 年的发展,职业锚(职业定位)已经成为职业发展、职业设计的必选工具。国外许多大公司均将职业锚作为员工职业发展、职业生涯设计的主要参考点。

自 1992 年以后,麻省理工学院将职业锚拓展为以下八种锚位:

1. 技术/职能型。技术/职能型的人,追求在技术/职能领域的成长和技能的不断提高,以及应用这种技术/职能的机会。他们对自己的认可来自他们的专业水平,他们喜欢面对来自专业领域的挑战。他们不喜欢从事一般的管理工作,因为这将意味着他们放弃在技术/职能领域的成就。

2. 管理型。管理型的人追求并致力于工作晋升,倾心于全面管理,独自负责一个部分,可以跨部门整合其他人的努力成果。他们想去承担整个部分的责任，并将公司的成功与否看成是自己的工作。具体的技术/功能工作仅仅被看做是通向更高、更全面管理层的必经之路。

3. 自主/独立型。自主/独立型的人希望随心所欲安排自己的工作方式、工作习惯和生活方式。追求能施展个人能力的工作环境，最大限度地摆脱组织的限制和制约。他们意愿放弃提升或工作扩展机会，也不愿意放弃自由与独立。

4. 安全/稳定型。安全/稳定型的人追求工作中的安全与稳定感。他们可以预测将来的成功从而感到放松。他们关心财务安全，例如退休金和退休计划。稳定感包括诚信、忠诚以及完成老板交代的工作。尽管有时他们可以达到一个高的职位，但他们并不关心具体的职位和具体的工作内容。

5. 创业型。创业型的人希望创建属于自己的公司或创建完全属于自己的产品（或服务），而且愿意冒风险，并克服障碍。他们想向世界证明，他们是靠自己的努力创建的公司。他们可能正在别人的公司工作，但同时，他们在学习并评估将来的机会。一旦感觉时机到了，他们便会走出去创建自己的事业。

6. 服务型。服务型的人是指那些一直追求自己认可的核心价值的人，例如帮助他人，通过新产品消除疾病。他们一直追寻这种机会，即使换公司，他们也不会接受不允许他们实现这种价值的工作提升。

7. 挑战型。挑战型的人喜欢解决看上去无法解决的问题，战胜强硬的对手，克服无法克服的困难。对他们而言，参加工作或职业的原因是工作允许他们去战胜各种不可能。挑战新奇、变化和困难是他们的终极目标。

8. 生活型。生活型的人善于平衡个人的需要、家庭的需要和职业的需要，他们希望将生活的各个主要方面整合为一个整体。正因为如此，他们需要一个能够提供足够弹性实现这一目标的职业环境。为了这一目标，他们甚至可以放弃升迁，他们将生活成功定义得比职业成功更广泛。

二、了解你的职业兴趣

第一，兴趣比天才重要

在你最感兴趣的事物里，藏着你人生的秘密，这是比尔·盖茨的一句名言。

“我到底喜欢什么?”这是每个人在面临人生选择时必须回答的问题。在设计职业生涯时，我们需要更多地关注一种兴趣——职业兴趣。职业兴趣对职业满意度的影响越来越大，帕弗利克为什么会成为农艺师就是一个典型范例。

刚入学不久的帕弗利克，从一个活泼好动、求知欲强的天真的孩子一下子变成了沉默拘谨、过分听话和胆小的学生，因为在入学的头几个星期，帕弗利克感到自己和别的同学不一样，同班同学可以不费力气地把单个的字母组成音节，并朗读出来，而帕弗利克要花很大的力气才能办到。一首关于美丽的冬天的诗，同学们只需听上两三遍就记住了，可是他却怎么也做不到。久而久之，大家都认为他属于“没有掌握知识的天分”的落后学生。

然而，在田野和森林里的帕弗利克与在教室时的判若两人。这个“思维迟钝的孩子”在大自然的怀抱里显得异常聪明和好奇。当老师带他们参观生物室时，面对眼前展现出的一个崭新的、从未见过的世界，帕弗利克简直被迷住了。这里的植物他以前都看到过，也很熟悉，可是，在每种植物上面都有一种新奇的、不同寻常的东西：西红柿的茎不是分叉成簇，而是像葡萄那样攀缘或缠绕着向上生长，上面挂满了累累果实；葱头和西瓜差不多大小；黄瓜，真正的大黄瓜，却生长在瓶子里。

帕弗利克睁大眼睛看着，心想：这都是怎么搞出来的？这时，他的思想已经离开眼前充满阳光的温室，进入一个奇迹般的世界：要是能够在学校园地里培养出十来棵这样的西红柿，该有多好呀！也让它们长成一排，结出的果实就像一串串葡萄那样。可是，这一切怎么好跟大家讲呢？要知道，他的算术不及格，他能幻想这些有趣的事情吗？

帕弗利克勉强从初小毕业了，在升入五年级的最初几周，他埋头读书的时间更长，更加令人疲劳。不过，帕弗利克的生活也发生了一些变化：许多课已经不像低年级时那样，只要求听讲和记忆，还要求动手做，这种课给帕弗利克带来了欢乐。他对植物课最感兴趣，并很快显露出在这方面的智慧，用植物课教师的话来说，他的智慧是“表现在手指尖上，连有些熟练的园艺工都做不好的事，这个五年级的学生都会做”。

在一次植物课上，学生们用多种方法把果树嫁接到野生砧木上。教师注意到，帕弗利克怎样精细而准确地切开砧木的树皮，剥出插条上的幼芽。帕弗利克从一颗珍贵品种的苹果树上剪下一根长着两个幼芽的树枝，思考着不用嫁接的方法是否能培育出树苗。教师告诉他，这需要很高的技艺。在老师的鼓励下，他的两眼闪烁出兴奋的光芒。他决心试验一下。

对帕弗利克来说，幸福的日子开始了。经过他的精心护理和细心观察，有一半插枝冒出了芽苞，并渐渐长出了晶莹发亮的树叶……同时，他还敏锐地发现，那些长活了的树枝是从树顶上剪下来的，而死了的树枝是从树的中部和下部剪下来的。于是他得出了结论：“应该从树顶上剪，这样才能繁殖出更多的树苗来。”

关于帕弗利克搞试验的消息不胫而走，很快全校都知道了。在这之后，帕弗利克身上的那种胆怯、拘谨、犹豫不决慢慢地消失了，他的求知欲越来越旺盛。他思维的觉醒、智力的发展、求知欲的增强，都跟植物课上展示出自己的天才和创造性劳动的禀赋分不开。帕弗利克明白了：植物栽培是他能够表现自己能力的活动领域。他又在温室里和生物室里开辟了一些新的工作，进行各种有趣的试验。他在植物天地里试验着，研究着……

几年过去了，帕弗利克所从事的植物栽培劳动变成了一种真正的创造性劳动。他把人工栽培的李树、桃树、柠檬树嫁接到野生的李树、梨树和苹果树上，得到了一些抗寒的果树品种。这些品种的优良特性是开花比较晚，可以不受霜冻的威胁。

初中毕业时，帕弗利克还成了一名改良土壤的能手。他学会往土壤里掺和农家肥与矿物肥的混合物，这种混合物能使即将干枯的老树恢复青春并重新结果，能医治好暴风雨给果树造成的伤害，并能促进受过冻的树枝复苏。一片贫瘠的土地被他的一双手改造成了肥沃的良田，这块试验田里的小麦收成远远超过附近集体农庄的收成。

中学毕业后，帕弗利克进入了农学院，后来成了一名成功的农艺师。

很显然，是兴趣催发了帕弗利克的智慧之光，使他从一个迟钝的学生成为一个成功的农艺师。

美国曾对两千多位著名的科学家进行过调查，发现很少有人是出于谋生的目的而工作的，他们大多出于个人对某一领域的强烈兴趣而孜孜以求、不计名利报酬忘我地工作。他们的成功与他们的兴趣紧紧联系。

第二，我对工作没有兴趣怎么办

现实生活中，有很多人因为对自己的职业兴趣不够了解，或者因为种种原因从事着自己不感兴趣的工作而痛苦不堪。讨厌工作，却又必须逼自己把讨厌的事情做好，这该是一件多么令人悲哀的事情。

志峰学的是行政管理，目前在一家业界里很有口碑的公司做总经办主任，在外人眼中是春风得意。但志峰总希望做与文化、艺术相关的工作，这简直就是心底难以割舍的一份情感，但他又不得不面对现实。志峰好像走到了人生的一个岔路口。是沿着专业方向走下去，还是从自己的兴趣出发，选择另一条职业道路？理想和现实的矛盾让人难以抉择。

为了生存，绝大多数人都有一个职业。但问题是，这个职业可能既不是他们的天赋之所在，也不是他们的兴趣之所在。这个世界上，自己的职业与自己的爱好一点关系都没有的人随处可见。事实上,有70%的人讨厌自己的职业。这是不是很可悲呢?他们没有从事自己比较喜欢甚至是热爱的工作或事业,他们没有好好去想过自己究竟喜欢做什么,而且在很多情况下,他们甚至就没有去寻找过。

中央电视台的《绝对挑战》节目,有一期给大家展示了一个叫王欣的贵州小伙寻找工作与兴趣的最佳结合点,最终有个完美结局的过程。

王欣2001年毕业于南京航空大学,所学专业是航空电器,之后先后转战了两家企业,一直从事电子工程师方面的工作。大学选择工科不是自己的本意,毕业后当了好几年的电子工程师,似乎注定这辈子就要与技术工作打交道了。然而性格比较外向的他,更希望拥有比较开放的工作环境和发展空间。

由于对工作没有兴趣,工作中常常走神,而技术工作需要绝对的耐心和踏实,整天看着机器,经常一周都说不上几句话,这与王欣外向的性格大相径庭。一次,在工作中,由于思想走神,王欣把电容的正负极接错了,电容内部爆炸,把脸都炸黑了。

不愿一辈子都在失意中度过的王欣萌生了换行业的想法,一次,在招聘网站上发送简历时,他看到人众人公司正在招聘拓展培训师,其开放的工作环境使他一见钟情。王欣当时刚在一家法国公司站住脚,而到北京录制节目至少需要半个月时间,公司绝对不可能给他这么长的假期,这意味着王欣必须放弃现在待遇不菲的工作,去竞争一个不一定能成功的职位,也许会赔了夫人又折兵。是安于现状选择使生活有所保障的职业,还是铤而走险辞职到北京一搏?选择只在一念之间,最后,还是对兴趣的渴望胜过了一切。经过努力,王欣终于找到了职业与兴趣的切合点,找到了自己的风向标。

一项针对1500名哈佛商学院毕业生的研究,追踪他们从1960年到1980年的事业发展。这些毕业生在一开始就被分成两组,第一组的人说想先赚钱,然后才能做自己想做的事。第二组的人则先追求他们真正的兴趣,认为以后财源自然会滚滚而来。其中,想先赚钱的第一组占83%,1245人;甘愿冒风险的第二组占17%,255人。20年后,两组共有101名百万富翁,1人属于第一组,100人属于第二组。

如果你喜欢你的工作,那么对你来说,每一天都是假日。

第三,职业兴趣类型有哪些

下面我们列出了不同的职业兴趣类型,你可以圈出最吸引你的兴趣类型。

兴趣类型	兴趣描述
农业兴趣	喜欢耕种、观察庄稼生长、收割谷物，喜欢饲养牲畜和家禽。
艺术兴趣	喜欢用颜料、黏土、织物、家具、服装等来表达美和色彩的协调。
运动兴趣	喜欢体育活动如跑步、跳跃、团队运动，通过运动保持身材，喜欢看体育节目等。
商业/经济兴趣	喜欢参加买卖、销售和服务等商业活动，喜欢拥有或在企业从事管理工作的经验，喜欢参与财政事务和关注经济结果。
档案/办公室工作兴趣	喜欢从事商业记录、整理资料、打字、为计算机程序准备数据等注重细节、要求准确和整洁的工作。
沟通兴趣	喜欢那些通过写作、演讲或抽象的形式来表达自己的思想和学识的活动，喜欢向别人讲述故事或提供信息。
电子兴趣	喜欢电子方面的工作如电报、拆装收音机或电视机、组装或修理计算机等。
工程兴趣	喜欢进行工程、机械、建筑、桥梁和化工厂等方面的设计工作。
家务兴趣	喜欢家务活动如打扫屋子、看管孩子、做饭、缝补衣服和管理家务。
文学兴趣	喜欢阅读小说、诗词、文章、论文等，喜欢读书、看杂志并讨论其中的观点。
管理兴趣	喜欢为自己和别人制订计划，喜欢组织活动。
机械兴趣	喜欢用机械和工具工作、修理物品，在学校选修实践研讨课。
医学/保健兴趣	喜欢能帮助人和动物的活动，喜欢诊治疾病和保健工作。
音乐兴趣	喜欢玩弄乐器，喜欢参加音乐活动如音乐会、唱歌、教授音乐等。
数学兴趣	喜欢与数字打交道，喜欢数学、代数、几何、微积分和统计等课程。
团队兴趣	愿意作为团队或小组的一分子，并会为了自己所在公司、机构、部门的进展而牺牲个人的一些爱好。
户外/自然兴趣	大多数时间都喜欢待在户外，喜欢露营，喜欢饲养宠物和植物。
表演兴趣	喜欢在人前活动、在聚会中娱乐他人、在戏剧中扮演角色或表演话剧等。

续表

兴趣类型	兴趣描述
政治兴趣	喜欢参加政治活动和选举,希望拥有权力进行决策、制定政策来影响自我和他人。
宗教兴趣	喜欢推行自己的宗教和精神信仰,崇拜宗教领袖,推动教会发展。
科学兴趣	喜欢对自然界进行研究和调查,喜欢学习生物、化学、地理、宇航和物理等课程,喜欢用理性、科学的方法寻求真理。
手工操作兴趣	喜欢安装或操作机器、装备和工具,喜欢使用木制品或铁器,喜欢驾驶小轿车、大卡车和重型装备,愿意当木匠、机械维修工、管道工、汽车修理工、焊工或金属模型加工师。
社交兴趣	喜欢与人打交道,关心他人福利,愿意为大众解决问题,愿意为人们提供服务(如环保、保健和交通等方面的服务)。
技术兴趣	喜欢那些兼具管理和责任于一身的服务于人的工作(如当工程师),喜欢承接汽车、电子、工业和产品工业等技术性的项目,典型的职业有绘图员、测量员和电子工程师。

资料来源:【美】Robert D. Lock 著《把握你的职业发展方向》

三、知道你的能力特长

第一,什么是能力

能力是人们表现出来的解决问题可能性的个性心理特征,是完成任务、达到目标的必备条件。不仅需要知道自己有能力从事什么样的工作,也需要知道自己对哪类工作感兴趣并能满足你的需要。只有将能力和兴趣结合起来考虑,才更有可能取得职业生涯的成功。

能力分为一般能力和特殊能力。所谓一般能力,是在各种各样的活动中都必须具备的基本能力,如观察力、记忆力、想象力、注意力等。特殊能力是在某种专业活动中表现出来的能力,如医生具备的行医能力。

完成任何一项活动都需要人的多种能力的结合。例如,儿童画画,必须有完整的知觉能力、识记与再现表象的能力、使用线条表现实物的抽象力与想象力、目测长度比例的能力、估计大小或亮度关系的能力、透视能力和灵活自如的运笔能力等。

第二,谁都不是全能选手

每个人都有自己的优势和劣势,没有人能够成为无所不能的超人。不同的职业对能力也有不同的要求,任何一种职业都要求参与者具备一定的能力。例如,搞外交工作,要有灵活敏捷的思维能力、流畅的语言表达和答辩能力以及较强的记忆能力等;从事管理工作,要具备一定的组织、交际和宣传说服等能力。只有在能力上足以胜任工作,才能取得良好的工作业绩。如果能力不过硬,工作就不能顺利进行,就会影响到工作业绩。

森林里要举行比武大会,比赛的项目有飞行、赛跑、游泳、爬树和打洞。动物们纷纷报名参加自己拿手的项目。鼯鼠也来了,它要求参加所有的项目。负责报名的乌龟把老花镜摘下又戴上,上下打量着问它:“五种本领你都会?”“都会!”鼯鼠自豪地回答。

比赛开始了,最先比的是飞行。一声哨响,老鹰、燕子、鸽子一下就飞得没影了,鼯鼠扑腾着飞了几丈远就落了下来,着地时还没站稳,摔了个嘴啃泥;赛跑比赛,兔子得了第一后,躺在树下睡了一觉醒来,鼯鼠才跌跌撞撞地跑到终点;游泳比赛,鼯鼠游到一半就游不动了,大声喊救命;比赛爬树时,鼯鼠还没爬到树顶就抱着树枝不敢再爬;和穿山甲比赛打洞时,穿山甲一会儿就钻进土里不见了,鼯鼠吃力地刨啊刨,半天才钻进半个身子。鼯鼠虽然有五种本领,可一到用的时候却没有一样是中用的,这哪能算是本领呢?

杨澜作为职业女性的典范,留给大家的印象是聪明、能力强,她先后担任过综艺节目、访谈节目主持人,创办过传媒企业,下面是她的一份简历。

1990 年,杨澜毕业于北京外国语大学,获得英美语言文学学士学位。从 1990 年至 1994 年,杨澜担任中央电视台《正大综艺》节目主持人,于 1994 年获中国第一届主持人“金话筒奖”。之后,杨澜就读于美国哥伦比亚大学国际及公共事务学院,并获国际事务硕士学位。

1998 年至 1999 年,杨澜加盟香港凤凰卫视中文台,开创名人访谈类节目《杨澜工作室》,并担任制片人和主持人。她主持的节目在世界华语观众中拥有广泛的知名度和美誉度。

2000 年,杨澜创办了大中华区第一个以历史文化为主题的卫星频道——阳光卫视。阳光卫视在弘扬中国文化、加强传媒国际交流与合作方面获得显著成绩。2000 年和 2001 年,阳光文化两次入选由世界权威财经杂志《福布斯》评选的全球最佳小型企业。

2001 年,杨澜应邀出任北京申办 2008 年奥运会形象大使,同年 7 月,在莫斯科国际奥委会会议上代表北京作申奥的文化主题陈述。

自2003年3月起，杨澜成为中国人民政治协商会议第十届全国委员会委员。

2005年，杨澜开始主持针对中国都市女性观众的大型谈话节目《天下女人》。

杨澜是不是一位“全能”选手呢？我们一起看看她在北京大学医学部所做的演讲——《成长：你唯一的把握》中的一段话。

人与人虽然没有优劣之分，但却有很大不同。

对于医学，我不是很懂，但是，在这一领域，有比较优势存在。有的医学生，理论学得很好，但手比较笨，不适合做外科医生。有的人理论学的不是很精专，但手很灵巧，因而可以成为外科的“一把刀”。这就是每个人有不同的比较优势。

为什么当时我会离开《正大综艺》？这是不断有人问我的问题。我不知道是否说清楚了，急流勇退也好，有学习的精神也好，这都不是问题的实质。实质是，我觉得我不擅长做综艺节目。我既不会唱歌，也不会跳舞，更不会演小品……我真是没有什么艺术天才，我还是老老实实做自己能做好的事。我什么事情做得好呢？也许从小受家庭影响，我还比较喜欢读书，还有学习的能力。所以日后开始做访谈节目，每次我都是坚持尽可能的阅读相关资料，看所有的东西。按别人的说法：这很笨，主持人就是靠口才好，现场反应快就行了。我恰恰认为不是这样。拿我做访谈节目来说，你事先准备的程度和你做出的节目的效果完全是成正比的。

作为记者和访谈节目的主持人，我也许还有一个比较优势，就是容易和别人交流。1996年我在美国与东方卫视合作一个节目叫《杨澜视线》，介绍百老汇的歌舞剧和美国的一些社会问题。其中有一集就是关于肥胖的问题。一位体重三百公斤以上的女士接受了我的采访。大家可以想象，一般的椅子她坐不下，我就找来另外的椅子，亲自搬来，请她坐下，与她交谈。最后她说：我一直不知道中国的记者采访会是什么样？但我很愿意接受你的采访。我问她为什么？她说别的记者来采访，都是带着事先准备的题目，在我这挖几句话，填进他们的文章里，而你是真正对我有兴趣的。这句话给我的印象很深。所以，在镜头面前也好，与人交流时也好，你对对方是否有兴趣，对方是完全可以察觉的。你的一举一动、你的眼神都在建立一个气场。能建立这样一个气场，就适合做访谈节目。

这就是我对自己的比较优势的一个挖掘。其实，每个人都有自己的比较优势。当然,你不会一开始就知道,只能通过尝试做不同的事情才知道。对于我来说,做电视做了17年,中间也经历了许多挫折。比较大的,大家可能也知道,就是2000年在香港创办阳光卫视,虽然当时是抱着一个人文理想在做这件事,至今我也没后悔,但由于商业模式和现有的市场规则不是很符合,确实经历了许多商业上的挫折。这让我很苦恼,因为我觉得自己已经这么努力了。甚至怀孕的时候还在进行商业谈判。从小到大,我所接受的教育就是:只要你足够努力,你就会成功。但后来发现不是这样。如果一开始,你的策略,你的定位有偏差的话,你无论怎样努力也是不能成功的。

后来我去上海的中欧商学院进修CEO课程,一个老师讲到一个商人和一个士兵的区别:士兵是接到一个命令,哪怕打到最后一发子弹,牺牲了,也要坚守阵地。而商人好像身处一个大厅,要随时注意哪个门开,然后就从那儿出去。他们一直在寻找流动的机会,并不断进出,来获取最大的商业利益。听完,我心中有数了——自己不是做商人的料。我虽然可以很勤奋地去做,但从骨子里,这不是我的比较优势。在我职业生涯的前15年,我一直在做加法:做了主持人,我要求导演自己写台词;写了台词,自己做编辑;做完编辑,做制片人;做了制片人,就想同时负责几个节目;负责了几个节目后,就想能不能办个频道?人生中一直在做加法,加到阳光卫视后,我知道了,人生中,你的比较优势可能只有一项或两项。

在做完一系列的加法后,我该开始做减法了。今天,我想把自己定位于:一个懂得市场规律的文化人,一个懂得和世界交流的文化人。在做好主持人工作的同时,希望能够从事更多的社会公益方面的活动。

杨澜所谓的"比较优势",其实就是我们所讲的个人较强的某方面的能力,和目前企业中常常提到的"核心竞争力"有着类似的意义。每个人都有自己的"核心竞争力",并且这个"核心竞争力"有很大的成长空间和发展潜力。我们与其花大量的时间和精力来弥补自己的劣势,不如把重点放在自己优势的培养上,把它发挥得淋漓尽致。

我们根据能力类型确定了职业类型后,还应根据自己所能达到的或者可能达到的能力水平确定相吻合的职业层次,只有这样,才能使我们的能力和职业相匹配。

第三,特殊能力分类

在规划自己的职业前,一定要仔细分析自己的优势能力有哪些、从事哪些工作能更好地发挥这些优势能力。下面我们将介绍八个方面的特殊能力,供个人择业时参考。

1. 语言表达能力。语言表达能力是指对词及其含义的理解和使用能力，即对词、句子、段落、篇章的理解能力，以及善于清楚而正确地表达自己的观点和向别人介绍信息的能力。简单地讲，它包括对语言文字的理解能力和口头表达能力。不同的职业对语言表达能力的要求不同，例如教师、律师等，必须具备较强的语言表达能力。

2. 算术能力。算术能力是指迅速而准确地运算的能力。大部分职业都要求工作者有一定的算术能力，但不同的职业对人们算术能力要求的程度不同。如会计、出纳、建筑师、工业药剂师等职业要求工作者有较强的计算能力；法官、律师、历史学研究者、护士、X 光技师等职业则要求工作者具备中等水平的计算能力；而演员、话务员、厨师、理发师等职业对算术能力要求较低。

3. 空间判断能力。空间判断能力是指能看懂几何图形、识别物体在空间运动中的联系、解决几何问题的能力。如果一个人爱好平面几何及立体几何并且学得较好，这个人的空间判断能力就比较强。与图纸、工程、建筑等打交道的工作，以及牙科医生、内外科医生等职业，对空间判断能力要求很高。对裁缝、电工、木工、无线电修理工、机床工来说，只有具有一定的空间判断能力才能胜任。

4. 形态知觉能力。形态知觉能力是指对物体或图像的有关细节的知觉能力。如对于图形的阴暗、线的宽度和长度做出视觉的区别和比较，能看出其细微的差异。对于生物学家、建筑师、测量员、制图员、农业技术员、动植物技术员、医师、兽医、药剂师、画家、无线电修理工来说，需要较强的形态知觉能力；而对于历史学家、政治学家、社会服务人员、售货员、办公室职员来说，形态知觉能力就不那么重要了。

5. 事务能力。事务能力是指对文字或表格式材料细节的知觉能力、发现错字或正确校对数字的能力等。例如，设计、编辑、记账、出纳、办公室、打字等工作，都要求从业者具备一定的事务能力。

6. 动作协调能力。动作协调能力是指迅速准确和协调地做出精确的动作和运动反应的能力。对于驾驶员、飞行员、牙科医生、外科医生、雕刻家、运动员、舞蹈家来说，这种能力显得尤为重要。

7. 手指灵活度。手指灵活度是指手指迅速、准确、和谐地操作小物体的能力。纺织工、打字员、裁缝、外科医生、五官医生、护士、雕刻家、画家等，手指必须较一般人灵活。

8. 手指灵巧度。手指灵巧度是指手指灵巧而迅速地活动的能力，像体育运动员、舞蹈家、画家、兽医等，手指必须灵巧地活动。

四、识别你的气质

在确定专业方向和职业意愿的时候，除了综合考虑自己的价值观、兴趣和能力之外，还要考虑自己的气质特征适合哪种专业和职业。

第一，什么是气质

这里所讲的气质，是指人的一种个性心理特征，它不同于平常所说某人“气质”如何时的含义。

在日常生活中，有的人脾气很急，走路、办事总是急匆匆；有的人说话办事慢条斯理；有的人喜形于色，大大咧咧；有的人沉默寡言，深思熟虑。这些心理特征可以说是一种与生俱来的特征，不大容易改变。

气质是现代企业择业标准的重要条件，其特征影响一个人的择业活动，也影响一个人职业活动中的职业成就。对于气质类型不同的从业者来讲，其职业的适应性与职业成就也大不相同。在职业选择过程中，如果能够充分考虑气质类型选择职业，就更能发挥自己的优势与特长，取得更大的成就。

第二，气质的分类

古希腊医生希波克拉底和罗马医生盖伦认为，人体内有血液、黄胆汁、黏液、黑胆汁等四种液体，由于它们的比例不同，因此构成了人不同的气质。在现实生活中，纯属单一气质类型的人是少数，大多数人属于混合型。

1. 胆汁质又称不可抑制型，是战斗型气质。这类人精力旺盛、反应敏捷，但性急暴躁而缺少耐性，热情忽高忽低。这种人适合做刺激而富有挑战的工作，如节目主持人、推销员、演员等，不适合做整天坐在办公室或不走动的工作。

2. 多血质又称活泼型，是敏捷好动的一类。这类人适应能力强，善于交际，在新的环境中能应付自如，反应迅速而灵活，但注意力不稳定，容易转移兴趣。这类人的职业选择较广泛，如新闻工作、外事工作、服务员、咨询员等，不适合做细致单调、环境过于安静的工作。

3. 黏液质又称安静型，属于缄默而沉静的类型。这类人踏实、稳定，兴趣持久，善于忍耐，但不够灵活，不善于转移注意力。这类人适合做管理人员、文员、会计、播音员等，不适合做富有变化和挑战性大的工作。

4. 抑郁质又称易抑制型，属于呆板而羞涩的类型。这种人感情细腻，做事小心谨慎。抑郁质的人适应能力较差，易于疲劳，行动迟缓、羞涩、孤僻，适合做保管、化验、排版等工作，不适合做变化多、大量消耗体力和脑力的工作。

前苏联心理学家达威多娃做过一项实验，有 4 个人去戏院看戏，都迟到了 15 分钟，工作人员拦住他们：“先生，对不起，您已经迟到 15 分钟，为了不影响他人,您不能进入。”

胆汁质型的人:为什么不让我进！你知道我为什么迟到吗？刚才有个老大娘摔倒了,我为了扶她才来晚,我是做好事,怎么能不让我进?！——好好好,进去吧。

多血质型的人:看到已经迟到了,立刻明白检票员是不会放自己进入剧场的,但进楼厅比较容易,于是就从侧楼的小门翻了进去。

黏液质型的人:不让进就站在旁边等,并自我为安慰地想:第一场戏总是不太精彩的,我可以在小卖部等一会儿,在幕间休息时再进去。

抑郁质型的人:呀！我确实迟到了,不好意思,还是离开吧。

第三,没有所谓的好气质、坏气质

气质无所谓好坏,我们不会对胆汁质、多血质、黏液质和抑郁质者有什么不同的评价,正如我们的血型通常有A型、B型、AB型和O型四种,各种血型无好坏之分一样。任何一种气质类型在一种情况下可能具有积极意义,而在另一种情况下就可能具有消极意义。不同气质的人工作效率是有显著差别的。例如,《水浒传》中的黑旋风李逵为人耿直,脾气暴躁,是典型的胆汁质气质;而《红楼梦》中的林黛玉多愁善感,性格孤僻,是典型的抑郁质气质。林黛玉葬花、李逵杀富济贫在我们认为都是天经地义的事,如果两个人交换一下,我们肯定会觉得别扭。同样,每种气质类型有其自身的职业适应性,从事某一类职业活动的人往往能体现某一些共同的气质特征。

尊重天分,合理运用,这才是关键。多血质的人就让他搞外交、搞公关,他肯定比别人干得好;胆汁质的人适合当军人,做销售员,干富有挑战的工作,被称为“战争之神”的巴顿将军,他的口号就是“攻击、攻击、不停地攻击”,别人都办不到,他却战无不胜;黏液质的人适合管仓库、做门卫、当办公室秘书、干会计,他们不急,善于保守秘密、有耐心;抑郁质的人往往做发明家、科学家、艺术家,他们比较敏感,别人没感觉到,他们会先感觉到。

总之,我们要善于悦纳自我,赏识他人,寻找优势。

五、认识你的性格

第一,什么是性格

如果一个人对现实的态度,在类似的情境下不断地出现,逐渐地得到巩固,并且使相应的行动方式习惯化,那么,这种较稳固的对现实的态度和习惯化了的行动方式所表现出的心理特征就是性格。性格是人的心理的个别差异的重要方面,人的个性差异首先表现在性格上。

三国时期的张飞是家喻户晓的人物，他就是典型的外向型性格。当他得知义兄关羽被害后，气得连夜发兵攻打吴国。与他形成鲜明对比的是，东晋名相谢安以区区八万人马迎战前秦苻坚率领的六十万大军，在得到胜利的消息后，仍然平静如常地下完了手中的棋。回到自己屋内后，他才高兴得踢掉鞋子。谢安就是典型的内向型性格。

第二，让你的工作符合你的性格

一个内向型的人想要成为一名汽车推销员或者一个外向型的人想要成为一名会计，都是很难办到的。

一项最新的统计表明：职业与个性不合的人群容易出现亚健康状态。从事不同职业的人群必须具有不同的思维个性特征，当承担的职业角色与本身的个性不符时，人们就会不适应，如果再不能轻松地驾驭工作，便会导致自信心下降，自我社会价值感减弱，压抑感增强，进而导致亚健康状态。在现今的职场中，因“性格与职业”的选择发生错位而导致职业的失败，已逐渐成为职场人士面临的越来越严峻的问题。

每个月的15号，都是钱强心情最沉重的时候。这一天是他所在的软件代理销售公司总结员工上半月销售情况、指定下半月销售计划的日子。

钱强来自一座中部城市，毕业后本来分在家乡的一所中学教书，眼看着同学们接二连三地买车买房，可自己还是一无所有，每次同学聚会，他都是最不被人关注的那个。

2000年，他来到了北京。来北京的唯一目的，是为了给自己争一口气。他选择了当时很火的市场销售行业，就职于一家专做网络防火墙软件的外资企业中国代理公司。这份工作他一干就是6年。那家公司虽然在国外有一定的口碑，但在国内并不为人所知，而这正是他整个销售工作中最大的障碍。

刚刚加入公司的时候，钱强并没在乎这是一家不知名的公司。他觉得从低处做起，和品牌一起成长才是年轻人最大的收获。工作之后，他才发现给不知名的公司做销售实在是很困难的事情。

“在我的整个工作量中，60%以上的工作是让客户‘知道’我们的产品。而如果是在IBM、微软那些大型的软件服务提供商的公司里做销售，情况就截然不同了。客户会自己找上门来，销售人员的任务都会超额完成。”钱强的眼中满是羡慕。

相比他们，钱强觉得自己做得很艰难。每个周末他除了要约已有初步意向的客户见面吃饭，还要上网查找其他的潜在目标公司，为下周的工作做计划。

“网上留下的公司联络电话一般都是前台电话，所以千万不要让前台小姐知道你是去推销的,否则很有可能不转接,一番盘问还是少不了的。”每当这个时候,他在电话里要么冒充上级公司,要么冒充采购经理的同学、朋友。

如果只是工作上的困难也就罢了,更让他觉得辛苦的是每次联系业务好像都是一次对自己性格的挑战,言语不多、性格木讷的他每次都要强颜欢笑地跟客户寒暄,桑拿、迪厅这些对其他销售人员来说如鱼得水的地方,他到现在都难以适应。

他说:“我不知道自己算不算入错行。内向的我也许就应该去做历史教师,而不是被‘在北京IT业工作’这样一个光环所迷惑,找不到自己真正的快乐。”

第三,什么性格的人做什么类型的工作

美国心理学家和职业指导专家霍兰德经过十几年的跨国研究,提出了职业人格理论。他认为人的性格大致可以划分为六种类型,这六种类型分别与六类职业相对应,如果一个人具有某一种性格类型,便易于对这一类职业发生兴趣,因而更适合从事这种职业。这六种性格分别是:

1. 现实型。现实型的人喜欢做有规律的具体劳动和需要基本技能的工作,如工匠、农民、技师、工程师、机械师、鱼类和野生动物专家、车工、钳工、电工、报务员、火车司机、机械制图员、电器师、机器修理工、长途公共汽车司机等,这类人往往缺乏社交能力。

2. 研究型。研究型的人喜欢智力的、抽象的、分析的、推理的、独立的任务。这类职业主要指科学研究和实验方面的工作。这类人往往缺乏领导能力。

3. 艺术型。艺术型的人喜欢通过艺术作品来表现自我,爱想象,感情丰富,不顺从,有创造性,能反省。这类人缺乏办事员的能力,适于做室内装饰专家、摄影家、作家、音乐教师、演员、记者、作曲家、诗人、编剧、雕刻家、漫画家。

4. 社会型。社会型的人喜欢社会交往,常出没社交场所,关心社会问题,愿为别人服务,对教育活动感兴趣。这类人往往缺乏机械能力,适于做导游、福利机构工作者、社会学者、咨询人员、社会工作者、学校教师、精神卫生工作者、公共保健护士。

5. 企业型。企业型的人性格外倾,爱冒险,喜欢担任领导角色,具有支配、劝说和言语技能。这类人往往缺乏科学研究能力,适于做推销员、商品批发员、进货员、福利机构工作者、旅馆经理、广告宣传员、律师、政治家、零售商等。

6. 常规型。传统型的人喜欢系统的有条理的工作任务,具有实际、自控、友善、保守的特点。这类人往往缺乏艺术能力,适于作记账员、银行出纳、成本估算员、核对员、打字员、办公室职员、统计员、计算机操作员、秘书、法庭速记员等。

性格决定着职业发展的长远性。由于中国传统文化缺乏包容性,中国企业对性格的包容性很低,所以,我们更要根据自己的性格慎重择业,尽量选择自己的个性优势能够得到充分发挥的职业,选择不需要改变自己为人处世的风格、不需要扮演不是自己的角色、不需要刻意讨好别人的工作环境。了解自己的性格类型,更有利于进行准确的职业定位。

模块3　用科学的测试再次认识自己

前面我们讲过,做职业生涯设计,正确认识自己是必不可少的前提,下面我们就来给大家介绍一些小测试,实战演练一下,帮助大家破解自己的心灵密码。

一、测测你的价值观

“工作价值回顾”中的陈述反映了对不同人而言重要程度不同,并能在职业中为人们带来满足感的价值。请阅读下面的句子,再根据下列代表不同意义的数字给它们打等级。

4 代表对我非常重要;3 代表对我很重要;2 代表对我来说重要程度一般;1 代表对我不太重要;0 代表对我一点也不重要。

我需要这样的工作,使我……

1. 觉得自己已经出色地完成了某种工作。
2. 可以因为工作出色而被逐步提升。
3. 能够体验兴奋和活跃的感觉。
4. 研究和欣赏美丽的事物。
5. 帮助别人并解决他们的问题。
6. 为了自己或者团队而同他人竞争。
7. 运用想象力创造新事物。
8. 立刻或在很短的一段时间内开始新的工作。
9. 得到别人的注意。
10. 知道自己工作场所的政策是恰当合理的。
11. 在同事中结交许多朋友。
12. 不必承受过量的压力与紧张。
13. 有足够的金钱生活。
14. 可以有更多的时间与家人待在一起。

15. 可以按照我希望的方式工作。
16. 在我主要的兴趣领域工作。
17. 领导和指挥别人工作。
18. 按照自己希望的方式生活。
19. 在我现在居住的地方或附近工作。
20. 需要动手和使用力气来完成工作。
21. 表达自己的宗教信仰。
22. 多在户外、少在户内工作。
23. 因为工作的缘故认识很多人。
24. 工作时穿着漂亮。
25. 遵循已有的传统和习俗。
26. 让别人知道自己有个好工作。
27. 甚至在经济困难的时候也有工作。
28. 被尊重。
29. 职务和任务有许多的变化。
30. 在令人愉快的工作环境里工作。
31. 知道自己已达到自己设立的目标。
32. 在适当的时间晋升到更高的位置。
33. 在完成工作时需要冒险。
34. 运用自己的文学、艺术和音乐才能。
35. 指导他人为了他们自己的利益而做事。
36. 为了前进而必须超越他人。
37. 设计新的、与众不同的事物和产品,产生新的思想。
38. 几乎不需要更多的教育和培训。
39. 能在众人面前展示自己的技能和潜力。
40. 有一个公平的、一视同仁的老板。
41. 遇见我喜欢的或欣赏的人。
42. 可以保持身心健康。
43. 赚到可以买奢华物品的钱。
44. 花更多的时间照看家庭、增进家庭感情。
45. 能够自主作决定。
46. 能迎接挑战,解决问题。
47. 有权力做出影响他人的决定。

48. 拥有我所喜欢和欣赏的生活方式。
49. 能方便地到达我工作的地点。
50. 能操作机器、工具或者其他设备。
51. 行为符合道德准则。
52. 不能总是在室内工作。
53. 能够直接为他人服务。
54. 穿我想穿的衣服。
55. 工作职能可以预期，不会发生改变。
56. 获得公众的注意和赞赏。
57. 知道这份工作会持续很长一段时间。
58. 意识到别人认为自己的工作很重要。
59. 在同一份工作中可以承担不同的工作职能。
60. 能在一个有吸引力的地方工作。
61. 看到工作的成果。
62. 在工作的组织里得到迅速提升。
63. 承担需要胆量和勇气的工作。
64. 将美与和谐带给世界。
65. 照顾贫病人士。
66. 与对手为了同一目标竞争。
67. 开始生产新产品或以新的方式做事。
68. 立刻开始一项工作不会因为学习和准备而耽搁时间。
69. 个人的成就能得到他人的注意。
70. 知道我的管理者以及同事是可敬而诚实的。
71. 和同事密切合作。
72. 不会精疲力竭或者损害健康。
73. 获得能购买奢侈品或者额外物品的收入。
74. 拥有比大多数工作者都长的休假时间。
75. 能在自己的领域里负责。
76. 工作如此投入，以至于注意不到时间的流逝。
77. 对其他人做的工作负责。
78. 是我想成为的那一类型的人。
79. 上班路上没有交通问题。
80. 靠强健的体力和发达的肌肉配合的工作。

81. 不必做我认为是有违道德准则的事情。
82. 大部分时间在户外工作。
83. 更多的是与人打交道而不是与思想或事物打交道。
84. 在工作时打扮得漂亮。
85. 按照别人的指示工作。
86. 被别人称赞和关注。
87. 可以确定留任这份工作。
88. 获得比其他绝大多数工作者更高的地位。
89. 经常面对新问题,遇见新的人,以及面临新的环境。
90. 在一个干净的、有良好照明的地方工作。
91. 因为一项已近完成的工作而获得报酬。
92. 知道自己正向着责任重大和报酬更多的方向前进。
93. 对结果要冒风险或者碰运气。
94. 制作吸引人的东西让人欣赏。
95. 为了提高学生的教育、健康和幸福而教导他们。
96. 同其他人为了荣誉、奖品和红利而竞争。
97. 在艺术、科学、音乐和文学作品中表达新思想。
98. 不必接受成年累月的耗资巨大的教育。
99. 是众人注目的中心。
100. 在工作中每个人都按规章办事。
101. 和工作伙伴们分享我的东西。
102. 避免危险或不安全的处境。
103. 赚很多的钱,能保证生活处在一个较高的水平。
104. 有休闲的时间。
105. 不用别人来管理我的工作。
106. 思考与工作有关的事情,甚至在下班后也一样。
107. 安排、计划及组织别人的活动。
108. 选择我所希望的消费和消磨时间的方式。
109. 在家或家附近工作。
110. 亲手制作东西。
111. 可以达到内心的和谐与思想上的宁静。
112. 不必在室内办公。
113. 大部分时候与他人如客户等接触。

114. 穿着职业服装。

115. 遵循既定的规章。

116. 得到额外的报酬和提升。

117. 即使所在的公司裁员，也可以保有这份工作。

118. 别人会听取我的意见并重视我的观点。

119. 不会一遍又一遍地做重复的事情。

120. 在舒适的环境里工作。

你对“工作价值回顾”里的每个陈述进行评定后，将这 120 个陈述的评定等级填写到“总计分表”里，然后将每行的 4 个得分相加，得出总分(在 0 ~ 16 之间)。

总计分表				总分
1.	31.	61.	91.	ACH
2.	32.	62.	92.	AVA
3.	33.	63.	93.	AVE
4.	34.	64.	94.	AES
5.	35.	65.	95.	ALT
6.	36.	66.	96.	COM
7.	37.	67.	97.	CRE
8.	38.	68.	98.	EAN
9.	39.	69.	99.	EXH
10.	40.	70.	100.	FAI
11.	41.	71.	101.	FRI
12.	42.	72.	102.	HEA
13.	43.	73.	103.	HIN
14.	44.	74.	104.	HLL
15.	45.	75.	105.	IND
16.	46.	76.	106.	INT
17.	47.	77.	107.	LEA
18.	48.	78.	108.	LIF
19.	49.	79.	119.	LOC
20.	50.	80.	110.	MPA

总计分表

				总分
21.	51.	81.	111.	MRC
22.	52.	82.	112.	OUT
23.	53.	83.	113.	PEC
24.	54.	84.	114.	PHA
25.	55.	85.	115.	PRE
26.	56.	86.	116.	REC
27.	57.	87.	117.	SEC
28.	58.	88.	118.	STP
29.	59.	89.	119.	VAR
30.	60.	90.	120.	WEN

ACH = Achievement(成就):可以做出成绩的工作。

AVA = Advancement(晋升):可以晋升到更高级职务的工作。

AVE = Adventure(冒险):令人兴奋、带有冒险性的工作。

AES = Aesthetics(审美):能展现美并带有艺术性的工作。

ALT = Altruism(利他):能体现对他人的关心的工作。

COM = Competition(竞争):为了荣誉和奖励而竞争的工作。

CRE = Creativity(创造性):能够带来创新的工作。

EAN = Early entry(及早进入工作):在一个几乎不需要更多培训的职业里工作。

EXH = Exhibition(展示):可以寻求表现的工作。

FAI = Fairness(公平):众人一视同仁的工作。

FRI = Friendships at work(工作中的友谊):能使我结交朋友并有社交生活的工作。

HEA = Health(健康):能让我保持良好健康的工作。

HIN = High income(高收入):能付给我高薪的工作。

HLL = Home and leisure life(家庭和休闲生活):可以使我有更多的时间与家人在一起的工作,可以追求个人兴趣的工作。

IND = Independence(独立):以自己的方式做事的工作。

INT = Interesting work(有趣的工作):富有挑战性、吸引人并且是我兴趣所在的工作。

LEA = Leadership(领导能力):可以让我领导别人、为别人负责的工作。

LIF = Life style(生活方式):工作使我能按我的方式生活,成为我想成为的人。

LOC = Location of work(工作地点):在一个交通便利、容易到达的地方工作。

MPA = Mechanical and physical(机械或体力工作):可以使用机械或工具、或使用体力和运动技能的工作。

MRC = Moral and religious(对道德和宗教的关注):体现理想、道德观和宗教信仰的工作。

OUT = Outdoor work(户外工作):绝大部分时间在户外工作。

PEC = People contact(与人接触):可以与很多人接触的工作。

PHA = Physical appearance(外表):可以随心所欲着装的工作。

PRE = Predictable work(有章可循的工作):工作有规律,我事先能知道工作大概是个什么样子。

REC = Recognition(尊重):能得到关注和赞赏的工作。

SEC = Security(保障):基本不必担心会丢掉工作。

STP = Status/prestige(地位/威望):能够带来很高的社会地位的工作。

VAR = Variety (多样性):可以从事多种活动的工作。

WEN = Work environment(工作环境):在舒适的或令人愉快的环境下工作。

——资料来源:【美】Robert D. Lock 著《把握你的职业发展方向》

二、测测你的职业兴趣

这份表共 138 个问题,请你如实作答。记分方法是,对题目中列出的事情,你非常喜欢的,记 2 分;比较喜欢的,记 1 分;拿不准的,记 0 分;比较不喜欢的,记 -1 分;非常不喜欢的,记 -2 分。

问题:

1. 你是否喜欢上物理课?

2. 你是否喜欢上数学课?

3. 你是否喜欢上化学课?

4. 你是否喜欢阅读天文学方面的书籍或文章,喜欢与别人一起谈论天文知识?

5. 你是否对饲养动物的经验介绍感兴趣?

6. 你看到报刊上有介绍医生生活与工作的文章，就想好好读一读。
7. 你是否喜欢看农业、植物学和动物学方面的读物？
8. 你是否对森林保护和开发很关心？
9. 你是否拿起世界文学名著就爱不释手？
10. 你是否喜欢看各种报纸、杂志，欣赏收音机和电视中的各种节目？
11. 你是否喜欢上历史课？
12. 剧院、博物馆和艺术展览会对你是否有独特的魅力？
13. 你是否喜欢读地质勘探方面的文艺作品或科普读物？
14. 你是否喜欢阅读有关世界各国的文化、经济、国家制度方面的书籍杂志？
15. 你对公安工作方面的文章是否感兴趣？
16. 你喜欢了解海员（飞行员）的生活与工作情况吗？
17. 先进少先队辅导员和模范老师的事迹，常使你十分感动吗？
18. 你对机床构造和其他工作感兴趣吗？
19. 你喜欢对自己的学习、生活和工作环境作出评价吗？
20. 你对建筑师的事迹感兴趣吗？
21. 你对食品制作和加工有特殊爱好吗？
22. 你是否喜欢阅读有关技术方面的科普读物？
23. 你想知道电子仪器和无线电仪器的构造吗？
24. 你是否喜欢看有关文艺评论的文章？
25. 你是否到处寻找数学方面的科普读物和浅显的论文？
26. 你是否关心新矿藏的发现与研究？
27. 你是否对介绍别的星球情况的广播、电视节目感兴趣？
28. 你是否羡慕用动物做实验的科学家们？
29. 你想了解关于疾病的起因、治疗和病人护理方面的知识吗？
30. 你经常观察花、草、树木和各种庄稼吗？
31. 你想到森林中去旅行、考察吗？
32. 你关心物理方面的新发现吗？
33. 你对国内外发生的大事很敏感，在班里常常第一个谈论这些事情吗？
34. 你是否喜欢阅读历史方面的书？
35. 你是否喜欢欣赏歌剧和交响乐？
36. 你特别关心化学方面的新发现、新成就吗？
37. 你知道地理方面的新发现吗？

38. 当老师不在时，你能主动维持班里学习和生活的正常秩序吗？

39. 你对铁路运输方面的情况感兴趣吗？

40. 你愿意给同学讲解如何解一道难题，如何正确造句等问题吗？

41. 你很想学会使用钳子、扳手、钢锯等工具吗？

42. 你常做有关社会服务方面的笔记、卡片和报刊文章剪贴这类事情吗？

43. 你是否喜欢了解建筑部门的新成就？

44. 你是否对生产生活必需品的工厂感兴趣？

45. 你很想知道现代技术方面的新成就吗？

46. 你是否喜欢看无线电技术方面的科普文章？

47. 你是否常常做一些物理方面的小实验？

48. 你愿意给比自己年龄小的孩子讲故事、读书，带他们玩吗？

49. 你是否一上化学实验课就特别高兴？

50. 你非常羡慕那些能说出每一颗星座的名称、位置的人吗？

51. 集体外出活动时，你愿意为大家安排吃饭、休息等事项吗？

52. 你想学会包扎和抢救伤员吗？

53. 你喜欢养鸡、养兔，种小片庄稼，并精心照料它们吗？

54. 你是否喜欢收集森林中的植物标本？

55. 你是否尝试着写些故事和诗歌？

56. 你是否喜欢观察别人的行为和生活情况，热衷于学校和班级的黑板报工作？

57. 你是否参加或想参加学校历史小组，经常收集有关历史事件的资料？

58. 你是否喜欢收集矿物，积累矿物方面的知识？

59. 你是否喜欢朗诵、唱歌，很想参加学校文工团或演出小组？

60. 你是否对大自然和自己故乡的地理环境很感兴趣？

61. 你是否对犯罪、家庭纠纷、民事诉讼等报道很感兴趣？

62. 你是否爱驾驶摩托车和汽车？

63. 你是否专门爱解复杂的数学题？

64. 你是否喜欢制作各种零件或修理自行车等活？

65. 你是否经常观察动、植物的生长变化？

66. 你对参观建筑工地这类事是否感兴趣？

67. 你是否经常自己动手裁剪衣服，对家里使用的电扇、电熨斗、洗衣机、缝纫机的质量与性能很了解？

68. 你能否自己动手修理自行车、缝纫机、钟表？

69. 你能修理收音机、电视机和简单的电子仪器吗?

70. 如果学校组织物理小组,你一定报名吗?

71. 你愿意协助民警和公安人员维护社会治安吗?

72. 你是否设法在家里搞些化学小实验?

73. 你很想参观天文馆和天文台吗?

74. 你曾积极报名参加生物小组吗?

75. 你很想在猴子、狗等动物身上做些医学实验吗?

76. 你能设计安装收音机和无线电仪器吗?

77. 你喜欢栽培树木,并精心管理它们吗?

78. 你善于查阅字典、辞典和文学资料索引吗?

79. 你善于迅速地把注意力从一件事转到另一件事上去,并把每件事的原委弄得清清楚楚吗?

80. 你特别爱看历史题材的电影和戏剧吗?

81. 你是否喜欢弹奏乐器,爱好绘画、木刻和其他造型艺术?

82. 你是否喜欢收集地质方面的文献、图片?

83. 如果组织地理考察,你将积极报名吗?

84. 你已是或很想成为数学小组成员吗?

85. 你向往当个海员或列车员吗?

86. 你对少先队辅导员工作很感兴趣吗?

87. 你愿意在校办工厂参加劳动吗?

88. 当亲人、朋友、同学要买东西时,你乐于给他们当顾问吗?

89. 你很羡慕建筑设计师的工作吗?

90. 你对生产手表、缝纫机和电视机的工人以及纺织工人十分羡慕吗?

91. 你从小就喜欢制作飞机、滑翔机和舰艇模型吗?

92. 你能说出各种农作物的生长期及其特点吗?

93. 你经常有资格参加物理竞赛吗?

94. 你是否喜欢阅读教育学、心理学、教学经验方面的文章和书籍?

95. 如果你遇到化学难题,哪怕花很长时间也要把它解出来吗?

96. 你对国内外发射的人造天体带回来的科研资料、外星球情况很感兴趣吗?

97. 你是否喜欢做一些动物小实验?

98. 你对人体的解剖生理特点和各器官功能很感兴趣吗?

99. 你想通过实验培育农作物新品种吗?

100. 你想当个伐木工或护林员吗？

101. 你是否喜欢校正别人讲话中的不正确语音和错别字，大量收集各种词汇？

102. 你经常在日记中分析生活中的事件吗？你的文字简练、生动、风趣吗？

103. 你在游览名胜古迹时，常仔细研究那些碑文、古诗吗？

104. 你是否对艺术理论和艺术史很感兴趣？

105. 你能正确说明地球的经纬度对时差的影响吗？

106. 你是否喜欢作艰苦的长途旅行，并对地形地貌很感兴趣？

107. 你羡慕律师和法学工作者的工作吗？

108. 长途汽车司机的工作对你很有吸引力吗？

109. 你常参加各种数学竞赛吗？

110. 你是否认为重工业是最有气魄的行业？

111. 你在日常生活中愿意为人们提供各种帮助吗？

112. 你熊熟练使用锯、斧、凿等木工工具吗？

113. 你是否认为轻工业比重工业更好些？

114. 你能熟练地阅读技术图纸或图表吗？

115. 你会使用精密的电子仪器进行测量和计算吗？

116. 你是否喜欢阅读介绍牛顿、爱因斯坦、普朗克、爱迪生等人的文章、书籍？

117. 如果你听说一件工作需要用数学知识才能完成，你是否马上就会产生兴趣？

118. 你是否愿意并善于同各种人往来？

119. 你是否对有关飞碟和外星球有没有生物的报道十分感兴趣？

120. 你是否喜欢读有关著名生物学家生平事迹的书籍？

121. 你是否愿意参加学校卫生保健小组？

122. 你是否喜欢开拖拉机，操纵农业机械？

123. 你是否关心林业方面的新成就？

124. 你是否对语词和成语的产生感兴趣？

125. 你是否喜欢进行复杂的绘画与设计？

126. 你是否关心其他国家的历史？

127. 你是否经常听音乐，并不止一遍地看同一话剧、歌剧或舞剧？

128. 你是否喜欢阅读有关著名地质学家生活与活动的文章？

129. 你是否喜欢研究地球各大洲的地理概况？

130. 你能对朋友、熟人或文学作品中的人物的行为作出判断吗？

131. 你是否对交通运输工具的发展很关心？

132. 你喜欢孩子，愿意教他们数学知识，培养他们良好的品质吗？

133. 你是否经常研究新的机器设备？

134. 你听说一个任务与化学知识有关，立刻增添了兴趣？

135. 你喜欢动手做一些小型的建筑模型吗？

136. 你对轻工业展览会很感兴趣吗？

137. 你常给学校黑板报、小报和报纸杂志写稿，提出自己的建议吗？

138. 你会看复杂的无线电线路图吗？

记分与评判：

请将每题的记分按下表题号所示顺序相加，得分最高的就是你最喜欢的专业或行业。今后，你可以有意识地朝这个方向努力。

专业	计算方法（将题号得分相加）	得分
物理	(1)+(32)+(47)+(70)+(93)+(116)	
数学	(2)+(25)+(63)+(84)+(109)+(117)	
化学	(3)+(36)+(49)+(72)+(95)+(134)	
天文学	(4)+(27)+(50)+(73)+(96)+(119)	
生物学	(5)+(28)+(65)+(74)+(97)+(120)	
医学	(6)+(29)+(52)+(75)+(98)+(121)	
农业	(7)+(30)+(53)+(92)+(99)+(122)	
林业	(8)+(31)+(54)+(77)+(100)+(123)	
文学	(9)+(24)+(55)+(78)+(101)+(124)	
新闻	(10)+(33)+(56)+(79)+(102)+(137)	
历史	(11)+(34)+(57)+(80)+(103)+(126)	
艺术	(12)+(35)+(59)+(81)+(104)+(127)	
地质	(13)+(26)+(58)+(82)+(106)+(128)	
地理	(14)+(37)+(60)+(83)+(105)+(129)	
法律	(15)+(38)+(61)+(71)+(107)+(130)	

续表

专　业	计算方法(将题号得分相加)	得　分
交通运输	(16)+(39)+(62)+(85)+(108)+(131)	
教　育	(17)+(40)+(48)+(86)+(94)+(132)	
产业工人	(18)+(41)+(64)+(87)+(110)+(133)	
服务行业	(19)+(42)+(51)+(88)+(111)+(118)	
建　筑	(20)+(43)+(66)+(89)+(112)+(135)	
轻工业	(21)+(44)+(67)+(90)+(113)+(136)	
技　术	(22)+(45)+(68)+(91)+(114)+(125)	
电子技术	(23)+(46)+(69)+(76)+(115)+(138)	

三、测测你的职业能力

下面我们选用一套职业能力自评表,让大家对自己的职业能力进行评价。测试分为9组,每组相应测试一项职业能力。该测试的评定标准有五级:强、较强、一般、较弱、弱。每组均有6题,按上述5个等级为各题打分。能力强的打1分,较强的为2分,依次递增,能力弱的打5分。最后,总计各组得分,除以6,可得该组所测职业能力的最后得分。各题能力评定等级为:最后得分为1的,表明该项能力强,随分值增加,依次表明该项能力为较强、一般、较弱、弱。

题目如下:

第一组:语言能力

1. 善于表达自己的观点
2. 阅读速度快,并能抓住中心内容
3. 清楚地向别人解释难懂的概念
4. 对文章中的字、词、段落和篇章的理解和综合能力
5. 掌握词汇量的程度
6. 中学时你的语文成绩

第二组:数理能力

1. 做出精确的测量
2. 解算术应用题的能力
3. 笔算能力

4. 心算能力

5. 使用工具如计算器计算的能力

6. 中学时你的数学成绩

第三组:空间判断能力

1. 美术素描画的水平

2. 画三维度的立体图形的能力

3. 看几何图形的立体感

4. 玩拼图游戏

5. 将盒子展开后对平面图的想象力

6. 中学时你的语文成绩

第四组:察觉细节能力

1. 发现相似图形中的细微差异

2. 识别物体的形状差异

3. 注意到多数人所忽视的物体的细节部分

4. 检查物体的细节

5. 观察图案是否正确

6. 中学时善于找出数学作业的细小错误

第五组:书写能力

1. 快而准确地抄写资料

2. 在阅读中发现错别字

3. 发现计算错误

4. 发现图表中的细小错误

5. 在图书馆很快查找编码卡片

6. 自我控制能力

第六组:运动协调能力

1. 劳动技术课中操作机器一类的活动

2. 玩电子游戏机或瞄准打靶

3. 在广播操中集体的协调灵活性

4. 打球姿势的平衡度

5. 打字比赛或算盘比赛的成绩

6. 闭眼单脚站立的平衡能力

第七组:动手能力

1. 灵巧地使用手工工具如锤子等

2. 灵巧地使用很小的工具如镊子等
3. 弹乐器时手指的灵活度
4. 做小手工艺品的动手能力
5. 很快地削水果
6. 修理、装配、编织、缝补等活动能力

第八组:社会交往能力

1. 善于在陌生的场合发表自己的意见
2. 新场所结交新朋友
3. 口头表达能力
4. 善于与人友好交往并协同工作
5. 善于帮助人
6. 擅长做别人的思想工作

第九组:组织管理能力

1. 善于参加集体活动
2. 在集体活动中能关心他人
3. 动脑筋想出好点子
4. 冷静果断地处理突发事件
5. 组织工作的水平
6. 善于解决同事或同学间的矛盾

四、测测你的气质类型

下面60道题,可以帮助你大致确定自己的气质类型。具体评分标准为:很符合自己情况的记2分,比较符合自己情况的记1分,介于符合与不符合自己情况之间的记0分,比较不符合自己情况的记-1分,完全不符合自己情况的记-2分。

1. 做事力求稳妥,一般不做无把握的事。
2. 遇到可气的事就怒不可遏,想把心里话全说出来才痛快。
3. 宁可一个人干事,不愿很多人在一起。
4. 到一个新环境很快就能适应。
5. 厌恶那些强烈刺激的事情,如尖叫、噪声、危险镜头等。
6. 和人争吵时,总是先发制人,喜欢挑剔别人。
7. 喜欢安静的环境。
8. 善于和人交往。

9. 羡慕那种善于克制自己感情的人。
10. 生活有规律,很少违反作息制度。
11. 在多数情况下情绪是乐观的。
12. 碰到陌生人觉得很拘束。
13. 遇到令人气愤的事,能很好地自我克制。
14. 做事总是举棋不定、优柔寡断。
15. 遇到问题总是举棋不定、优柔寡断。
16. 在人群中从不觉得过分拘束。
17. 情绪高昂时,觉得干什么都有趣;情绪低落时,觉得什么都没有意思。
18. 当注意力集中于一个事物时,别的事很难使自己分心。
19. 理解问题总比别人快。
20. 碰到危险情景,常有一种极度恐怖感。
21. 对学习、工作有很高的热情。
22. 能够很长时间做枯燥、单调的工作。
23. 感兴趣的事干起来劲头十足,否则就不想干。
24. 一点小事就能引起情绪波动。
25. 讨厌那种需要耐心、细致的工作。
26. 与人交往不卑不亢。
27. 喜欢参加热烈的活动。
28. 爱看感情细腻、描写人物内心活动的文学作品。
29. 工作学习时间长了,常感到厌倦。
30. 不喜欢长时间讨论一个问题,愿意实际动手干。
31. 宁愿侃侃而谈,不愿窃窃私语。
32. 别人总是说我闷闷不乐。
33. 理解问题常比别人慢些。
34. 疲倦时只要短暂的休息就能精神抖擞,重新投入工作。
35. 心里有话宁愿自己想,不愿说出来。
36. 认准一个目标就希望尽快实现,不达目的誓不罢休。
37. 学习、工作一段时间后,常比别人更疲倦。
38. 做事有些莽撞,常常不考虑后果。
39. 老师或他人讲授新知识、新技术时,总希望讲得慢些,多重复几遍。
40. 能够很快地忘记那些不愉快的事情。
41. 做作业或完成一件工作总比别人多花时间。

42. 喜欢运动量大的剧烈体育运动，或者喜欢参加各种文艺活动。
43. 不能很快地把注意力从一件事转移到另一件事上去。
44. 接受一个任务后，希望把它迅速解决。
45. 认为墨守成规比冒风险强些。
46. 能够同时注意几件事物。
47. 烦闷时，别人很难使自己高兴起来。
48. 爱看情节起伏跌宕、激动人心的小说。
49. 对工作抱认真严谨、始终如一的态度。
50. 和周围人的关系总是相处不好。
51. 喜欢复习学过的知识，重复做能熟练做的工作。
52. 希望做变化大、花样多的工作。
53. 小时候会背的诗歌，比别人记得清楚。
54. 别人说自己经常"出语伤人"，可自己并不觉得这样。
55. 在体育活动中，常因反应慢而落后。
56. 反应敏捷、头脑机智。
57. 喜欢有条理而不甚麻烦的工作。
58. 兴奋的事常使我失眠。
59. 老师讲新概念，常常听不懂，但是弄懂了以后很难忘记。
60. 假如工作枯燥无味，马上就会情绪低落。

得分记录：

1. 胆汁质

题号：2、6、9、14、17、21、27、31、36、38、42、48、50、54、58

得分：

总分：

2. 多血质

题号：4、8、11、16、19、23、25、29、34、40、44、46、52、56、60

得分：

总分：

3. 黏液质

题号：1、7、10、13、18、22、26、30、33、39、43、45、49、55、57

得分：

总分：

4. 抑郁质

题号:3、5、12、15、20、24、28、32、35、37、41、47、51、53、59

得分:

总分:

记分方法:

A. 如果某一项或两项气质类型的得分超过20分,则为某典型气质。例如,胆汁质项得分超过20,则气质类型为典型的胆汁质;如果黏液质和抑郁质项得分都超过20,则气质类型为典型黏液质—抑郁质混合型。

B. 如果某一项或两项以上气质类型的得分在20分以下、10分以上,其他各项得分较低,则气质类型为该项一般气质。例如,一般多血质、一般胆汁质—多血质混合型。

C. 若气质类型的各项得分都在10分以下,但某项或某几项得分较其余项为高(相差5分以上),则气质类型为略倾向于该项气质(或几项混合)。例如,略偏黏液质型;多血质—胆汁质混合型。

D. 其余类推。

一般来说,正分值越高,表明被试者越具有该项气质的典型特征;反之,分值越低或为负,表明被试者越不具备该项特征。

五、测测你的性格

下面的50道题是有关性格类型的测试。做测试时,注意不要把自己的理想混入其中,不要选择你认为"应该"的选项,而应尽可能客观地把握"现有的"状况,并且还要排除所谓善恶的价值评价。在此前提下,做做下面这些测试吧。

第一组:感情方面

1. 喜怒哀乐等感情的表现

A. 溢于言表　　B. 谨慎、节制

2. 对于愤怒

A. 立即表现出来　　B. 克制、埋藏起来

3. 是否乐观

A. 乐观　　B. 忧郁

4. 是否好胜

A. 好胜,不甘示弱　　B. 怯懦,腼腆

5. 忧郁感

A. 无忧无虑,满不在乎　　B. 经常不安,担心

6. 情绪调动

A. 容易兴奋　　B. 经常保持冷静

7. 忧郁、开朗的变化

A. 较多较快　　B. 较少较慢

8. 是否爽快

A. 做事干脆爽快　　B. 做事拘谨

9. 自寻烦恼,杞人忧天

A. 经常　　B. 很少

10. 耐性方面

A. 动不动就感到绝望　　B. 很有耐心

11. 羞耻心(腼腆、害羞)

A. 弱　　B. 强

第二组:思考方面

12. 思考方法

A. 经常有新想法　　B. 常规性的思考方法

13. 是否很固执

A. 容易接受他人的建议　　B. 固执己见

14. 看待事物的方法

A. 总是先看到事物的正面　　B. 先看到事物的缺陷,批判地看待事物

15. 全盘把握局势

A. 能做到　　B. 目光短浅,只见树木不见森林

16. 逻辑分析

A. 不擅长　　B. 擅长

17. 行动与思考

A. 做事比较鲁莽　　B. 喜欢三思而后行

18. 周密的计划

A. 没有　　B. 有

19. 对于自己的想法

A. 根据情况而变化　　B. 坚持自己的观点,始终如一

20. 头脑

A. 灵活,反应敏捷　　B. 反应较慢

21. 是否进行自我反省

A. 不是　　B. 是

22. 经常空想

A. 有　　B. 没有

第三组:行动方面

23. 实干能力

A. 比较缺乏　　B. 有

24. 毅力、忍耐、韧性

A. 很强　　B. 没有

25. 反应速度

A. 能够很快做出决断　　B. 比较慢

26. 做事态度

A. 粗心大意　　B. 很认真,办事一丝不苟

27. 对一些琐事

A. 非常细心地做好每件事　　B. 马马虎虎

28. 动作

A. 快　　B. 慢

29. 遇见紧急情况

A. 沉着冷静　　B. 慌乱,不知所措

30. 适应能力

A. 能够很快适应新事物、新环境　　B. 需要较长时间来适应

31. 胆量

A. 做事大胆,不畏惧困难　　B. 非常谨慎

32. 对自己所做的事情

A. 很有信心　　B. 缺乏信心

33. 对于自己喜欢或计划要做的事

A. 立即去做　　B. 拖拉,畏首畏尾

34. 工作、娱乐

A. 不确定,随时选择　　B. 容易着迷

第四组:对待别人

35. 交际圈

A. 很广　　B. 窄

36. 交往方式

A. 与很多人的泛泛之交　　B. 交往不多,但都是知己

37. 喜欢一个人待着

A. 喜欢　　B. 不喜欢

38. 与初次见面的人

A. 很容易混熟　　B. 难深交

39. 吐露心声

A. 喜欢向别人吐露心声　　B. 自己闷在心里

40. 观察能力

A. 洞察别人的一举一动　　B. 不管别人感受

41. 公众讲演

A. 擅长、喜欢　　B. 不擅长、胆怯

42. 幽默

A. 喜欢开玩笑　　B. 一本正经,不苟言笑

43. 对于难以启齿的事情

A. 直截了当地说出来　　B. 含糊其辞,拐弯抹角

44. 日常话语

A. 多嘴多舌　　B. 寡言少语

45. 对于别人的怂恿

A. 容易接受　　B. 抗拒心理

46. 乐于助人

A. 是　　B. 不爱多管闲事

47. 当别人命令或指挥自己时

A. 服从　　B. 不服从

48. 责任感

A. 不太强　　B. 很强

49. 妥协性

A. 容易对人做出让步　　B. 从不轻易让步

50. 奉承别人

A. 经常　　B. 很少

得分分析:

统计一下你的选择,选 A 的次数减去选 B 的次数再乘以 4,就是你的向性

指数,指数越高,说明你越趋于外向。

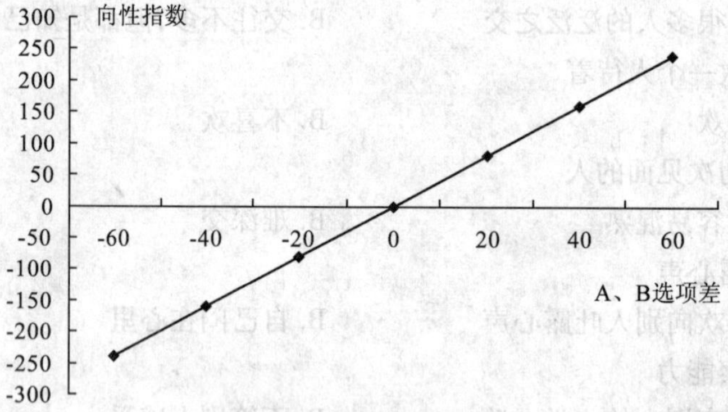

——资料来源:盛乐编著,《心灵密码》,新世界出版社

练习:

进行职业规划时,常常采用的一种方法就是 五"WHAT"归零思考模式,即从"自己是谁"开始,然后一路问下去,共有五个问题。这五个问题是:

What are you?

What do you want?

What can you do?

What can support you?

What you can be in the end?

下面我们对某校的电子专业女生的职业选择和职业目标做一次分析,或许能够启发许多和她一样的同学。

某校女生,学计算机,临近毕业,对自己的职业动向难以选择。就眼下看,计算机属于热门专业,找一份差不多的工作并不难,但由于是女生,就业时肯定不如同班的男生。对教师职业比较喜欢。下面我们不妨和她一起进行一次职业规划,确定其就业方向。

What are you?

◆ 某校计算机专业毕业生;

◆ 优秀学生干部,学习成绩优秀;

◆ 对心理学、管理学的知识感兴趣;

◆ 参加过高校演讲比赛,拿过名次;

◆ 家庭状况一般,既不属于有钱之类,也不是拮据的那种。父母工作稳定,身体健康,暂时还不需要有人特别照顾;

◆ 自己身体健康，性格既不内向也不特别活跃，喜欢安静。

What do you want？

◆ 很想成为一名老师，这是儿时的梦想，自己比较喜欢这一职业；

◆ 也可以成为公司的一名技术人员；

◆ 如果继续读管理方面的高一级的学位，做一名管理人员也是可以接受的。

What can you do？

◆ 做过家教，虽然不是自己的专业，但与孩子交流有天生的优势，当学生成绩进步时很有成就感；

◆ 当过学生干部，与手下人相处比较好，组织过几次有影响的大型活动；

◆ 实习时在公司做过一些技术开发工作，虽然没有大的成就，但感觉还行。

What can support you？

◆ 家里亲戚推荐去一家公司做技术开发；

◆ GRE 考得还可以，已经申请了国外几所高校，但能不能有奖学金还很难说，况且现在签证比较困难；

◆ 去年曾有几家学校来系里招聘教师，但不是当老师，而是要去学校做技术维护，今年不知会不会有学校再来招聘教师；

◆ 有同学开了一家公司，希望自己能够加盟，但自己不了解这家公司的具体业务，也不知道它有多大的发展前途。

What you can be in the end？

我们给该女生做的职业规划有以下四种：

第一种：当老师。自己有这方面的兴趣和理想，有信心成为学生心目中理想的好老师，在知识和能力方面并不欠缺。与师范类专业相比，自己有专业方面的优势，可以让学生了解更多的前沿知识。不足之处是缺乏作为一名教师的基本训练，但这可以逐步提高。

第二种：到公司做技术人员。该职业收入上会好一些，但通过这几年的发展看，这种行业变化很快，得随时更新知识，因而压力较大，更何况信心不足，兴趣也不是很大。

第三种，丢掉专业，去朋友的公司从最基层做起。这一选择风险较大，与自己求稳的心理性格不符，同时在家庭方面也会有阻力。

第四种：如愿考取管理类学校，回国后做一名企业管理人员。这一选择不确定因素较多，自己始终处于被动状态。

单纯从职业发展上看，以上四种选择都有其合理性。就个体而言，第一种选择显然更符合她本人的职业取向。从心理学角度看,选择第一种职业能够使得她得到最大的满足,在工作中也最容易投入,做出一定的成绩后会有很大的成就感。就职业前途看,教师这个职业也日益受到社会的尊重,社会地位呈上升趋势。从性格上看,这种职业也比较符合她的职业取向。主要困难是,她并非师范生,而进入这个职业门槛较高,如果确定自己的最终目标,努力弥补与师范生在职业技巧方面的差距,那么,实现自己的职业理想将为时不远。

第二单元
就业指导

学前测试

请根据你对就业现状及择业准备的了解情况，逐项选出更适合于你的选项，以此来检验你的择业准备情况。下面，请你进入自测空间！

【评价标准】

1. 非常容易　　2. 一知半解　　3. 真的不行

【问题】

1	你能客观地对我国劳动力市场供求状况做出评价	1□　2□　3□
2	你能客观地对我国毕业生就业情况做出评价	1□　2□　3□
3	你了解"十一五"期间，我国产业调整的方向和重点	1□　2□　3□
4	你很清楚自己喜欢的行业在未来十年的发展趋势	1□　2□　3□
5	你知道毕业生收集就业信息的渠道	1□　2□　3□
6	你知道现在哪些专业在劳动力市场上比较紧俏	1□　2□　3□
7	你知道我国几个较大的招聘网站	1□　2□　3□
8	你知道自信心在就业时的重要性	1□　2□　3□
9	你了解先就业、后择业这个观念	1□　2□　3□
10	你知道如何在工作中寻找乐趣	1□　2□　3□

【自我评价】

如果你选的“1”超过了8个,说明你对择业有比较充分的准备,还需要随时关注新信息。

如果你选的“1”在5~8个之间,说明你对本单元话题有一定了解,但要进行系统学习。

如果你选的“1”少于5个,说明你对本单元话题了解得十分有限,需要立即学习。

在以上选项中,你选的“3”超过5项的,将是今后学习的重点。

模块1 做好就业准备

所谓“知己知彼,百战不殆。”在客观评价了自己的价值观、职业兴趣、能力、气质和性格之后,我们还应看清楚整个社会的人才需求情况和就业环境的变动状况,包括国家经济、各地区各行业的发展状况和就业形势。我们必须学会在变动的环境中生活。

小故事,大道理

在一个昏暗的室内鳄鱼池上空,横架着四条同样宽0.3米、长10米的木桥,四名竞逐“最勇敢勇士”的参赛者被要求同时从桥的一边走到另一边。

相对于宽阔的鳄鱼池来说,0.3米宽的木桥在昏暗中摇摇欲坠,更令人胆战心惊的是,木桥下面传来的是一池饥饿的鳄鱼在争斗和咆哮的声音……

四名勇士最终选择了退出比赛。灯光亮起来,他们看到木桥与鳄鱼池之间是一道黑色的安全铁网。在了解了周围环境后,一般人都可以顺利地从桥的一边走到另一边。

在就业前,我们也要问你:你了解了就业环境吗?你准备好就业了吗?你是不是也像在黑暗中摸索前行的人找不着就业的方向呢?的确,有的毕业生从毕业前一年就开始频繁赶场,频频面试,成为当之无愧的“面霸”;屡试屡败,又成了无奈的“拒无霸”;有的人一再推迟就业,考研、考博,甚至有的毕业生干脆闭门不出,回家做“啃老族”……

一、苦练内功,方便就业

很多就业的压力,与其说是“就业困难”,不如说是“就业迷茫”,很多人对自己的未来发展缺乏科学的规划，这往往成为他们面对就业压力时感到手足无措的一个重要原因。

有一个渔村住着甲乙两个船长。有人问甲船长为何要天天出海捕鱼？甲船长一脸无奈地说："为了赚钱讨生活。"但乙船长的回答则不然，他精神抖擞、神采奕奕地说道："我喜欢海，喜欢他的澎湃汹涌，喜欢他的无边无际，出海是我每天最想做的事。"那个人又问乙船长："难道你不是为了养家糊口吗？""不，生活只是附带的，我天天都想捕条大鱼，我喜欢乘风破浪，热爱自我挑战，生活从来不成问题。"乙船长为了捕条大鱼，不仅勤修船、编大网，还时时研究水文，他和他的伙伴们的捕鱼技术越来越好，渔获量愈来愈高，几乎每天都是满载而归，生活的确不成问题。而那无精打采的甲船长，每日愁眉不展，水手们也是士气低落，每日所捕的鱼寥寥无几。有一天，甲、乙船长相约同时出海，硕大无比的鱼出现了。甲船长先看见大鱼，却自知设备不足，怕鱼撞翻了船，只有眼睁睁地任大鱼游走。乙船长准备多时，信心十足地率领士气高昂的水手与大鱼搏斗，经过一番英勇的搏斗，大家齐心协力将大鱼拖回渔村，接受村民英雄式的欢迎。

我们应该像乙船长那样，平时就要苦练基本功，修船、编网、研究水文……这样，当"硕大无比的鱼出现"时，才不至于"眼睁睁地让其游走"。

二、先拿"绿卡"，有备无患

求职就业，不仅要有学历证书，而且要有一个甚至多个职业资格证书，它是我们就业的绿卡和通行证。

在我国，很多行业实行就业准入和职业资格认证制度，为了找到心仪的工作，我们必须提前做好准备。

所谓就业准入，是指根据《劳动法》和《职业教育法》的有关规定，对从事技术复杂、通用性广、涉及国家财产、人民生命安全和消费者利益的职业（工种）的劳动者，必须经过培训，并取得职业资格证书后，方可就业上岗。实行就业准入的职业范围、职业目录和职业资格等级划分等内容由人力资源和社会保障部确定并向社会发布，大家可通过相关网站查阅。

职业资格证书是表明劳动者具有从事某一职业所必备的学识和技能的证明，是我们求职就业或开业的必备条件，是胜任工作岗位职责的标志，是增强就业竞争能力的手段，是用人单位制定工资标准和安排工作的依据，是境外就业办理技能水平公证的有效证件。在毕业前，我们要先拿到职业资格证，做到有备无患。

在银行从事信息技术工作的小张，去年在一家培训学校考到了理财规划师的证书。在此之前,小张虽说每天都要接触林林总总的理财产品,但他对理财的观念一直比较淡薄,没有真正关注过自身的财务状况,多余的钱绝大部分都放在银行里,顶多拿出小部分买买股票和基金。而对于买保险,他非常反感,除了不得不买的车险外,其他的保险产品一概不予理睬。在系统地学习了理财规划的知识后,小张的理财观念发生了彻底的改变。“钱放在银行里,利息太低,几乎是沉睡了,太可惜。”他说,现在物价上涨,钱放在家里不动,就意味着贬值,一定要合理利用,“盘活”资产,起码要让自己的钱不“缩水”。

小张的一个朋友,手上常备1万元的流动资金,以备不时之需。去年秋天,小张觉得这笔钱就这么白白地闲置着太可惜,建议他去买某银行推出的纸黄金,不仅手续费低,变现也快。这位朋友担心买了纸黄金后,应急用的钱就没有了。于是小张又建议他去办了一张可透支1万元、免息期为50天的信用卡,如果遇到生病等临时用钱的急事,先用信用卡“抵挡”着,等资金周转过来后,再赶在免息期内把钱还掉。

这位朋友听了小张的话,以每克170多元的价格买进了1万元的纸黄金。今年年初,纸黄金的价格上涨到每克210多元,小张建议他赶紧抛掉。短短3个月,1万多元就变成了1万2千多元,增值20%。这位朋友对小张非常佩服,也明白了“你不理财,财不理你”的道理。

分析:从最直接的受益看,小张去参加了理财规划师的认证培训,理财观念发生了彻底的改变,不仅仅使自己的财产通过打理获得了很高的回报,也帮助朋友挣了钱。从长远的受益看,小张身处金融行业,有了理财规划师的认证,拓宽了他在这个行业中的就业面,不仅可以做信息技术这个老本行,也可以成为一个优秀的理财规划师。也许在很短的时间内,他会有很多机会被企业请去做理财顾问,甚至可能成立自己的理财事务所,为需要服务的家庭量身定做理财方案。

三、时刻关注就业信息

每个人都渴望找到理想的工作,但是,幸福不会从天降。其实,就像我们在寻找“自己的另一半”一样,用人单位也在通过各种途径寻找自己“心仪”的员工。一般来说,用人单位会通过这么几种途径来发布招聘信息:招聘网站、招聘会、学校的宣讲会、相关报纸杂志、内部员工推荐等。我们要学会通过各种途径,及时、准确地收集用人信息。

第一,网络的作用,越来越大

湖北某大学应届毕业生王斌把自己的就业目标锁定在北京,但是,由于在武汉无法参加北京举办的招聘会,他便在求职网站上投递简历。一个星期后,几个招聘单位给他打来电话,通知他去面试。王斌说,网上求职非常方便,帮他节约了不少找工作的"成本"。

这两年,网上求职已悄然成为人们求职的重要方式之一。不少用人单位和学校都会在网站上发布招聘信息。网上求职的优点是成本低,简历投递方便快捷,比去招聘会挤来挤去节省时间和金钱。但是,网上求职也有不足的地方,比如,不能和招聘人员面对面交流,对招聘单位及招聘信息的真实性难以核实。

在海量网络信息中,我们可以通过以下几种途径来有效收集职位信息:

1. 通过教育部主管的全国大学生就业公共服务立体化平台收集职位信息,网址是http://www.ncss.org.cn。

2. 通过一些比较权威的、全国性的招聘网站,如中华英才网(http://www.chinahr.com)、前程无忧工作网(http://www.51job.com)、智联招聘网(http://www.zhaopin.com)收集信息。

3. 通过学校网站浏览就业信息。

4. 直接登陆你所心仪的单位的网站,查看招聘信息。

在网上求职时,还应注意以下问题:

1. 不要用附件发送简历。由于受计算机病毒的威胁,越来越多的公司要求求职者不要用附件发送简历,因为借电子邮件附件传播病毒会对公司网站安全造成威胁。

2. 发送邮件注意错过高峰期,上网的高峰期一般在中午至午夜,这段时间传递速度缓慢并且容易出现错误信息。另外,还要及时查看邮件是否发送成功。

3. 如果遇到十分中意的单位,在发送简历后一周左右,应打电话确认,并争取面试机会。

第二,传统的招聘会,力量仍然不可小视

据对毕业生的求职调查显示,招聘会在有效的求职方式中排第二位。这些招聘会包括,自己学校及其他学校组织的招聘会,社会上大大小小、各种类型的招聘会,针对毕业生的专场招聘会。

张强是快毕业了,这一阵子,他马不停蹄地穿梭在各种招聘会的现场,几乎"逢会必到",忙得疲惫不堪。最终,他总结出了在招聘会上求职的常识和技巧:

1. 入场前要做好充分的准备,仔细检查简历及相关证件是否带齐,简历的数量是否够用。参会当天要穿着得体,干净利落,精神饱满,并及早进入会场。

2. 进入会场后要迅速浏览参会单位，根据自己的求职意向，找出重点目标，安排好主次。

3. 在目标单位的展位前，不要急于投递简历。最好先当一名旁观者，听一听招聘人员与其他求职者的对话，这样可以尽可能多地了解情况，做到心中有数。

4. 一般来说，参加展会的求职者众多，但是，在条件允许的情况下，应先礼貌地递上自己的简历，等对方浏览完毕，可简单地介绍自己，重点突出自己的优势。也可就企业的情况、岗位的性质等同招聘人员进行简单交谈。

5. 最后，应做好应聘记录。对自己投递简历的公司名称、电话、应聘的职位等做好记录，避免遗忘。有中意的企业，同样应该在一周左右主动联系，争取面试机会。

第三，各种社会关系，非常有效的途径

比尔·盖茨说过："一个人花100%的力量不如靠100个人每人花1%的力量。"每个人都可以通过自己身边的家人、朋友、师长、校友等社会关系，建立一个广泛的就业信息关系网。

通常，一封由熟人推荐的简历会比其他简历更容易受到重视。有些单位内部的人员调整信息也是不对外发布的，通过建立起来的关系网可以得到这些别人不知道的需求信息。

模块2 了解趋势，明确目标

一、世界未来职业发展趋势

根据《美国新闻和世界报道》和国内外关于未来职业发展趋势的调查，随着世界经济、社会文化和科学技术的发展，社会上的行业结构也将发生很大的变化，未来社会对人才需求的情况也会发生重大调整。

《美国新闻和世界报道》的专家对未来社会的职业发展趋势进行了预测，并提出了未来世界的20个主导行业，它们是：执法、法律、信息服务、社会工作、医疗服务、公共事务、金融、技工、电信业、工程技术、科学研究、销售、医学、传媒、教育、咨询业、广告业、艺术/娱乐、工程学等。这项调查是几年前进行的，是对未来美国和发达国家的职业发展趋势进行的预测。

二、我国未来职业发展趋势

国家有关部门对未来 10 年人才需求预测结果表明，今后我国将需要以下 14 类人才：

1. 会计类：多种类型的经济实体不断涌现，社会对会计类人才的需求将会增加，尤其是熟知专业业务和国际事务的会计师将成为热门人才。

2. 法律类：目前我国各类律师奇缺，尤其房地产律师会更受欢迎。

3. 电脑类：从事电脑软件和硬件设计、开发、管理方面的人才将走红，尤其需要电脑程序设计师、网络管理专家。

4. 环保类：工业卫生学者、生物学者将成为急需人才。

5. 咨询服务类：咨询服务将渗透到社会的各个行业，经济、金融、统计、计算机等专业通才将成为抢手货。

6. 保险类：具有保险专业并通晓其他专业知识的索赔估价员将成为热门人才。

7. 老人医学类：老人医学专业人才将走俏，家庭医师、保健医师、家庭护士将成为热门人才。

8. 个人服务类：熟知护理学的家庭服务员需求量将大增。

9. 推销类：我国商业、金融业的繁荣需要一批熟悉业务、思维敏捷、善于公关的推销员，特别需要证券及金融业业务代表及通信设备业务员。

10. 公共关系类：企业家们越来越重视企业自身形象的设计，公关行业必将成为极有前途的一个行业，企业需要高素质的公关人才。

11. 社会工作类：随着人民生活水平的提高，人们对心理健康将会越来越重视，心理治疗医生、家庭或社会现象研究专家将成为热门人才。

12. 中医类：社会将大量需要懂得防病健身的传统医学人才。

13. 旅游业：旅游代理公司将大幅度增加，航空公司、出租公司、客轮公司、旅馆业等行业将需求一批知晓旅游及管理的人才。

14. 人事类：人才市场经理、人才素质测评专家、企业中的人事经理将成为热门人才。

三、明确你的目标

第一，明确你的职业目标

大家都知道，猎豹的奔跑速度达到每小时 70 英里，是所有动物中跑得最快的。但是，你知道猎豹用什么秘籍使得被它们看中的动物几乎都成了它们的口中美餐吗?

这个秘籍就是天下第一的奔跑速度和咬定目标决不放松的韧劲!每到进食时间,猎豹会在一群猎物中挑选一只作为自己猎捕的对象,然后开始追逐。在猎豹奋力追捕猎物时,常会有其他更容易捕捉的动物出现在它的视野中,但猎豹从不会因此改变追捕路线、放弃先前选定的那只猎物。事实上,没有任何东西能使它改变自己的猎捕对象。所以,凭着天下第一的奔跑速度和执著的韧劲,被猎豹看中的动物几乎都成了它们的囊中之物。

正如卡耐基所说的,世界上所有伟大的事物,往往都开始于目标。我们无论做什么事情,都要先确定目标,然后坚持不懈地朝目标努力。

第二,合理分解目标

有了目标,却不一定能实现目标,有时我们常常会半途而废。这不是因为目标难度太大,而是我们觉得成功离我们太远。在设定目标时,我们提倡使用"目标分解法"。

1984 年,在东京国际马拉松邀请赛中,名不见经传的日本选手山田本一出人意料地夺得世界冠军,当记者问他凭什么取得如此惊人的成绩时,他说了这么一句话:凭智慧战胜对手。当时许多人都认为他在故弄玄虚。马拉松是体力和耐力的运动,说用智慧取胜,确实有点勉强。两年后,意大利国际马拉松邀请赛在意大利北部城市米兰举行,山田本一代表日本参加比赛,他又获得了冠军。记者问他成功的经验时,性情木讷、不善言谈的山田本一仍是上次那句让人摸不着头脑的话——用智慧战胜对手。

10 年后,这个谜终于被解开了。山田本一在他的自传中这么说:"每次比赛之前,我都要乘车把比赛的线路仔细地看一遍,并把沿途比较醒目的标志画下来,比如第一个标志是银行,第二个标志是一棵大树,第三个标志是一座红房子,这样一直画到赛程的终点。比赛开始后,我就以百米的速度奋力冲向第一个目标,等到达第一个目标后又以同样的速度向第二个目标冲去。40 多公里的赛程,就被我分解成这么几个小目标轻松地跑完了。起初,我并不懂这样做的道理,一开始,我把我的目标定在 40 多公里处的终点线上,结果我跑到十几公里时就疲惫不堪了,我被前面那段遥远的路给吓倒了。"

实现目标,就像上楼一样,不用梯子直接从 1 楼到 10 楼是绝对蹦不上去的,必须一步一个台阶地走上去。就像山田本一那样将大目标分解为多个易于达到的小目标,每达到一个小目标,他就能体验到"成功的感觉",而这种"感觉"强化了他的自信心,并推动他稳步发掘潜能去达到下一个目标。在现实生活中,我们很多人做事之所以会半途而废,往往不是因为目标难度较大,而是觉得成功离我们较远。确切地说,我们不是因为失败而放弃,而是因为倦怠而失败。在我们每个人的职业生涯中,也应该结合职业生涯的各个阶段确定阶段性目标,然后一步步实现我们最终的理想。

四、确定目标,坚持不懈

有了理想和目标,我们还需要用自愿自觉、坚韧不拔的精神去实现它。

高婷在校读的是文秘大专,刚刚毕业两年多,已经换过四家公司,她说,自己的每份工作都不如意。

毕业时进入了一家事业单位,做行政秘书,每天就是接电话、管理办公用品、订会议室……"在别的同事眼里,我是个打杂伺候人的,这种感觉真没法忍受。"干了不到三个月,她就辞职了。

她又来到一个商贸公司做办公室秘书。高婷以为这回的工作会更商业化一些,也许更有意思。没想到做了几个月,和头一份工作感觉差不多,让她对文秘工作彻底失去了兴趣。

"我的理想是干一份能体现个人价值,并且值得努力奋斗的工作。只有符合自己兴趣的工作才能带来这些,才能证明自己存在的价值,充满激情地不断创造和发展。"

高婷特别羡慕影视作品中那些整天身着职业装、带着笔记本电脑"飞来飞去"的商业女性,渴望自己成为那样的人。"我想,也许我适合干销售?我性格外向,喜欢和人打交道。再说,销售很能锻炼人,如果做好了,就等于迈出了成功的第一步。"

经过努力,高婷终于在一家营销企业做起了销售代表。这家公司的销售业务中,有相当多的内容需要通过电话销售来积累客户,对新手来说更是如此。开始一两周,高婷觉得挺有意思,但时间一长,她又感到了日复一日的枯燥和巨大的压力:"我每天又陷入大量的电话'啃谈'中,说着同样的话,重复着同样的内容,还会被客户拒绝,每打一个电话,都要鼓起相当大的勇气……真让人难受。"

那一阵,每天早上,高婷一睁眼就会想到被拒绝的沮丧感,想想堆积如山的销售任务,让她根本没勇气起床。在连续迟到几天后,高婷再次提出辞职。

高婷后来琢磨,还是先掌握一门技术,然后再向商业领域发展。她用四个月的时间考了 MCSE 认证(微软认证系统工程师),然后通过亲戚介绍,进入当地移动公司做计算机维护人员。机房的工作不忙,可以学到很多计算机专业知识。但高婷依然不满意,因为在机房维护机器,平时接触的就是四五个人,再加上倒班，通常每天只有她一个人上班，跟别人沟通的机会很少，几个月下来，高婷觉得很压抑。

从高婷的倾诉中可以看出，她两年多换了四份工作，每份工作间的衔接毫无逻辑，这是为什么呢？这缘于出现问题时，高婷总归因于对某一个工作没有兴趣。她用变换工作来缓解遇到的压力，结果压力没有得到释放，反而在同一个层面上不断重复着遇到的麻烦。

高婷的"麻烦"诸如文秘工作的琐碎、销售人员的压力、技术工作的枯燥，都使她在工作之初就丧失了工作"兴趣"。殊不知，以上"烦恼"正是各项工作的特点决定的，她接受工作的同时，必须接受工作性质本身决定的工作环境和感受。

没有一种工作是十全十美的，其实，琐碎的工作可以通过高效的管理来熨平，绩效的压力可以增加签单后的喜悦，技术的平淡却能孕育出艺术创造的美感。如果你不为解决问题全力以赴，你永远也找不到自己喜欢的工作。

俞敏洪说过这样一番话："我们每个人都有爬山的经历，如果我们爬一座小山，可以用散步的心情一边欣赏风景一边爬上去，不需要付出太多的努力；但如果我们要爬上泰山或黄山，即使你非常自愿自觉地去爬，也会爬得气喘吁吁、汗流浃背，尽管景色很美，有的人会中途放弃；如果我们要爬珠穆朗玛峰，那就绝对不仅仅是自愿自觉的问题了，这需要我们付出所有的精力、体力、耐力，坚韧不拔的意志和面对绝境的决心，还要做好付出自己生命的准备。

凡是做大事的人，也许刚开始是出于爱好和兴趣，自觉自愿地去做了，但到后来，自觉自愿已经退到其次，坚韧不拔的勇气和意志开始越来越占上风，自己对自己的承诺，别人对自己的期待，使自己不得不努力前进，不断突破自己的局限。"

成功是要付出代价的。不管想在哪一行出人头地，起码要投入五年的时间来做准备。若想出类拔萃，就一定要有全身心投入工作三五年的心理准备。因为，我们要花很长的时间才能培养出足够的专业能力。

模块3　调整好心态

一、先就业，后择业

在选择工作时，公务员、大型企业、知名企业、外资企业一直是我们的首选目标,这就造成了就业难的现实问题。跟风盲从、扎堆外企、实力不够、硬冲死拼,结果大都碰得头破血流。我们选择工作的角度无外乎公司规模、福利待遇、自身发展条件、能够增长技能这几点。对于刚刚毕业的人来说,自己的职业经验还是一片空白,未曾付出,又怎能祈求那么多的回报!

我们就业要有平和的心态,要避免认识误区和心理障碍给就业带来负面影响。要知道,大单位和小单位各有优缺点:在大单位能学到较小单位更规范的操作流程,有更好的福利保障和培训机制,但晋升机会较少,发展也更平稳。在小单位,人才稀缺,我们可以得到较多的锻炼机会。如果看重收入和工作舒适度,就选择去大单位;如果看重下一步的事业发展,不妨考虑去小单位。

在美国,广为流传着这样一个耐人寻味的故事。

一个年轻人来到一家著名的酒店当服务生。这是他人生的第一份工作,因此,他踌躇满志,暗下决心:一定要好好干!不辜负上司的信任!谁知在试用期间,上司竟然安排他洗马桶,而且工作质量要求高得惊人:要求必须把马桶抹得"光洁如新"!他当然明白"光洁如新"的含义是什么,当然更知道自己是不喜欢洗马桶的,"光洁如新"这一高标准的质量要求是无法实现的。每当他拿抹布的手伸向马桶时,胃里立马"造反",翻江倒海,恶心得想呕吐却又呕吐不出来。为此,他心灰意冷、一蹶不振,每天都在思索:"是继续干下去,还是另谋职业?"

就在他心里徘徊的关键时刻,同单位一位前辈及时地出现在他的面前,帮他摆脱了困惑及苦恼。她并没有用空洞的理论去说教,而是言传身教,身体力行,首先,她一遍遍地抹洗着马桶,直到抹洗得光洁如新;然后,她从马桶里盛了一杯水,一饮而尽!丝毫没有勉强。实际行动胜过千言万语,"光洁如新"关键就在于"新",新则不脏,所以新马桶中的水当然是可以喝的。

这件事令他很震惊,也给了他很大的启示,于是他痛下决心:"就算一辈子洗马桶,也要做一名最出色的洗马桶者!"从此,他脱胎换骨成为一个全新的人,他的工作质量也达到了无可挑剔的高水准,当然他也多次喝过马桶里的水。

几十年光阴一晃而过,后来,他成为世界旅馆业大王,他的事业遍布全球,他就是康拉德·N.希尔顿,他建立了享誉全球的希尔顿酒店帝国。

我们要珍惜每一个来之不易的工作机会,要学会"眼高手低"。眼高,就是眼界要高,要有自己的远大目标,但是,手脚要放低,要从最基础、最普通的岗位干起。要知道,人的一生,就是不断选择的过程,第一份工作并不等于一生的工作。

对绝大多数人而言,由于缺乏对岗位的了解,也由于缺乏对自己职业兴趣和职业能力的了解,一次性找到理想的工作并不容易,更不用说那些被看好的行业了。即使是同行业流动,不同企业文化也未必适合每个人。因此,通过在相关或相近行业的锻炼来培养自己多方面的才能和适应能力,也不失为一条值得提倡的成长道路。

二、对自己有信心

罗曼·罗兰曾经说过:"人能在一生中取得成功,亦必只有一个源头,而这个源头唯有自信!"

有个小男孩头戴球帽,手拿球棒和棒球,全副武装地到自家后院。"我是世界上最伟大的打击手,"他自信满满,把球往空中一扔,用力挥棒,但却没有打中。

他毫不气馁,又往空中一扔,大喊一声:"我是最厉害的打击手。"他再次挥棒,可惜又落空了。

他愣了半晌,仔仔细细地将球棒和棒球检查了一番。他站了起来,又试了一次,这次他仍告诉自己:"我是最杰出的打击手。"然而,第三次尝试又失败。

"哇!"他突然跳了起来,"原来我是第一流的投球手!"

自信是一种力量。一个人如果没有自信,就看不到自己的优势,即使身处优越的环境中,也会垂头丧气、心灰意冷,即使还是青春年少,心境也会显得苍老衰弱。正如一位哲人所说,多数情况下,我们不是被对手打倒,而是被自己打倒的。一个人如果充满自信,就更容易发挥长处和潜能,全身心投入,使原本不可能的事变为可能。

如今,就业形势十分严峻,就业面试时的屡屡碰壁,以及初涉职场的种种不适应,都会对我们的自信心构成极大挑战。这时,我们千万不能放弃,而应该信心满满地坚持到底。

乔丹是世界篮坛的风云人物,没成名前,他曾被教练告知:"你身高不够高,所以,即使你球打得再好,以后也不可能进入 NBA,不可能成功,我们决定不要你这个球员。"但乔丹仍是充满自信地说:"教练,我不上场打球,我愿为球员拎行李,愿在球员下场时为他们擦汗。让我在这个球队,与球员一起练球。"就这样,乔丹在自信心的驱动下,不分早晚地拼命苦练,比任何人都努力,最终成就了自己,也为世界篮坛书写了传奇。

一个年轻人对智者说:"老师,我觉得自己什么事也干不好。没有人看重我,我该怎么办?"

智者说:"孩子,我很同情你的遭遇,但不能帮你,因为我必须先处理好自己的问题。"智者停顿了一会儿:"如果你愿意帮我,我就可以很快处理好问题,然后也许就能帮你了。”

“好吧。”年轻人犹豫了一会儿后说。

于是智者坐下来，从手指上脱下一枚戒指交给年轻人：“你到集市上把这枚戒指卖了，因为我需要钱还债。换回的钱越多越好，无论如何不能少于1个金币。”

年轻人到了集市，人们听年轻人说戒指的最低价不能少于1个金币后，所有人都哈哈大笑，说年轻人头脑发昏，有一位慈祥的老太太告诉年轻人他要价太高了。年轻人穿过集市，到处兜售戒指，没人肯出1个金币。年轻人垂头丧气地回来了。他多想自己能有1个金币，这样就可以把钱给智者帮其还债，而智者就可以给他忠告和帮助了。

年轻人说：“老师，对不起，我没能达到你的要求。也许我可以卖到两个或三个银币，但我觉得那不应该是这枚戒指的真正价值。”

“年轻朋友，你说得太对了。”智者笑着说，“你再去一趟珠宝店，没人比珠宝商更清楚它的价值了。你跟珠宝商说我要把戒指卖掉，问他能出多少钱，但不要真卖戒指，问完价格后你再带戒指回来。”

珠宝商仔细看了看戒指后说：“告诉你老师，如果他想卖戒指，我最多可以给他58个金币。”

“58个金币！”年轻人惊呼。“对。”珠宝商说，“如果不着急的话，我可以出70个金币，可是如果你着急脱手……”

年轻人兴奋地跑回去，将发生的一切告诉智者。智者说，“你就像这枚戒指，珍贵、独一无二，只有专家才能真正判定你的价值。你怎能期望生活中随便一个人就能发现你真正的价值呢？”智者说着将戒指套回手上。

其实，我们每个人都是一枚“珍贵”、“独一无二”的戒指，都在等着一个能够体现自己真正价值的机会。“彼人也，予人也，彼能是，而我乃能不是”是我们每个人都应具备的自信和“霸气”。从现在开始，以自己的辛勤付出，以无可辩驳的实力、令人称道的才能，来充盈你的人格魅力，成就你的事业，发挥你的聪明才智，凸显你的非凡作为。

三、乐在其中

美国医药界的翘楚，现在是世界上排名前五位的最大制药厂商的老板查理·华葛林，原来开设一家规模很小的西药房，同样有着一般人的想法：埋怨自己的职业，感到工作无趣。

他曾问自己：“我能舍弃这种生涯吗？我能在我的职业中施展我的才能

吗？”想了又想，他终于下定决心，要把枯燥的工作当作有趣的游戏。他是怎么做到的呢？例如，有人打电话订货，他会一面接电话，一面举手招呼伙计立刻把货品送去。

有一天，电话来了，他大声说：“好，郝斯福夫人，两瓶消毒药水，1/4 磅消毒棉花，还要别的吗？啊，今天天气真好，还有……”

他不时地讨好顾客，同时指挥伙计把货物取齐后马上送去，而伙计经过他的训练，很快就能处理妥当，在接电话的 1 分钟内，货物已经送到郝斯福夫人家的门口了，而此时的华葛林仍然和郝斯福夫人继续谈着话，直到郝斯福夫人说：“门铃响了，华葛林先生，再见。”

于是，他放下电话听筒，面露喜色，因为知道货物已经送到。

事后，郝斯福夫人常对别人说起这件事，她订货的电话尚未打完，物品就已经送来了。由于她无意中的传播，附近的居民都来华葛林的药房订货，这些居民最后都成了他药房中的忠实顾客。从此以后，华葛林的药房从一间小小的药房慢慢扩充为公司，然后成立了制药厂，在各地开设了连锁店。

华葛林的成功，不在于工作本身，而是他面对工作的态度，正因为他懂得转换工作的心情，把原本枯燥乏味的工作当成有趣的游戏，自然可以做得轻松愉快。

在日常生活中，我们常常会放大别人的幸福，同时夸大自己的不幸。在工作中也一样，做一行怨一行是很多人的通病，我们总是看到别人工作中光鲜的一面、成功的一面，而看不到别人默默奋斗、承受巨大压力的另一面。其实，每份工作都是个辛苦的差事，如果抱着为工作而工作的想法，谁都不能从工作中找到兴趣，只会愈做愈累。

我们每天勤奋工作是为了什么？其实，除了赚取温饱外，最重要的是从工作中获得乐趣，这样活着才不会失去生命的意义。人生最大的生存价值，便是乐在工作中，如果能将工作升华为有趣的游戏，相信我们每时每刻都能感受到工作的喜悦。

乐在工作中，从工作中找到满足感，人生绝对是快乐百分百！

第三单元
求职面试技巧

模块1 准备求职面试资料

一、准备简历

第一,不要小看了简历的作用

《新华词典》上这样说,简历是"求职者生活、学习、工作、经历、成绩的概括"。在实际运用中,简历的意义不仅仅是这么简单。

简历的第一个作用是盘点"个人资产"。如果不盘点自己的资产,你就不会知道自己是贫穷还是富有,也就搞不清楚自己的优点和缺点。在你将简历递交给招聘单位人力资源部门的时候,就是将你的"优质资产"(优点、特长、价值)通过纸面的形式呈现给了招聘决策者。不过,在盘点"个人资产"时要注意,所谓盘点,就是要全面清点,就像搬家的时候,应该把所有物品打包一样,而不是只把自己认为最值钱的东西搬走了事,接下来要做的,就是针对不同职位的要求,有针对性地将你的"优质资产"放到你的简历里面。

简历的第二个作用就是大家耳熟能详的敲门砖作用。因为你到任何一个企业应聘,要做的第一件事情就是投递简历,简历也就成了企业了解你的第一个途径,适度引起企业对你的关注就算求职成功了一半。就好像我们走在森林里,一定不会对每一棵树都注意,而只会去注意那些有特点的树木。简历也一样,一份好的简历,可以在众多求职简历中脱颖而出,给招聘人员留下深刻的印象,你获得面试的机会也就大大增加了。

什么样的"敲门砖"能敲开求职的门

曾经一封10万字的求职简历轰动了人才市场,2002级扬州大学经济学院经济学专业的大学生段福银在参加了南京的一场大型人才招聘会,面对人山人海的求职场面后,就告诉自己,要另辟途径,有所创新。他认为仅凭两三页纸的薄薄简历难以让企业全面了解一个大学生真实、全面的水平,于是决定撰写一本中国最厚的简历书,并以此向未来的东家完整体现自己的大学历程。在段福银的简历书前言里,他说:"我以实录的形式,将我和我的团队的奋斗轨迹及成长之路撰写成书。如今,我以简历的形式展现出来,献给我的大学、我的父母、我的朋友和曾经跟随我一起战斗的团队。当然,还有我即将跨入的企业。"

10 万字的简历写作历时 100 天。全"书"分为四章:在第一章,叙述了他获得中国大学生社团风云人物称号的那段历程;在第二章,他重点呈现了自己进入社团后直到担任社团联合会主席期间的奋斗故事;在第三章,他写了自己从入大学到入校社团之前的生活;在最后一章,他附上了在大学期间撰写的部分文学作品。"我相信优秀的企业家能够透过这十余万的文字看到其中蕴含的思想,我也坚信自己能够找到这么一位心怀天下的企业家。"段福银说,一旦情投意合,将把这份 10 万字的简历书打印稿赠送给这位企业家。

分析:试想一下,如果你是企业的招聘人员,你收到这样的简历会怎么想。段福银的故事在网上流传甚广,去搜索一下会发现有很多的评论。这些评论多分为两类:一种评论认为,没有时间看这么长的简历,这类简历多是在作秀,企业是最讲实效的地方,不能作秀。另外,简历就是简要经历,能写书不能说明能干得了所应聘的岗位。简历是求职的敲门砖,敲门砖要轻重合适才能抡得起来,如果重得都抡不动了,就没有意义了。另一种评论则认为,这种简历形式新颖独到,因为有实力才会有这样的勇气。这样的简历充分表明,这名学生的 4 年学校生活是充实的 4 年、丰富的 4 年,而且,10 万字的简历表明了该学生具有一定的能力,是值得培养的人才。这两种截然不同的评论我们很难说谁对谁错,我们要说的是,为什么同样一份简历会让不同的企业有如此不同的评论呢,答案很简单,企业的需求不一样,岗位的要求也不一样。你的简历能否匹配你所应聘的岗位,你的简历能否吸引筛选简历的招聘人员,这是简历好坏的标准——字数的多少并不是关键!

第二,你会写简历吗

1. 简历要尽量简明。简历并不是写得越长越多就越好(不包括案例中段福银那种极端的简历)。招聘人员平均在每份简历上花费 1.4 分钟,约 84 秒的时间,而前 15 秒的直观感受至关重要。通常,招聘人员拿到一份简历时,会首先阅读的是工作经验,其次看个人评价和所参加的培训等,总体阅读量不会超过 1 页材料。过长的简历毫无作用,而且不容易突出重点。简历中的经历描述用简练的语言写清关键点即可。

2. 简历要实事求是，弄虚作假是最要不得的。为了让简历引起招聘人员的注意，有些人通常会把自己的经历写得天花乱坠，把张三李四的“丰功伟绩”都写在自己的简历上，有的甚至提供虚假信息，编造工作经历。这些简历看上去很漂亮、很引人注目，但却经不住仔细推敲，往往会在一些编造的细节上露出马脚，反而给招聘人员留下极不好的印象。

3. 简历的用词不要带过多的感情色彩。例如“我认为”、“我觉得”这类带有个人情感的语句，与所要应聘的岗位无关，还是少说为妙，因为你不知道招聘人员有什么样的偏好，如果你的“认为”和“觉得”跟招聘人员不一致的话，很有可能会丢掉一个面试的机会。

4. 简历中对自己优势的描写应更多体现对具体技能的描写。例如：说明自己的英语口语能力很强时，可写“英语口语流利”，而非“有高级英语口语等级证书”，这样给招聘人员的感觉更直接，并且对技能的体现也更为真实。

二、准备求职信

第一，求职信的作用也不可小视

求职信是应聘者主动表达自己对某份工作热爱之情的一种方式。如果说，简历是被动出示的一种求职必备文件，那么，求职信就是主动的、附带的、能够争取面谈机会的一种半正式沟通文件。用心写好求职信，能起到意想不到的效果，它可以很直接地引导招聘方关注你的个人能力。

大部分人的求职信容易千篇一律，如果你的求职信与众不同，一定能让阅览者眼前一亮。书写求职信时，一定不要使用那些可有可无的、空洞无力的公式化的语句，那样会让招聘人员感到厌烦。假如你觉得没什么好写，干脆就不写，因为并不是大家的简历后面都要附一封求职信。在求职信里，要强调你获得聘用机会的三四个主要优势，这些优势都要在简历中找到事实依据。

第二，你会写求职信吗

1. 求职信要简明扼要。写求职信忌讳洋洋洒洒一大篇，因为你不能确定招聘者是文学爱好者或者阅读专家。招聘的目的是要挑一些符合工作要求的应聘者参加下一步的面试，要在短时间内通过求职信对应聘者有个大概了解。

2. 切忌求职信简单重复简历内容。如果单纯重复简历内容，写求职信就毫无意义了。一份好的求职信能体现你清晰的思路和良好的表达能力，能反映你的沟通能力和性格特征，能激发招聘者去阅读你的简历的兴趣。

3. 求职信不能太虚伪。很多求职信要么充满对应聘公司的赞美之词，要么充满对自己的夸大表扬之词,这么做,只能给招聘者留下不诚恳或者自大的印象。正确的做法是,适当提及应聘企业的名声、业绩,让招聘者知道你很愿意在他们的单位服务。

4. 求职信范本

×××公司:

您好!

我是×××学校学生,将在今年7月毕业,专业是×××。在考虑职业生涯发展的时候,我注意到了贵公司的招聘信息。在投递简历之前,我通过大众媒体(互联网)对贵公司的背景、业绩和发展规划进行了一定了解(可以简要描述一下了解的情况),感觉贵公司是一个好的平台。简历中是我的个人基本情况,我在×××方面的技能(特长、经验)是贵公司招聘要求中提到的,我想我能够为贵公司创造价值。

非常感谢您能在百忙之中阅读我的简历,如果您发现我符合贵公司的岗位要求,请与我联络(写上联系方式),再次感谢!

模块2　求职面试心理攻略

一、面试从接到通知开始

现在,越来越多的企业通过面试考察应聘人员的人品,那些举止得体者往往能够获得考官的青睐。面试,是求职者择业的关键环节,与做任何事情一样,面试时,失败永远比成功来得简单、容易。30分钟的面试,要做30小时到300小时的准备都不为过。

实际上,从接到面试通知的电话开始,面试的帷幕就已经拉开。我们千万不要小看了这前移的关口,你在电话里的言谈举止是否得体,将会给对方留下至关重要的印象。

接到电话,首先要问好。得知获得面试机会时,尽量保持镇静,不要过于激动甚至大喊大叫,而要平和地致谢。接听要认真,最好不用对方重复就能牢记面试的时间、地点、方式及要求。边听边记,然后提出自己想了解的相关问题,准确记住来电人名字、电话号码和地址。再次表示感谢,等对方挂断电话后再挂机。

王小姐是某IT公司的人力资源部招聘经理,现阶段,公司为了扩大市场占有率，急需招聘一批销售人员。因为公司在业内的名气挺大，所以应聘的人络绎不绝，即使初步筛选简历后，每天还有20多个待面试的应聘者。为了提高效率，更快、更准确地找到公司需要的人才，王小姐决定在面试通知环节里增加一项对应聘者的考核内容，就是电话通知时故意不告知公司地址，以便考察应聘者处理问题的能力与沟通能力。对于销售人员来说，了解客户的情况，合理使用与客户顺畅沟通的语言技巧是非常重要的。

分析：公司地址是应聘者需要知道的重要信息之一，否则面试是无法完成的。对于销售人员来说，对客户的基本情况了解与否是能否卖出东西的关键，连客户的基本情况都不知道，又怎能推销适用产品呢？但是，客户的情况往往需要销售人员自己去挖掘，当信息不明时，就要想办法了解。了解信息的过程也是销售人员展现沟通能力的过程。如果连面试的地址都不知道就挂断电话，这样的人肯定不会被录用。当发现信息缺失再打电话问，虽然能获得所需信息，但是，你的第一项考评就已经不及格了。如果发现对方没有告知面试地址，询问的措词和语气不同，结果势必不同。“请问您，贵公司的地址是？”和“你忘了告诉我面试地点了。”这两种说法给人的感觉肯定不一样，这就是沟通的技巧。

二、克服面试的心理障碍

第一，克服怯场的心理

面试之前，人们都会有程度不同的紧张心理。首先，有这种紧张心理是正常现象，完全不奇怪，我们不需要有任何顾虑；其次，要想办法克服这种紧张心理，因为它会影响你在面试中的正常发挥。克服这种心理障碍要注意以下几点：

1. 要保持平常心。要知道，自己紧张的时候，同时也是其他人紧张的时候，所以，有什么好顾虑的呢。如果能想到这些，紧张的心情就可以平静下来。面试前，如果准备得很充分，就可以适当调节自己的心情，或看看书，或听听音乐。面试时，还要进行积极的自我暗示，提醒自己镇静、放松，把面对的考官当作熟人来看待。

2. 不要把面试的成败看得太重。面试中，要把注意力集中在谈话和回答问题上，不要老是想着“如果失败了怎么办”这样的问题。要想到：这次不行，还有下次机会；如果这个单位不聘用自己，还有其他单位在等着自己；即便求职不成，自己并没有失去什么，相反得到了锻炼，取得了面试的经验。

3. 不要把考官看得过于神秘。并非所有的考官都是知识渊博、洞察一切的。应该认识到,每个人都有自己的所长和所短,紧张时,心里可以这样想:我求职是求你,你招聘是求我,所以每个人都不能因为有求于人而自卑或感到低人一等,也能不因为被人求就趾高气扬。如果能够经常坚持这样思考问题,就会使心理有一种平衡感,从而减轻畏惧心理。

4. 保持愉快的心理。保持愉快的心理不仅能让自己减轻压力、消除紧张,而且在客观上会产生一种积极的心理暗示,让其他人对自己产生和形成良好的印象。

第二,克服自卑的心理

自卑感往往产生在自我表现的过程中,要克服自卑感还必须学会恰如其分地表露自己的才能。专家们建议,自卑感强的人,不妨多做些把握较大的事情,因为任何成功都会增加人的自信。循序渐进地锻炼自己的自我表现能力,是克服自卑的根本途径。比如学会如何平静地与人交谈,如何接近陌生人,如何同别人握手寒暄,如何进行开场白,如何使谈话继续和终止等。

参加面试的人都有或强或弱的自我意识和自尊心,他们会较多地考虑自己的社会地位和未来的发展,注意别人对自己的评价。当他们发现自己的某些缺点,特别是求职面试受到挫折后,为了维护自尊心,就会在面试中采取退避三舍的态度,表现出一种自卑的倾向。

如果你在求职面试过程中感到信心不足,在日常交往活动中不妨试着从以下几方面来强化自己的自信心,为成功的面试做准备。

1. 在陌生人面前,你不了解对方,对方也不了解你,这时,要充分意识到自己的有利条件,不可妄自菲薄。

2. 保持与对方谈话中的沉默间隔,不要急不可待,这样会使你有更多的思考时间,也会使对方感到你是一位充满自信的人。

3. 如果对方声音大过你,你可以突然把声音变轻,这种音量差会给对方造成心理压力,使对方更想细心地听你说。

4. 盯住对方的眼睛讲话,如果对方回避你的目光,说明你比他坚强。

5. 经常强化这个意识:人各有长短,每个人都有求于人或被人所求,不能为有求于别人就感到自己低人一头,也不能因为被人所求而趾高气扬。

一般说来,缺乏自信的人,多是性格内向、勤于反思而又敏感多疑的人。他们的自尊心很强,但又不懂得如何积极地获取自尊,而是采取消极退避的方式以保护自尊。正是为了追求一种不使自尊心受到伤害的安全感,为了不在别人面前暴露自己的弱点,于是不敢坦率地介绍自己,不敢大胆地推销自己。他们唯恐别人瞧不起自己,实际上,正是由于自己低估了自己,才使别人对自己产生轻视态度的。在面试过程中，所有求职者都希望给对方留下好印象，可又总是怀疑自己的能力，不相信自己能够做到，仿佛自己的一举一动都是在公众面前演出，所以只要在陌生人面前，便会产生不知所措的惊慌，表现为脸红、低头、干笑、出冷汗等，有的人还会喉头颤抖、发音吐字不清，甚至突然失音、全身发软等。这些缺乏自信的表现，往往会给对方缺乏生气、能力低下、适应性差的感觉，从而导致面试失败。

面试时，信心很重要

小芬是个腼腆的女孩，每次应聘，一见了面试官，她就非常紧张，连手脚往哪儿放都不知道，头不敢抬，眼睛也不敢看人，低着头坐着等过关，本来心里很清楚的问题，脑子里一片空白，面试结果可想而知。小芬越是这样，就越是严重影响下次面试的心态，产生自卑心理，形成恶性循环，慢慢失去了信心。

问题：小芬的问题是心理问题。小芬因为一次或两次的面试失败而导致心态不佳，处于自卑畏怯、信心不足的状态，从而导致以后的面试失败。

分析：在激烈的择业竞争中，缺乏信心是成功的大敌。其实，我们心理上最大的障碍是自己，阻碍成功的最大敌人也是自己。要让自己有信心，最好的办法是把自己的优点集合起来，一一列举，形成一个优势。面试前，写下要说的重点，然后进行场景训练。

在阐述自己的优势时，不要不好意思，过分谦虚是不能展现自己自信的一面的。同时，勇气很重要，要敢于拉下面子，想尽办法去争取工作机会。职业的选择往往也是对机遇的一种把握，错过机遇，你将会与成功擦肩而过。

第三，克服盲目自满的心理

有些应试者看社会过于理想化，不能正确估价自己，常常对自己期望过高。在面试过程中，这类应试者表现出居功自傲、盛气凌人、目空一切、舍我其谁的态势。这些应试者一般个性鲜明，或某方面有专长，或过去多受奖励。克服期望过高的办法是，有意识地参与社会生活，拉近自己与现实生活的距离，提高自己的自我评价能力与适应社会的能力。

【课后小测试】

过度的焦虑状态可以从三个方面来诊断：不良的情绪反应，如紧张恐惧、心烦意乱、喜怒无常、无精打采等；不良的生理反应，如肠胃不适、原因不明的腹泻、多汗、尿频、头痛、失眠等；不良的智力反应，如记忆力减退、注意力不集中、思维迟钝、学习效率下降等。下面这些题目可以帮助面试者对自己面试前的焦虑状态有个确切的判断。

【评价标准】

1. 非常符合　2. 比较符合　3. 不太符合　4. 很不符合

【测试内容】

1	面试还有好几天,我就已经坐立不安了	1□　2□　3□　4□
2	临近面试时,我会拉肚子	1□　2□　3□　4□
3	一想到面试即将来临,我的身体就会发僵	1□　2□　3□　4□
4	面试前,我总感到苦恼	1□　2□　3□　4□
5	面试前,我感到烦躁,脾气也变坏	1□　2□　3□　4□
6	面试前,我常会想到:“面试如果通不过怎么办”	1□　2□　3□　4□
7	面试一天天逼近,我的注意力越来越难以集中	1□　2□　3□　4□
8	一想到马上就要面试了,参加任何活动我都觉得没劲	1□　2□　3□　4□
9	面试前我常常预感到“这次要糟”	1□　2□　3□　4□
10	面试前我常做关于面试的梦	1□　2□　3□　4□
11	面试前我上厕所的次数增多	1□　2□　3□　4□
12	面试前我常常感到头痛	1□　2□　3□　4□
13	我担心如果我通不过面试,会有人瞧不起我	1□　2□　3□　4□
14	面试是一种让我厌烦的人才考察方式	1□　2□　3□　4□
15	如果面试结果不关系到我的未来,我会喜欢它的	1□　2□　3□　4□

【自我评价】

请认真阅读每一题,如题中所述与自己情况相符,则选择“1”,计3分;选择“2”,计2分;选择“3”,计1分;选择“4”,计0分。

如果你得分在0~11分之间,说明你很镇定,你能以较放松的心态来面对面试。

如果你得分在12~24分之间，说明你有轻度的焦虑，面对面试，你可能有点惶恐不安，但这是正常的，请记住，轻度焦虑会有助于你在面试中发挥水平。

如果你得分在25~36分之间，说明你的焦虑感有些高，对于即将到来的面试，你过于激动，如不采取有效措施，在面试中，你将难以发挥出正常的水平。

如果你得分在37分以上，就说明你已经患上"面试焦虑症"，对于面试有着莫名其妙的恐惧感，在面试中，你往往会严重"怯场"，你必须采取措施扭转这种局面。

模块3　求职面试技巧准备

一、面试谨记

第一，有时间观念

守时是遵守职业道德的一个基本要求，面试时，既不能提前太多时间到达，更不能迟到。一般来说，提前10~15分钟到达面试地点效果最佳，这样可熟悉一下环境，稳定一下心神。如果面试迟到，不管你有什么理由，都会被视为缺乏自我管理能力，并将给面试者留下非常不好的印象。

记住了，守时，是面试开始前的第一道题。

如果路程较远，或不熟悉行车路线，或怕堵车，宁可早点儿出门。但早到后不宜提早进入面试地点，否则，聘用者很可能因为手头的事情没处理完而觉得很不方便。外企的老板往往是说几点就是几点，一般绝不提前。当然，如果事先通知了许多人来面试，早到者可提早面试或是在空闲的会议室等候，那就另当别论。

住的地方离面试地点较远，地理位置比较复杂的，不妨先跑一趟，熟悉一下交通线路、地形，甚至事先搞清洗手间的位置，有备无患。

第二，第一形象很重要

到了办公区，最好径直到面试点，而不要四处溜达。

走进办公区，先将口香糖和香烟等物收起来。

坚决不要开手机，避免面试时造成尴尬局面，同时也分散你的精力，影响你的面试。

面试公司若有前台，则开门见山说明来意，经指导到指定区域等候；若无前台,则找工作人员询问。询问时要注意用语文明,开始的“您好”和被指导后的“谢谢”是必说的。

不要驻足观看工作人员工作,或对工作人员所讨论的事情或接听的电话发表意见或评论,以免给人肤浅、嘴快的印象。

进入面试办公室后应有礼貌地说声“打扰了”,然后向室内考官表明来意,绝不可贸然闯入。

第三,等待面试时的表现不容忽视

到公司前台,要说明来意,并报上自己的名字。

到达面试地点后应在等候区耐心等候,并保持坐姿端庄。一些小企业没有等候区,就在面试办公室的门外等候。

为尽快进入实质性面试阶段,有的单位准备了公司的介绍材料,应仔细阅读而不要拿在手中把玩。

等候时,不要来回走动,或左顾右盼,也不要与别的接受面试者聊天。

恰巧遇到朋友或熟人,不能旁若无人地大声说话或笑闹。

等候时,不能吃口香糖,打手机或抽烟。

第四,与面试官的第一个照面起决定性作用

首先要把握进屋时机,如果没有人通知,即使前面的人已经结束面试,也应该在门外耐心等待,不要擅自进入。

喊到自己的名字时,要有力地答一声“是”,然后敲门进入。敲门时千万不可太用劲,以里面能听得见为度,敲两三下是较为标准的。听到里面说“请进”后,再进入房间。开门、关门动作要轻。对面试者要彬彬有礼、大方得体,不要过分殷勤、拘谨或过分谦让。

另外,专业化的握手也非常重要。通过握手,要向对方传递你的自信这一重要信息。专业化的握手能创造出平等、信任的和谐氛围,使人感到你能够胜任而且愿意做任何工作,这是创造好的第一印象的最佳途径。

怎样握手?握多长时间?这些内容在前面有关章节都有详细介绍,请认真学习。

第五,面试过程中的形体语言体现你的素养

形体语言对面试成败非常关键,有时一个眼神或者一个手势都会影响到整体评分。这里介绍几个细节可以帮助你在面试中展现更好的状态。

1. 学会用眼神交流。对面试官应全神贯注,目光始终聚焦在面试人员身上,在不言之中,展现出自信及对对方的尊重。正确做法是:礼貌地正视对方,注视的部位最好是考官的鼻眼三角区(社交区);目光平和而有神,专注而不呆板;如果有几个面试官在场,说话的时候要适当用目光扫视一下其他人,以示尊重;回答问题前,可以把视线投在对方背面墙上,约两三秒钟做思考,不宜过长,开口回答问题时,应该把视线收回来。

2. 学会微笑。微笑的表情有亲和力,微笑也是自信的表现,能为你消除紧张。面带微笑会缩短与面试官的距离,会百分百提高你的外在形象,改善你与面试官的关系。赏心悦目的面部表情,应聘的成功率远高于那些目不斜视、笑不露齿的人。听对方说话时,要适时点头,表示自己听明白了或正在注意听,同时也要不时面带微笑,一切做得大方自然。

3. 适度恰当的手势帮助你表情达意。沟通很投机时,可适当配合一些手势,以突出对某个问题的重视,但不要频繁耸肩,手舞足蹈。有些求职者由于紧张,不知道双手该放哪儿,或由于过度兴奋,侃侃而谈时舞动双手,这些都不可取。

二、面试危机与化解技巧

在面试这种重要而又紧张的场合,令人尴尬的情况时常出现,应聘者若不能镇静自如、沉着应对,往往会影响自己的整个表现,甚至因而前功尽弃,导致面试失败。所以,预先了解一下面试过程中可能出现的几种尴尬场面,准备好应对办法,未雨绸缪,对于你面试成功大有裨益。

第一,没听清楚或者没听明白面试官提出的问题

在面试过程中,如果没有听清楚或者不明白面试官想问的问题,可以请求对方重复一次。可是,有时即使再问一次,还是没办法抓住问题的核心,这时该怎么办?是胡乱猜测、信口开河呢,还是态度诚恳地化解危机呢?出现这种情况,原因有多方面,可能是因为应聘者对问题涉及的领域认识不够,也可能是因为招聘者对问题组织得不好,或者讲得太简单、太急速。假如明知招聘者问得不妥当,也不该当面指出"您的问题很模糊,我不知道您想问什么",而应该婉转地表达自己的意思,比如说,"您想知道的是不是这个……",这样的表达更易于让人接受。

第二,不小心说错了话

人在紧张的场合最容易讲错话,例如明明申请的是甲单位的职位,却把对方误说成是乙单位,或在称呼主考官时把他们的姓名、职务等张冠李戴。

碰到这种情况,经验不足的应聘者往往懊悔万分,心慌意乱,表现越来越糟糕。有些人发觉自己说错话后会停下来不说话或伸舌头,这些都是不成熟、不庄重的表现。最合理的应对办法是保持镇静,假如说错的话无碍大局,也没有得罪人,可以若无其事,专心继续应对,切不可耿耿于怀,因为一个单位不会因为一次小错误而放过合适的人才,而且招聘者也会谅解你因心情紧张而出的错。假如说错的话比较重要,或者会得罪别人,应该在合适的时间更正并道歉,比如说:"对不起,刚才我紧张了一点,好像讲错了话,我的意思是……请原谅。"出错之后弥补自己的过失需要很大的勇气和技巧,招聘者通常会欣赏应试者的坦白和打圆场的高明手法,你说不定还会因此博得好感。

第三,面试者沉默不语

面试者可能故意不说话,做长时间的沉默,这往往是想考验应试者的反应。许多应试者没有准备,因而不知所措,说出些不该说的话。应对这种情况的一个好办法是预先准备一些合适的话题或问题,在这个时候提出来,也可以顺着先前谈话的内容,继续谈下去,比如,"刚才您问我……其实我觉得还可以这样看这件事"或者"还有什么关于我过去的工作经验或是能力方面的问题,是您想让我详细一点说明的呢?"

第四,遇到不懂的问题

即使你对有关的科目、事务、学问有相当认识,仍然会在面试过程中碰到不会回答的问题。硬着头皮乱说一通,掩饰自己的无知,这是下策,因为资深的招聘者很可能继续追问下去,结果只能是出尽洋相;招聘者即使不追问,也可能心中有数。还有些应聘者企图回避问题,东拉西扯讲别的事情企图蒙混过关,这也是非常不明智的。最明智的应对措施是坦白承认:"对于这个问题,我还认识不够,看来今后得加强这方面的学习。"没有人全知全能,什么都精通,你态度诚恳,反而会博得主考官的好感。当然,你也不要轻易跟招聘者说"我不知道"或者"我不懂",而要用委婉的方式表达。

第五,问题涉及个人隐私

现在,用人单位越来越关心应聘者的私人生活,从家庭出身到有没有谈恋爱,让应聘者颇感尴尬。很多应届毕业生在求职面试时也都会遇到一个非常私人化的问题:"你有男朋友(或女朋友)吗?"这个问题不仅让应聘者羞于启齿,而且不知道怎么回答才能对上用人单位的心思,因为不同的用人单位对这个问题的态度是不一样的。有的认为谈恋爱的人更富有责任心,所以希望你谈恋爱了;有的则认为谈恋爱可能会影响到出差等方面的工作,所以不愿意你交了异性朋友。这个问题既让人尴尬又难以回答,不少应聘者就栽在了这一关上。

招聘者对面正襟危坐的是某大学广告学专业的应届本科毕业生。"请问你有男友吗?"招聘者问道,"有。"女孩羞涩地回答。招聘者接着问:"那将来他会和你在一个城市工作吗?""不会,他工作几年了,在广州。"女孩非常老实。招聘者接着例行问了些其他问题。最后招聘者客气地说:"那今天先这样,有什么结果我们会通知你的。"结果是杳无音信。

分析:用人单位觉得这样的女孩没有稳定性,工作时间可能不会太长,而且工作时易分散精力,如果女孩随男友而去,单位就得进行二次招聘,既浪费人力物力,又浪费财力。单位更希望单身毕业生加盟,可以一心一意、勤勤恳恳、脚踏实地地为单位工作。女孩如实回答并没有错,错就错在她应该说明与恋人分隔两地并不会影响她的工作,反而会让她将更多的时间投入到工作中去。

北京某大学市场营销专业的小张端坐在一家大型国有企业的会议室里进行面试。"谈女朋友了吗?"领导直截了当地。几天前,小张的一个哥儿们就因为这一问题惨败于一家大型企业。于是,他聪明地撒了个谎:"没有。""四年中有没有追求过女孩?"领导并不罢手。小张没有料到招聘者会出此"毒招",一时语塞,停顿了一下说:"追过。""那为什么没有追上呢?"招聘者仍不罢休。"我……"小张后悔不迭,哑口无言。待遇那么好的一家国有大型企业,小张就这样错过了。

分析:招聘方认为男生追求女生需要顽强的毅力、充分的自信和锲而不舍的精神。俗语云:"精诚所至,金石为开。"招聘者认为没有追上女孩的男生大部分原因是由于缺乏自信、勇气和耐力,而这恰恰是工作中不可或缺的。

总之,在被问及个人隐私的问题时,还是如实回答比较好,然后要表明私人生活的问题不会影响到工作,这样的态度往往会被招聘者接受。

三、怎样应对超高难度的问题

在面试过程中,最困难的问题往往是突如其来、无法预测的,只能依赖应聘者镇静沉着、随机应变。但是,有许多问题是经常出现的,需要仔细准备。面试的成功很可能就决定于你事前的准备工作是否到位。以下举一些典型例子,希望对应聘者有所启发。

第一,我们为什么要聘用你?

招聘者不但会留意你回答这个问题时说了些什么,也会留意你回答问题时的态度。如果你真的能够应付挑战,这时正是好机会,让你好好总结自己先前的经验,指出自己为何适合担当这份工作。招聘者会据此判断你有没有自信,又能否实事求是。假如你这时候列出一大堆无关联的经验技能,招聘者会认为你大概不能胜任,或认为你根本误会了这份工作的性质。在面试之前,最好仔细分析自己的教育背景、资历与工作经验,了解这份工作对自己的适合程度。

回答这个问题要简明扼要，一语中的，切忌长篇大论、夸夸其谈，否则言多必失。

第二，你有哪些缺点？

这是一个常问的题目。大多数招聘者问这个问题，都是想洞察一下你在碰到紧张不自在的难题时，能否从容不迫地解决。因此，除了答案的内容外，回答时的态度也一样重要。无论你提出什么缺点，总要记住招聘者要找的是一个勇于自我反省、而不是以自我为中心的人。一个人须有自知之明，清楚自己的优缺点，这样才能扬长避短，不断进步。记住，老老实实讲出自己的长处和短处。

第三，你与人相处得怎样？

这个问题主要考察应聘者能否与人顺利共事，能否与同事顺畅沟通，甚至是否愿意在需要时承担部分本职工作以外的任务。作为应聘者，自然希望给人一个时时能跟各种人融洽相处的印象，但切莫得意忘形，滔滔不绝地在面试过程中谈论自己与家人朋友的交情，这会让人觉得你口无遮拦，不能保守秘密（这是许多工作岗位的大忌）。如果你觉得回答这个问题时会处于不利地位，这时不妨多谈谈自己参加过的各种团体活动，例如群众团体、文体社团、学习小组等，证明自己通过不断努力变得更能与人相处。

第四，你目前有没有在别的企业应聘？是什么岗位？

如果你是应届毕业生，在求职面试时招聘者很可能就会问你这个问题。他们提出这个问题，主要是想知道你申请的工作与你的目标是否一致。如果你申请的各项工作是繁杂而多样化的，便会使人觉得你毫无目标，不是过分有野心便是缺乏自信。如果你只申请了一类工作，便很可能给招聘者留下良好印象，认为你一心一意循着同一方向发展，做事有计划、有目的性。但也小心不要表现得过分集中找同一类大同小异的工作，以免显得单调，不懂得变通。所以，明智的办法是提出相近的两三类你已申请了的工作，并大约说明自己选择的次序。

第五，你对你的工资待遇是怎么考虑的？

如果你仓促回答，随便说一个数目，可能会双重吃亏：一方面，会令招聘者觉得你不认真，或者不了解“行情”，太脱离现实；另一方面，可能让你失去争取较高薪酬的机会。那怎么办呢？首先，你应该预先了解自己申请的这份工作大约应该得到多少薪酬，也就是说，要熟悉同类、同层次工作在人才市场上的基本价位。当招聘者提出这个问题时，你可以巧妙地回答：“我没有一个既定的金额，我还需要多了解一点关于这个职位的详细情况”或“我相信我们如果满意对方的话，薪酬问题是一定可以达成协议的”。你需要说明的是，你心目中并没有一个确定的数目，你会在考虑了这个工作的性质和工作条件、升迁机会等因素后，再做决定。回答这个问题时要小心，切勿让招聘者觉得你脑子中只想着钱，但亦不要装出一副完全不计较金钱的样子。说到底，除了工作上的满足感外，吃饭仍是很实际的问题，我们没有必要回避这一事实。况且，在现代社会，薪酬也逐渐成为衡量一个人社会价值的重要标准。在讨论薪酬时，别忘了除了月薪之外，同时也要考虑其他要素，例如各种特别津贴、额外花红、短期内调整薪金等。还得考虑其他福利，例如社会保险、公积金、无息贷款、带薪休假等，要弄清薪酬的“含金量”。

四、怎样应对招聘者的非常规举动

第一，如何应对多位招聘者

目前，大多数正规面试都是由好几位招聘者一起进行的，最普遍的有三至五人，其中一个人为主要提问者。要知道，要让一组背景各异、好恶及想法都不同的人对你产生好印象绝非易事。面对几个初次见面的人，被他们轮流“盘问”，自己回答某人的问题时，其他人都在观察自己的一举一动……这一切都不会让你轻松。

通常，面试开始时都会有人介绍各位招聘者的姓名及职位，你要尽量记住这些重要信息，即使记不住名字，也要分清各位的姓氏，知道如何称呼和取舍。若申请的职位需要专门技能，通常最好望着发问者，自己发问时可向主要提问者提出，假如你希望某一招聘者回答，可面向他或眼睛注视着他发问。各招聘者之间一般都较默契，但有时也不尽然，他们也可能以传阅纸条或者通过眼神等方式交换信息，应试者无须因此感到紧张，这些举动绝大多数与你的表现无关，不会影响你面试。如果其中一个招聘者对人特别挑剔或表示不满，也无须惊慌失措。通常，多位招聘者中总有一人特意充当这样的角色，你只需从容应付便可。

有时，在多个招聘者进行面试时，他们常会扮演不同的角色，有人“唱红脸”，有人“唱白脸”，故意扰乱应试者的心情。那些“唱白脸”的招聘者往往提出尖锐的问题，为难应试者。有时招聘者们假装彼此不协调，刻意制造混乱场面，令应聘者不知所措。碰到这类情形，应聘者千万不要烦躁不安，更不能无礼，明智的做法是镇静沉着，以不变应万变，以免自己给招聘者的印象大打折扣。

第二，招聘者表现出“攻击性”姿态

有些招聘者故意在某一时间内用比较具有攻击性（或侵略性）的态度对待应聘者，提出特别尖锐的问题或有意让应聘者感到尴尬，借此考察应试者的情绪控制能力、应付困难是否得体、胸襟是否开阔……也有些招聘者故意提出一些令人难堪甚至荒诞无稽的论点,来判断应试者立场是否坚定,是否敢于坚持自己的正确主张。在这种情况下,应聘者千万不要以为招聘者故意针对自己而自乱阵脚,而应保持风度和礼貌,沉着、从容地与招聘者讨论问题的核心。在任何情形下,动怒或失礼都非明智之举,会使你错失获选机会。

第三,招聘者"漫不经心"

有些招聘者装出漫不经心的样子,好像对面试不大重视,特别是那些经验丰富的招聘者,通常会采用自然发展式的面试方式。这时,千万不要跌进这些常见的"圈套"里,以为自己一样可以随便谈天说地。记住,面试是招聘者精心安排的,而且招聘者们都是些很忙碌的人,他们不会拿你开玩笑打发时间,所以,你应该以一贯的态度认真应对他们提出的那些好像无关痛痒的问题。

第四,主考官过分亲切友善

在面试过程中,有些主考官故意做出轻松、亲切而友善的样子,应聘者有时候会不自觉地跌入"陷阱",飘飘然起来。遇到这种情形,应聘者要特别注意保持谦虚有礼的态度,给招聘者稳重的印象,这样被录取的机会才会更大。

五、怎样应对更为复杂的面试

现在许多面试已经不再是以往那种简单的一问一答的形式了。很多面试已变成了情景化面试,采用了很多"评价中心"的手段。对于情景化面试,国内的应聘者还很不熟悉,下面就介绍一下这些面试的应对办法。

第一,无领导小组讨论

这种面试形式的内容是,将应聘者划分为不同的小组,每组人数 4 ~8 人不等,不指定负责人,大家地位平等,要求就某些争议性大的问题,例如干部提拔、工作任务分派、额外补助金的分配等问题进行讨论。在某些情况下,还要求小组形成一致意见,并以书面形式汇报。每个组员都在上面签字,以表明自己同意所做的汇报。在无领导小组讨论中,招聘者评分的依据标准是:发言次数的多少,是否善于提出新的见解和方案,敢于发表不同意见,支持或肯定别人的意见,坚持自己的正确意见;是否善于消除紧张气氛,说服别人,调解争议,创造一个使不大开口的人也想发言的气氛,把众人的意见引向一致;看能否倾听别人意见,是否尊重别人,是否侵犯他人发言权,还要看语言表达能力如何,分析问题、概括或归纳总结不同意见的能力如何;看发言的主动性、反应的灵敏性等。

作为应聘者,在做无领导小组讨论时要注意以下几点:

1. 要对自己充满信心。无领导小组讨论虽然是求职竞争者之间的"短兵相接”，但也不是特别难对付的可怕事情，因为大家都是在公平竞争。

2. 态度自然，有礼有节。即使表达与人不同的意见或反驳别人先前的言论时，也不要恶言相加，要做到一方面能清楚表明自己的立场，而另一方面又不令别人难堪。

3. 不可滔滔不绝，垄断发言；也不能长期沉默，处处被动。每次发言都必须言之有物，有条有理，有理有据。

4. 最好找机会成为小组讨论的主席，以展示自己引导讨论及总结的才能。尤其是对某一论题无突出见解时，当主席实乃明智之举。

第二，管理游戏

管理游戏也是评价中心的常用方法。在这种活动中，应聘者被分为小组，小组成员各分配到一定的任务，大家只有合作才能较好地完成任务。有时会引入一些竞争因素，如三四个小组同时进行销售或占领市场，以分出优劣。通过应聘者在完成任务过程中的表现来测评应聘者的素质。

管理游戏的优点是它能突破实际工作情景时间与空间的限制，模拟内容真实感强，富有竞争性，具有趣味性。作为应聘者，在做管理游戏时，既不要太紧张，也不要太随意。冷静思考，沉着应对，全身心投入，恰到好处地展示自己的多方面才能。其他注意事项与无领导小组讨论类似。

第三，角色扮演

角色扮演也是一种常见的情景模拟活动。有些招聘者甚至采取“攻其不备”的方式，让应聘者在毫无准备的情况下做角色扮演，以考察应聘者能否胜任某一职位。

某公司招聘销售人员，应聘者刚坐下，毫无心理准备，招聘者就展示该公司的一种产品，请应聘者当场向他推销。

碰到这种情况，应聘者最好事前做点准备，对该公司的产品不但要有概括的认识，而且要清楚知道那些产品的优点和缺点，若能了解各种牌子的同类产品在市场上的竞争情况，掌握其他竞争商家的资料，那就更好了。对“攻其不备”的主考官，应试者唯有以“有备无患”的策略应付，才能在面试时表现得比较理想。不过，若你对招聘者展示的产品一无所知的话，切忌胡吹瞎扯，否则愈弄愈糟，只会令招聘者失去聘用你的信心。相反，如果以坦诚的态度承认对该产品不了解，又能巧妙地都将自己熟知的另一种产品向他推销，效果可能会较好，说不定还能因此反守为攻，赢得好印象。

在角色扮演中，更为常见的是用以测评应聘者人际关系处理能力的多角色情景模拟活动。在这种活动中，招聘者设置了一系列尖锐的人际矛盾与人际冲突，要求招聘者扮演某一角色并进入角色情景中，去处理各种问题和矛盾。招聘者通过应聘者模拟不同角色的表现进行观察和记录，测评其素质潜能。

六、面试时的27个经典问题

1. 我们为什么要雇请你呢？——有的面试只有这么一个问题。

2. 你认为自己最大的弱点是什么？——绝对不要自作聪明地回答“我最大的缺点是过于追求完美”，有的人以为这样回答会显得自己比较出色，但事实上，他已经岌岌可危了。

3. 你最喜欢的大学课程是什么？为什么？——说说和你要应聘的职位相关的课程吧，表现一下自己的热忱没有什么坏处。

4. 你最不喜欢的大学课程是什么？为什么？——“我不得不说是我们大学的×××课程，虽然我知道他们只是例行公事，但课堂上死气沉沉，老师和学生都只不过想熬完这个学期。”

5. 你在大学期间最喜欢的老师是谁？——教我们的×××教授，他能使课堂充满生气。通过实例让学生把知识和现实紧密结合，而不是死读书本，我想我从他身上得到的最多。

6. 你能为我们公司带来什么？——假如你可以的话，试着告诉他们你可以降低他们的费用，“我已经接受过××和××的培训，可以立刻上岗工作。”（招聘者在那边可能想：××培训要花3000元，××培训要花7000元，这小子能为我们省下10000元的培训费用呢！）

7. 最能概括你自己的三个词是什么？——适应能力强、有责任心和做事有始终，结合具体例子向招聘者解释，使他们觉得你具有发展潜力。

8. 你为什么来应聘这份工作？——“我来应聘是因为我相信自己能为公司作出贡献，我对这个行业的酷爱以及对这个岗位的渴望很少有人能比得上，而且我的适应能力使我确信我能把工作带上一个新的台阶。”

9. 你对加班有什么看法？——尽量诚实回答，因为如果你说了“我喜欢加班”而实际上却非如此，那么你会被人一直盯住。

10. 你对我们公司有什么认识？——说几件你知道的事，其中至少有一样是“销售额为多少”之类的事儿。

11. 你是怎么知道我们招聘这个职位的？——如果你是从公司内部某人处打听出来的消息，记得提及他的名字，公司虽说不偏袒内部关系，但也不代表这种关系就不存在。

12. 除了工资,还有什么福利最吸引你?——尽可能诚实回答这个问题,如果你做足了功课,你应当知道他们提供的和自己要求的能否匹配。如果你觉得自己该得到更多,也可以多要一点。

13. 你参加过什么业余活动?——既然有机会让人觉得你处事能力很强,那么最好强调一下那些需要群体合作和领导力才能完成的活动。

14. 你参加过义务活动吗?——现在就着手做一些义务活动,不仅仅是那些对社会有贡献的,还要是你的雇主会在意的,如果他们还没有一个这样的员工,那么你会成为很好的公关资源。

15. 你心目中的英雄是谁?——最好的答案是你的朋友或者家人,尽量避免说及名人。

16. 你有什么问题吗?——一定要提问。

17. 你过去的上级是个怎么样的人?——别贬低过去的上司,提一下他的长处和不足。

18. 你为什么还没找到合适的职位呢?——别怕告诉他们你可能会有的其他聘请情况,千万不要说"我上一次面试时弄得一塌糊涂……"

19. 你最近看过的电影或者小说是什么?——虽然《蝴蝶效应》是部不错的电影,但现在显然不是适合讨论的时候,找一些老少咸宜的电影如《音乐之声》。

20. 你的业余爱好是什么?——找一些有团体合作精神的爱好说。曾经有一个真实的面试故事:有人面试没有成功,因为他的爱好是深海潜水,招聘者说:"因为这是一项单人活动,我不敢肯定他能否适应团体工作。"

21. 你怎么看待要向比你年轻的人或者女性汇报工作?——我从不根据年龄和性别划分别人,只要他们是凭借自己能力到达该职务的,那绝对没有问题。

22. 你现在能把过去做过的工作做得更好吗?——"事后诸葛亮地说……"记得回答前先说这句话。

23. 我可以跟你的前任上司联系求证一下吗?——随便你怎么回答,但如果可以的话,最好答应。特别是你有前上司的证明信,没有比"当然,我有他的推荐信,如果需要的话你也可以打电话给他,电话号码是……"更好的答案了。

24. 有想过创业吗?——这个问题可以显示你的冲劲,但如果你的回答是"有"的话,千万小心,下一个问题可能就是"那么为什么你不这样做呢?"

25. 推销这张桌子给我。——如果应聘销售职位,通常会碰到这类问题。

26. 作为被面试者给我打一下分。——试着列出四个优点和一个非常非常非常小的缺点,可以抱怨一下设施,没有明确责任人的缺点是不会有人介意的。

27. 告诉我三件关于这公司的事情。——你应该知道十件和公司有关的事情,他问你三件你回答四件,他问你四件你回答五件。

模块4　求职面试形象准备

面试是一个招聘者与应聘者互相了解的过程,在这个过程中,第一印象非常重要。第一印象,心理学上又称首因效应,是人与人初次接触时给对方留下的形象特征。合适得体的着装可以帮助您塑造良好的第一印象,从而在面试中助您一臂之力。

1. 色彩以素雅为主、鲜艳为辅。素雅的穿着可以给人安静、稳重、认真的感觉,既适合工作时穿,也适合用于面试场合。应聘销售、服务类岗位可以稍加鲜艳元素以衬托个性中活泼爽朗的一面。

2. 款式简洁正式,忌繁琐、随意。衣服的款式能够表达求职者的特质,简洁且正式的款式可以塑造干练、严谨的工作形象,最适合应聘时穿用。面试时忌穿便装,女性忌穿过于暴露的服装,最好不要穿得过于繁琐,以免给人不够职业的感觉。

3. 搭配效果和谐、避免视觉冲突。搭配包括色彩搭配和款式搭配,色彩搭配有两种,可以使用相同色系的搭配以达到柔和的效果,也可以使用对比色以加强视觉感,但无论采取哪种搭配方式,都应追求和谐的视觉效果。另外,整套服饰的颜色以不超过三种为佳。款式搭配忌过于个性化,上装、裙装或裤装和鞋子的款式搭配应保持整体和谐一致。

4. 干净整洁、不戴或少戴配饰。面试时最忌讳给人邋遢、不干净的印象。此外,男性不宜戴配饰,女性也应不戴或少戴配饰,即使佩戴,也应选择简洁大方的款式,如果整体打扮显得华丽或抢眼反而会让人难以接受。

第四单元

依法保护合法权益

学前测试

请根据你对国家就业政策以及劳动保护相关法律的实际了解情况，逐项选出更适合于你的选项，以此来检验你在这方面的知识积累程度。下面，请你进入自测空间！

【评价标准】

1. 非常容易　　2. 一知半解　　3. 真的不行

【问题】

1	你了解国家鼓励高校毕业生到基层和艰苦地区工作的相关政策	1□　2□　3□
2	你知道《就业促进法》已于2008年1月1日起正式实施	1□　2□　3□
3	你知道对违反法律规定、实施就业歧视的行为，劳动者可以向人民法院提起诉讼	1□　2□　3□
4	你很清楚职业中介机构不得扣押劳动者的居民身份证和其他证件，或者向劳动者收取押金	1□　2□　3□
5	你知道自己的劳动合同必须包含哪些内容	1□　2□　3□
6	你非常清楚试用期单位应该给劳动者缴纳社会保险	1□　2□　3□
7	你知道在什么情况下用人单位可以与劳动者约定违约金	1□　2□　3□

续表

8	你知道什么叫做“无固定期限”劳动合同	1□ 2□ 3□
9	你知道什么叫做“竞业禁止”	1□ 2□ 3□
10	你知道在哪些情形下用人单位不能解除劳动合同	1□ 2□ 3□

【自我评价】

如果你选的“1”超过了8个，说明你对国家就业政策以及劳动保护的相关法律有充分了解，但是，如何将这些知识运用到实际中，还需要不断实践、不断学习！

如果你选的“1”在5~8个之间，说明你对本单元的话题有一定了解，但还需要进行系统学习。

如果你选的“1”少于5个，说明你对相关知识的了解十分有限，需要立即进行学习。

你选的“3”超过5项的，将是今后学习的重点。

模块1　用促进就业法保护自身利益

就业是民生之本、安国之策。中国以前实行的是有期限的、短期的促进就业政策。比如说三年、五年，再根据情况进行调整。十届全国人大常委会第二十九次会议于2007年8月30日表决通过了《就业促进法》，并于2008年1月1日起正式实施，使我国第一次将促进就业这一政策以法律的形式固定下来。

作为一部与民众利益密切相关的法律，就业促进法在起草之初就受到社会各界的广泛关注，人们期待这部法律的制定和实施能为扩大就业、发展和谐劳动关系带来福音。禁止就业歧视、扶助困难群体、规范就业服务和管理……诸多人们关心的就业问题在这部法律中都有体现。

一、政策支持

就业促进法规定，国家把扩大就业放在经济社会发展的突出位置，实施积极的就业政策，坚持劳动者自主择业、市场调节就业、政府促进就业方针，多渠道扩大就业。

这部法律同时规定，国家鼓励、支持、引导非公有制经济发展，扩大就业机会，增加就业岗位。国家实行有利于促进就业的财政政策，加大资金投入，改善就业环境，扩大就业。县级以上人民政府应当根据就业状况和就业工作目标，在财政预算中安排就业专项资金用于促进就业工作。

二、公平就业

就业促进法设专章对“公平就业”进行规定，各级人民政府应当创造公平就业的环境，消除就业歧视。用人单位招用人员、职业中介机构从事职业中介活动，应当向劳动者提供平等就业机会和公平就业条件，不得实施就业歧视。国家保障妇女享有与男子平等的劳动权利。用人单位招用人员，除国家规定的不适合妇女的工种或者岗位外，不得以性别为由拒绝录用妇女或者提高对妇女的录用标准。

近年来，形形色色的就业歧视，从性别、年龄、学历、户籍，转向容貌、身高、体重、疾病，甚至向血型、生肖蔓延。虽然国家有相关规定，但每次面试，企业都不会直接表示歧视，而是以各种各样的理由拒绝，就业存在着“事实上的不平等”。据了解，形形色色的就业歧视还有身体歧视、年龄歧视、地域歧视等。

某高校化工系的小汪谈到就业情况，她的心就凉了一大截：“我的专业方向是目前比较热的煤化业，但就因为我是女生，用人单位连我的简历都不看一眼就拒绝了。像机械工程、材料冶金、矿物加工等理工类职位，一般都是限招男性，很多女生只能望岗兴叹。”某机械制造有限公司的负责人也表示，除了工作性质不适合女生外，从企业的效益上考虑，女生参加工作后要结婚生育，抚养孩子，这期间不能全身心投入工作，对公司的发展可能会有影响。

以往，由于缺少配套细则支持，“公平就业”缺乏可操作性。在《就业促进法》中，“劳动者依法享有平等就业和自主择业的权利”被写入总则，第六十二条规定，“对违反法律规定、实施就业歧视的行为，劳动者可以向人民法院提起诉讼”。

三、就业服务管理

无偿就业服务力度加大。《就业促进法》规定：“县级以上人民政府应建立健全公共就业服务体系，设立公共就业服务机构，为劳动者免费提供法定的公共就业服务。”

免费的公共就业服务，包括求职信息、职介、就业指导等，且“公共就业服务机构不得从事经营性活动”，如果向劳动者收取费用，必须退还所得，并承担法律责任。“从事职业中介活动，应当遵循合法、诚实信用、公平、公开的原则。用人单位通过职业中介机构招用人员，应当如实向职业中介机构提供岗位需求信息。禁止任何组织或者个人利用职业中介活动侵害劳动者的合法权益。”《就业促进法》除了对违法职介作出法律定性外，还规定了依法关闭、没收违法所得和1万元以上5万元以下罚款等实际约束规定。

另外，以往，有的职业中介机构要先扣押求职者的身份证才肯介绍工作，有的向求职者收取押金。《就业促进法》第四十一条明确规定：职业中介机构不得扣押劳动者的居民身份证和其他证件，或者向劳动者收取押金。职业中介机构向劳动者收取押金的，由劳动行政部门责令限期退还劳动者，并以每人五百元以上二千元以下的标准处以罚款。

长期以来，真假难辨的虚假职位信息，给求职者造成诸多困扰。例如名为“销售经理”，工作却是卖保险，或者号称“500强企业”，结果只是一家“微型公司”。对此，《就业促进法》规定了较严厉的惩罚措施，包括责令改正、没收违法所得、处以1万元以上5万元以下罚款、情节严重者吊销职业中介许可证等。

四、就业援助

在就业援助方面，就业促进法规定，各级人民政府应当建立健全就业援助制度，采取税费减免、贷款贴息、社会保险补贴、岗位补贴等办法，通过公益性岗位安置等途径，对就业困难人员实行优先扶持和重点帮助。

五、监督检查

就业促进法规定，劳动行政部门应对本法实施情况进行监督检查，建立举报制度，受理对违反本法行为的举报，并及时予以核实、处理。

就业促进法的出台和施行，从制度上明确了劳动者的“劳动权”，我们要学会利用它来保护自己的合法权益。

模块2　就业保护伞——劳动合同法

《中华人民共和国劳动合同法》（以下简称《劳动合同法》）于2008年1月1日起正式施行。为了更好地贯彻执行《劳动合同法》，《中华人民共和国劳动合同法实施条例》也于2008年9月18日公布实施，使得《劳动合同法》更具有可操作性。

下面，我们结合学生朋友在就业时可能遇到的一些问题，来熟悉一下这部《劳动合同法》的部分内容。

一、总则

1问：我受不受《劳动合同法》的规范和保护？

与1995年实施的《劳动法》相比，《劳动合同法》适当扩大了适用范围：

除了企业、个体经济组织以外，一是将民办非企业纳入到《劳动合同法》的调整范围，所谓民办非企业单位是企业、事业单位、社会团体和其他社会力量以及公民个人利用非国有资产举办的，从事非营利性社会服务活动的社会组织。如民办学校、民办医院、民办图书馆、民办博物馆、民办科技馆等。

二是对事业单位与实行聘用制的人员是否适用本法作了灵活规定，即法律、行政法规或者国务院另有规定的，依照其规定；未作规定的，依照《劳动合同法》的规定执行。

三是规定国家机关、事业单位、社会团体和其建立劳动关系的劳动者，也就是除公务员和参照公务员法管理的人员，以及事业单位中实行聘用制的工作人员外，属于《劳动合同法》的调整范围。

四是对劳务派遣用工有专门规定。如果毕业生选择了《劳动合同法》适用范围内的组织（用人单位）就业，就会受到《劳动合同法》的规范和保护。

此外，需要指出的是，根据《最高人民法院关于审理劳动争议案件适用法律若干问题的解释（二）》第七条的规定，下列争议不属于劳动争议：(1)家庭或者个人与家政服务人员之间的纠纷；(2)个体工匠与帮工、学徒之间的纠纷；(3)农村承包经营户与受雇人员之间的纠纷。因此，上述人员之间的纠纷不适用《劳动合同法》。

二、劳动合同的订立

2问：签订劳动合同时，我拥有哪些“知情权”？

一天，某公司在报纸上打出了“高薪聘请英才”的招聘启事。一时间，应聘者蜂拥而至。

小林是一名硕士研究生，又具备两年相关的工作经验，在耐心排了三个小时的长队后，终于轮到小林面试。作为主考官的人事经理，看完小林的个人简历后，仔细询问了小林的受教育情况、具备的技能特长、健康状况以及从前的工作经历等，小林都认真一一回答后，人事经历拿出一份劳动合同说：“你的面试合格了，如果你接受录用，就在这份合同上签字吧。”小林接过合同想询问一下公司的相关信息,以及自己的工作条件、工作环境、每月的工资以及各项保险福利的状况等。没想到,人事经理很不耐烦地说:“你怎么那么多问题呀?没有看见还有很多人在排队等着面试嘛?我没有工夫回答你的问题。如果愿意来工作你就签字,否则就请离开。”

小林听了人事经理的话,非常不满,难道劳动者就没有“知情权”吗?

平时我们常常在谈到《消费者权益保护法》时用到“知情权”这个词,如今,在劳动用工领域,用人单位和劳动者也要让彼此明明白白。

在求职就业过程中,不少毕业生都曾遇到过这种情况,一些用人单位故意隐瞒真实的工作信息,或者将工作条件和劳动报酬说得天花乱坠,到实际工作时完全不是这么回事,这往往使毕业生大失所望,给其职业生涯带来了负面影响。

鉴于现实生活中的这种情况,《劳动合同法》第八条规定,“用人单位招用劳动者时,应当如实告知劳动者工作内容、工作条件、工作地点、职业危害、安全生产状况、劳动报酬,以及劳动者要求了解的其他情况”。也就是说,在应聘时,毕业生有权了解用人单位的基本情况、自己的工作内容和劳动报酬,以及劳动者希望了解的其他与订立和履行劳动合同直接相关的情况。

3 问:签订劳动合同时,用人单位拥有哪些“知情权”?

劳动者对用人单位享有“知情权”,当然,企业也享有获得劳动者基本信息的权利。用人单位有权了解劳动者与订立和履行劳动合同直接相关的年龄、身体状况、工作经历、知识技能以及就业现状等情况。劳动者如通过提供虚假资料(例如假文凭、假证件、假就业经历等)骗取用人单位信任,与用人单位签订劳动合同,一经用人单位发现,单位则完全可以依据上述规定与之解除劳动合同而不视为违约。因为根据《劳动合同法》规定,以欺诈、胁迫的手段或者乘人之危,使对方在违背真实意思的情况下订立或者变更劳动合同,致使劳动合同无效的,用人单位可以解除劳动合同。当然,需要注意的是,当用人单位欲以上述理由解除与职工的劳动合同时,需要提供相应的证据。

4 问:用人单位能否要求我提供担保或向我收取财物?

少数用人单位为谋取钱财,打着招聘的幌子,通过向求职者收取招聘费、培训费、押金或服装费等,获取利益。

毕业生小王求职时就遇到这种情况,他去某公司参加面试时,公司告知要参加培训,考试合格后方能录用,培训费自付。但当培训结束后,该公司却以考试不合格等原因而不予录用。该公司还对小王讲,给他职位也可以,但须缴纳押金。小王迫于就业压力,急于得到工作,就交出了这笔钱。但当小王提出辞职时,用人单位却拒绝退还押金。

对于此类行为,《劳动合同法》第九条规定,用人单位招用劳动者,不得扣押劳动者的居民身份证和其他证件,不得要求劳动者提供担保或者以其他名义向劳动者收取财物。

该法还加大了对扣押劳动者的居民身份证和收取押金等行为的处罚力度。《劳动合同法》第八十四条规定,扣押劳动者居民身份证等证件的,由劳动行政部门责令限期退还劳动者本人,并依照有关法律规定给予处罚。用人单位以担保或者其他名义向劳动者收取财物的,由劳动行政部门责令限期退还劳动者本人,并以每人五百元以上二千元以下的标准处以罚款;给劳动者造成损害的,应当承担赔偿责任。

5 问:我在试用期内,享有哪些权益?

试用期是一个敏感的阶段,应聘的毕业生虽已踏进用人单位,但在成为正式员工前总惴惴不安,生怕失去眼前的工作,所以对用人单位总是百依百顺答应一切要求。一些用人单位也摸透了毕业生的这种心理,借机牟取非法利益。

用人单位的做法主要有以下几种:

第一种:试用期不签订劳动合同。试用期原本是用人单位与劳动者为相互了解对方而约定的考察期,然而却成了很多用人单位降低人工成本、使用廉价劳动力的一个堂而皇之的借口。部分用人单位在试用期不与毕业生签订劳动合同,在试用期满后以各种理由辞退应聘者。这使应聘的毕业生白白付出大量时间精力,也错过最佳就业期,造成很大损失。

针对此现象,《劳动合同法》规定,“建立劳动关系,应当订立书面劳动合同”。“劳动合同期限三个月以上不满一年的,试用期不得超过一个月;劳动合同期限一年以上不满三年的,试用期不得超过两个月;三年以上固定期限和无固定期限的劳动合同,试用期不得超过六个月。同一用人单位与同一劳动者只能约定一次试用期。”这些规定,将会有效地约束用人单位滥用试用期的行为。

王小姐和一个公司签订了3年的劳动合同,规定的试用期为3个月,就在试用期即将结束的前一天,王小姐在工作中出现了一个失误,公司决定把她的试用期延长2个月。2个月过后,公司以王小姐不符合录用条件为由将其辞退。王小姐不服,将争议提交到劳动争议仲裁委员会。结果公司败诉。

理由:同一用人单位与同一劳动者只能约定一次试用期,且试用期不能单方延长。

第二种:试用期内随意解除劳动合同。劳动者勤勤恳恳地在用人单位工作三个月,眼看试用期将满,没有收到转正通知,却得到因不符合录用条件而被辞退的消息。这种情况在毕业生就业时也十分多见,也是用人单位不合法的用工方式。

根据《劳动合同法》规定,劳动者在试用期间被证明不符合录用条件的,用人单位可以解除劳动合同,但这并不意味着用人单位可以在试用期内随意辞退劳动者。用人单位可解除劳动合同的条件是必须举证证明劳动者在试用期间不符合录用条件,如果用人单位没有证据证明劳动者在试用期间不符合录用条件,就不能解除劳动合同。否则,用人单位需承担因违法解除劳动合同所带来的一切法律后果。

第三种:"试用期"等于"白用期"。以前很多毕业生对劳动法律法规不了解,以为试用期就应该拿低工资或者没有劳动报酬,这是一种误解。基于劳动关系的劳动应当得到相应的劳动报酬,《劳动合同法》第二十条对此明确规定,"劳动者在试用期的工资不得低于本单位相同岗位最低档工资或者劳动合同约定工资的百分之八十,并不得低于用人单位所在地的最低工资标准。"这意味着,今后用人单位不能再让应届毕业生做廉价劳动力,而毕业生也可以依法维护自己在试用期应得的劳动报酬。

6问:试用期工资有最低标准吗?

《劳动合同法》首次对试用期的工资进行了规范:"劳动者在试用期的工资不得低于本单位相同岗位最低档工资或者劳动合同约定工资的百分之八十,并不得低于用人单位所在地的最低工资标准。"

7问:在试用期,用人单位应该给我缴纳社会保险吗?

在试用期,用人单位应当为试用期内的劳动者缴纳社会保险。根据《劳动合同法》规定,试用期包含在劳动合同期限内。既然试用期属于劳动合同期限的范围,员工就有权享受各项社会保险,即养老保险、工伤保险、医疗保险等。如果单位没有在职工试用期间缴纳社会保险,可以在正式签订劳动合同之后为职工补缴。

8问:提前签订劳动合同,劳动关系从何时起算?

根据《劳动合同法》第十条规定:用人单位与劳动者在用工前订立劳动合同的,劳动关系自用工之日起建立。这种规定在一定程度上减少了在现实生活中争议和纠纷的发生。比如,即将毕业的在校生毕业前与用人单位提前签订了劳动合同,其劳动关系也只能从其正式上班之日起计算。

9问:用人单位不与劳动者签订书面劳动合同的情况挺普遍的,《劳动合同法》对于此类行为有没有约束?

鉴于用人单位不与劳动者签订书面劳动合同的情况较为普遍,劳动者的权益极易受到侵害,《劳动合同法》更加强调,“建立劳动关系,应当订立书面劳动合同”。毕业生求职就业要特别注意这一环节。与《劳动法》相比,《劳动合同法》强调了用人单位在订立书面劳动合同方面的义务,并将这些义务具体化。

第一,劳动合同应当在建立劳动关系的一个月内订立;

第二,用人单位自用工之日起超过一个月不满一年未与劳动者订立书面劳动合同的,应当向劳动者每月支付两倍的工资;

第三,用人单位自用工之日起满一年不与劳动者订立书面劳动合同的,视为用人单位与劳动者已订立无固定期限劳动合同;

第四,用人单位未在用工的同时订立书面劳动合同,与劳动者约定的劳动报酬不明确的,新招用的劳动者的劳动报酬按照集体合同规定的标准执行;没有集体合同或者集体合同未规定的,实行同工同酬;

第五,劳动合同由用人单位与劳动者协商一致,并经用人单位与劳动者在劳动合同文本上签字或者盖章生效。

劳动合同文本由用人单位和劳动者各执一份。如果用人单位提供的劳动合同文本未载明必备条款,或者用人单位未将劳动合同文本交付劳动者的,由劳动行政部门责令改正;给劳动者造成损害的,应当承担赔偿责任。

小林与一家酒店签订了一年期限的劳动合同。合同期满后小林继续在公司工作,但一直未补签劳动合同。两年后小林辞职,公司只给他工作期间的正常工资,但没有给加班工资。

小林在劳动合同到期后没有与酒店续签合同,但已与酒店形成事实上的劳动合同关系。此事如果发生在新劳动法生效后,则可以要求酒店双倍支付自应当签订书面合同之日起至离职之日期间的工资。新法规定:应当建立书面劳动合同未订立书面劳动合同的,应向劳动者每月支付两倍的工资。

10 问:劳动合同分为哪几种?

劳动合同分为固定期限劳动合同、无固定期限劳动合同和以完成一定工作任务为期限的劳动合同。固定期限劳动合同,是指用人单位与劳动者约定合同终止时间的劳动合同。比如一年、两年、三年,期限是明确的。以完成一定工作任务为期限的劳动合同,是指用人单位与劳动者约定以某项工作的完成为合同期限的劳动合同。这种合同在工程建设方面比较多,工程结束合同也就结束了。无固定期限劳动合同,是指用人单位与劳动者约定无确定终止时间的劳动合同。

这里需要说明,无固定期限劳动合同并不是铁饭碗、终身制。有些用人单位不愿意签订无固定期限劳动合同,认为一旦签了,就要对劳动者长期、终身负责，如果劳动者偷懒，用人单位毫无办法；有的劳动者也认为无固定期限劳动合同就意味着终身捆绑在企业中，丧失了选择的机会，实际上这是一种误解。只要出现《劳动合同法》规定的情形，不论用人单位还是劳动者，都有权依法解除劳动合同。订立无固定期限劳动合同，可以更有利于促进劳动关系的稳定。

11 问：我的劳动合同中，哪些内容是必备的？

《劳动合同法》第十七条第一款规定：劳动合同应当具备以下条款：

（一）用人单位的名称、住所和法定代表人或者主要负责人；

（二）劳动者的姓名、住址和居民身份证或者其他有效身份证件号码；

（三）劳动合同期限；

（四）工作内容和工作地点；

（五）工作时间和休息休假；

（六）劳动报酬；

（七）社会保险；

（八）劳动保护、劳动条件和职业危害防护；

（九）法律、法规规定应当纳入劳动合同的其他事项。

劳动合同除前款规定的必备条款外，用人单位与劳动者可以约定试用期、培训、保守秘密、补充保险和福利待遇等其他事项。

12 问：我的劳动合同中未约定劳动报酬，用工单位应按什么来给我报酬？

用人单位未在用工的同时与劳动者订立书面劳动合同，与劳动者约定的劳动报酬不明确的，新招用的劳动者的劳动报酬按照集体合同规定的标准执行；没有集体合同或者集体合同未规定的，按照同工同酬的原则对劳动者发放劳动报酬。

13 问：用人单位在哪些情况下，才可以和我约定违约金？

用人单位利用其优势地位，常常预先在劳动合同中设定高额违约金，限制劳动者在职业上的自由流动，也侵害了劳动者的择业自主权，并由此引发大量劳动争议。《劳动合同法》对违约金条款给予了严格的限制，明确规定只有以下两类劳动者可以在劳动合同中约定违约金：

一类是用人单位为劳动者提供专项培训费用，对其进行专业技术培训的，可以与该劳动者订立协议，约定服务期。如果劳动者违反服务期约定的，应当按照约定向用人单位支付违约金。但违约金的数额不得超过用人单位提供的培训费用。

另一类是对负有保守商业秘密和知识产权义务的高级管理人员、高级技术人员和其他负有保密义务的人员，用人单位可以与之约定竞业限制，如劳动者违反竞业限制的约定，应当按照约定支付违约金。

除这两类劳动者外，用人单位不得与劳动者约定由劳动者承担违约金。这也是《劳动合同法》的一大亮点。

小陈在某企业工作期间，考上了某大学研究生，与单位签订《培训合同》一份，约定由单位负担小陈上研究生期间的所有学习、食宿、交通费用，并按月发放小陈工资，小陈则须在取得文凭后为单位服务8年，否则承担每年3万元的违约金。小陈在取得硕士学位后，在该企业报支了各项费用4万元，并在工作2年后离开了该企业到南方某企业工作。该企业以小陈违反服务期约定为由，向劳动争议仲裁委员会申请仲裁，要求小陈负担违约金18万元。

《劳动合同法》首次以法律的形式对服务期问题进行调整，并明确了违约金标准。该法规定的可以约定服务期的劳动者范围为，用人单位提供专项培训费用、进行专业技术培训的劳动者。劳动者因违反服务期约定而向用人单位支付的违约金标准为，不得超过用人单位提供的培训费用，而且不得超过服务期尚未履行部分所应分摊的培训费用。

具体到本案，按照2008年1月1日起生效的《劳动合同法》的规定，不管小陈与用人单位约定多高的违约金，司法机关只能按照用人单位提供的培训费用及尚未履行的服务期来确定违约金，小陈只需要支付3万元违约金。

14问：什么是劳动者的服务期？

用人单位出资培训劳动者是现代企业的普遍做法。为了保障用人单位的合法权利，防止劳动者通过专门培训获得专业知识和技能后"跳槽"以获得更高的收入，《劳动合同法》第二十二条规定：用人单位为劳动者提供专项培训费用，对其进行专业技术培训的，可以与该劳动者订立协议，约定服务期。

《劳动法》没有关于服务期的约定，《劳动合同法》第一次规定了服务期。

服务期是指劳动者因接受用人单位给予的特殊待遇而承诺必须为用人单位服务的最短期限。只要用人单位出资培训劳动者，受训劳动者就有义务为用人单位最少服务一定年限。所以，劳动者接受用人单位付费在职培训后，用人单位可以与劳动者约定接受专业技术培训以后的服务期。

15问：服务期的年限是怎样确定的？

关于接受培训的职工签订服务期的年限，《劳动合同法》没有具体规定，应当理解为服务期的长短可以由劳动合同双方当事人协商确定。但是，用人单位在与劳动者协议确定服务期年限时要遵守两点要求：第一，要体现公平合理的原则，不得滥用权利；第二，需要注意的是，用人单位与劳动者约定的服务期较长的，用人单位应当按照工资调整机制提高劳动者在服务期间的劳动报酬。

16问:单位给我提供什么样的培训才能与我签订服务期条款?

约定服务期的培训是有严格条件限制的:

第一,用人单位提供专项培训费用。这笔专项培训费用的数额应当是比较大的,这个数额到底有多高,劳动合同法没有规定具体数额,将来可由各地方予以细化。

第二,对劳动者进行的是专业技术培训,包括专业知识和职业技能培训。比如从国外引进一条生产线、一个项目,必须有能够操作的人,把劳动者送到国外去培训,回来以后干这个活,这个培训就是本条所指的培训。

第三,培训的形式可以是脱产的、半脱产的,也可以是不脱产的。不管是否脱产,只要用人单位在国家规定提取的职工培训费用以外,专门花费较高数额的钱送劳动者去进行定向专业培训的,就可以与该劳动者订立协议,约定服务期。

17问:劳动者违反服务期约定要支付违约金吗?

《劳动合同法》第二十二条规定,劳动者违反服务期约定的,应当按照约定向用人单位支付违约金。违约金的数额不得超过用人单位提供的培训费用。用人单位要求劳动者支付的违约金不得超过服务期尚未履行部分所应分摊的培训费用。

用人单位与劳动者约定违约金主要包含两层意思:第一,劳动者违反服务期约定应当向用人单位支付违约金,体现了合同中的权利义务对等原则;第二,用人单位与劳动者约定违约金时不得违法,即约定违反服务期违约金的数额不得超过用人单位提供的培训费用。劳动者违约所支付的违约金不得超过服务期尚未履行部分所应分摊的培训费用,这体现了该法对劳动者的保护。

2004年9月,小朱毕业后与一家外资公司签订了为期3年的劳动合同。

公司为了提高小朱的工作技能,于2005年9月把小朱送到日本专门培训3个月,并与小朱签订了培训协议。协议约定,在接受培训后,小朱必须再为公司工作4年,在这4年里小朱如果要离开该公司,必须赔偿该公司培训费用4万元。但是,公司与小朱并没有重新修改劳动合同期限。

2007年9月,小朱与该公司的劳动合同到期,小朱提出双方终止劳动合同,而该公司却认为双方签订了培训协议,小朱的服务期还未满,小朱应继续为该公司工作。如果小朱一定要离开该公司,就应该按照培训协议的约定赔偿该公司培训费用4万元。

小朱认为自己与公司的劳动合同期限已届满,合同当然应该自然终止,不知道自己是否要依据培训协议承担赔偿责任?若要承担,应承担多大的赔偿责任?

本案中的小朱与该外资公司签订的培训协议是合法有效的，小朱在劳动合同期满而服务期未满时要求终止劳动合同，是违反培训协议的，应按约定承担违约责任，向该外资公司支付违约金。

如果单位给小朱出资的培训费是 4 万元，因为小朱接受培训后已为该外资公司服务 2 年，尚未提供服务的期限还有 2 年，那么，小朱应支付服务期尚未履行部分所应分摊的培训费用，即支付的违约金不得超过 2 万元。

18 问：什么是商业秘密？用人单位可以与我签订“保密协议”吗？

根据我国《反不正当竞争法》规定，“商业秘密”是指不为公众所知悉、能为权利人带来经济利益、具有实用性并经权利人采取保密措施的技术信息和经营信息。

在我国，法律允许劳动关系当事人之间通过合同约定有关保守商业秘密的权利和义务。《劳动合同法》第二十三条第一款也规定，用人单位与劳动者可以在劳动合同中约定保守用人单位商业秘密与知识产权相关的保密事项。因此，劳动者与用人单位之间的保密约定，既可以以保密条款的形式写入劳动合同，也可以单独订立一份保密协议。两种形式的效力是相同的。

19 问：什么是“竞业限制”？

《劳动合同法》第二十三条第二款规定：“对负有保密义务的劳动者，用人单位可以在劳动合同或者保密协议中与劳动者约定竞业限制条款。”该条款将劳动者的保密义务延续到了劳动合同终结后。

所谓竞业限制，亦称竞业禁止，是指负有特定义务的员工在离开岗位后一定期间内不得自营或为他人经营与其所任职的企业同类的经营项目。这一制度的设置目的就是预防和解决存在竞争关系的同业互挖墙脚，高端人才带走商业秘密所引发的纠纷。

20 问：用人单位要求和我签订“竞业限制”的相关协议，必须给我相应的补偿吗？

单位与劳动者签订“竞业限制”协议以后，赋予了劳动者在“竞业限制”方面的义务，因此，单位应对签订了“竞业限制”条款的劳动者给予一定的补偿。

根据《劳动合同法》第二十三条第二款规定：单位与劳动者签订“竞业限制”条款的同时，要约定在解除或者终止劳动合同后，在竞业限制期限内按月给予劳动者经济补偿。补偿金的数额由双方约定。用人单位未按照约定在劳动合同解除后向劳动者支付竞业限制经济补偿的，竞业限制条款失效。

21 问：如果我违反了“竞业限制”约定要支付违约金吗？

劳动者一旦违反“竞业限制”约定，应当按照约定向用人单位支付违约金。

《劳动合同法》第二十三条第二款规定，用人单位要与劳动者约定，在解除或者终止劳动合同后，在竞业限制期限内按月给予劳动者经济补偿。同时，劳动者违反竞业限制约定的，应当按照约定向用人单位支付违约金。

22问：什么人可以签订“竞业限制”协议？

根据《劳动合同法》规定，竞业限制的义务主体只能是用人单位的高级管理人员、高级技术人员和其他负有保密义务的人员，用人单位不得与上述人员以外的其他劳动者约定竞业限制，否则该约定就是无效的。

在“竞业限制”协议中，竞业限制的范围、地域、期限由用人单位与劳动者约定，竞业限制的约定不得违反法律、法规的规定。

23问：“竞业限制”的期限最长是几年？

按照《劳动合同法》的规定，在解除或者终止劳动合同后，符合签订竞业限制条件的人员到与本单位生产或者经营同类产品、从事同类业务的有竞争关系的其他用人单位，或者自己开业生产或者经营同类产品、从事同类业务的竞业限制期限，最长不得超过2年。而且该期限应是连续计算的。

24问：什么样的劳动合同无效？

劳动合同法规定，下列劳动合同无效或者部分无效：

第一，以欺诈、胁迫的手段或者乘人之危，使对方在违背真实意思的情况下订立或者变更劳动合同的；

第二，用人单位免除自己的法定责任、排除劳动者权利的；

第三，违反法律、行政法规强制性规定的。

劳动合同部分无效，不影响其他部分效力的，其他部分仍然有效。

25问：合同期内“不得结婚、不得生育”的约定有效吗？

林女士大学毕业后被某公司聘用。公司要求她签订一份为期5年的劳动合同，其中有一条约定，她在合同期内不得生育，否则公司有权解除劳动合同。当时林女士求职心切，虽然心里不满意，可还是在合同上签字了。后来她在合同期内怀孕了并打算要孩子，公司以其违反劳动合同为由将其辞退。

该公司的做法显然是错误的。根据《劳动合同法》规定，违反法律的规定无效，《劳动法》第十八条也规定，违反法律、行政法规的劳动合同无效。该公司限制林女士5年内不得生育的做法违反了《婚姻法》的规定，所以合同是无效的，对合同双方均没有约束力，也就是说，该公司不能以其违反此条约定为由将其辞退。

此外，有的单位规定员工在合同期内不能结婚，这也是无效的条款。

三、劳动合同的履行和变更

26 问：用人单位调整我的工作岗位需变更劳动合同吗？调整岗位可以调整薪资标准吗？

对于这个问题，《劳动合同法》并没有明确的规定。《劳动合同法》第二十九条规定："用人单位与劳动者应当按照劳动合同的约定，全面履行各自的义务。"第三十五条规定："用人单位与劳动者协商一致，可以变更劳动合同约定的内容。变更劳动合同，应当采用书面形式。"也就是说，在没有与劳动者协商一致的情况下，用人单位不得单方调整劳动者的工作岗位或劳动报酬。但《劳动合同法》第四十条规定："有下列情形之一的，用人单位提前三十日以书面形式通知劳动者本人或者额外支付劳动者一个月工资后，可以解除劳动合同：(一)劳动者患病或者非因工负伤，在规定的医疗期满后不能从事原工作，也不能从事由用人单位另行安排的工作的；(二)劳动者不能胜任工作，经过培训或者调整工作岗位，仍不能胜任工作的；(三)劳动合同订立时所依据的客观情况发生重大变化，致使劳动合同无法履行，经用人单位与劳动者协商，未能就变更劳动合同内容达成协议的。"

据此，在劳动者不能胜任工作的情况下，用人单位可以就调整工作岗位和劳动报酬的问题与劳动者进行协商，若能协商一致的，应采用书面形式变更劳动合同。但在劳动者不能胜任工作的情况下，工作岗位的调整往往也就意味着劳动报酬的降低，双方一般很难达成一致意见，这时，如果用人单位能证明劳动者不能胜任工作，而劳动者依然拒绝调整工作岗位的，用人单位可以以客观情况发生重大变化为由，依法解除劳动合同。

小李毕业于某建筑设计系，2003 年 8 月，小李与某房地产公司签订了《劳动合同》，约定合同期限 3 年，月工资为 3000 元，工种为工程技术人员。合同签订后，小李就到该公司上班。2005 年 12 月，由于国家房地产政策发生重大变化，该公司裁减人员，将小李裁减，并将其安排到公司下属某物业管理公司做物业管理人员。2005 年 11 月，小李向劳动争议仲裁委员会申请仲裁。仲裁委员会作出裁决：某房产公司未经双方协商一致，单方面变更小李的工作岗位无效，应予更正。该房地产公司不服仲裁，诉诸法院，法院判决该房地产公司败诉。

27 问：用人单位能强迫我加班吗？

某加工公司突然接到一份紧急生产任务，厂领导与工会和职工协商，决定加班两个小时。

车间工人小张那天正好发烧，听说要加班，她认为自己无力再继续加班两个小时，于是找领导请假。厂领导正在为怎么完成任务而发愁，没有准假。小张在厂领导未批准的情况下回家了，没有参加加班。

两天后，厂领导通知小张，要她停职做出书面检查，并扣发她当月的工资。

小张当然很不服气，认为加不加班是自己的事情，工厂不应该扣她的钱，更不应该让她停职。于是，她找到律师询问，她是否有理由要求工厂补发扣除的工资并赔偿经济损失，工厂停止她工作是否不对。

《劳动合同法》第三十一条规定：用人单位应当严格执行劳动定额标准，不得强迫或者变相强迫劳动者加班。

此外，《劳动合同法》第四十一条规定：用人单位由于生产经营需要，经与工会和劳动者协商后可以延长工作时间，一般每日不得超过1小时。因特殊原因需要延长工作时间的，在保障劳动者身体健康的条件下延长工作时间每日不得超过3小时，但是每月不得超过36小时。《劳动合同法》第三十八条规定：用人单位应当保证劳动者每周至少休息1日。

对企业违反法律、法规强迫劳动者延长工作时间的，劳动者有权拒绝。

28问：加班费应该怎么计算？

《劳动合同法》第三十一条规定：用人单位安排加班的，应当按照国家有关规定向劳动者支付加班费。

《北京市工资支付规定》第十四条规定，用人单位依法安排劳动者在标准工作时间以外工作的，应当按照下列标准支付劳动者加班工资：

第一，在日标准工作时间以外延长工作时间的，按照不低于小时工资基数的150%支付加班工资；

第二，在休息日工作的，应当安排同等时间的补休，不能安排补休的，按照不低于日或者小时工资基数的200%支付加班工资；

第三，在法定休假日工作的，应当按照不低于日或者小时工资基数的300%支付加班工资。

29问：单位用补休代替加班费，这种做法合法吗？

职工正常工作时间为每日工作8小时，每周工作40小时。

《劳动法》规定，休息日安排劳动者工作又不能安排补休的，支付不低于工资200%的工资报酬。

由此可见，休息日安排劳动者工作，企业可以首先安排补休。在无法安排补休时，才支付不低于工资200%的加班费。休息日一般是指双休日。当企业能够安排职工补休时，职工应当服从。这既保护了劳动者的休息权，又利于职工的身体健康，也使职工及时恢复体力投入新的工作，有利于安全生产。法定节假日加班，不能安排补休，单位必须按照日工资基数的300%支付加班工资。

30问：加班费应以什么为基数计算？

根据规定，加班费应以在岗职工的工资总额为基数计算。有些单位仅以职工基本工资来计算加班费是不正确的。工资总额包括基本工资、奖金、津贴和补贴等所有劳动者的收入。

31问：未经批准自愿加班能索要加班费吗？

根据《劳动法》规定，企业可以制定与国家法律不相抵触的加班制度，对符合加班制度的加班情况支付不低于法定标准的加班工资。可见，用人单位支付加班工资的前提是"用人单位根据实际需要安排劳动者在法定标准工作时间以外工作"，劳动者自愿加班的，用人单位依据以上规定可以不支付加班工资。

32问：用人单位只和我签订了《试用期合同》，只有当我通过了试用期检验，才和我签订正式《劳动合同》，企业这样做合法吗？

在实际生活中，也许有的大学毕业生会遇到这种情况，企业与新招聘的员工签订劳动合同时，会拿出两份合同：一份是《试用期合同》，一份是正式《劳动合同》。只有新员工通过了试用期检验，企业才与其签订正式的《劳动合同》。企业的这种做法是错误的。《劳动合同法》第十九条第四款规定："试用期包含在劳动合同期限内。劳动合同仅约定试用期的，试用期不成立，该期限为劳动合同期限。"也就是说，如果只约定试用期的，那么该试用期就是劳动合同的期限，视为用人单位放弃对被录用的人员试用的权利。

毕业生小张和一家外贸公司协商签订3年期的劳动合同。但是，在签订劳动合同时，公司却先与小张签订了一份期限为6个月的"试用期"合同。小张当时感觉很不合适，但是迫于就业压力，最终还是签了。在第六个月快要结束时，公司突然通知小张走人，理由是她不符合录用条件。小张找律师咨询后，得知企业这种做法是违法的，便要求公司支付一个月经济补偿金和未提前一个月通知的一个月工资的代通知金。劳动争议仲裁委员会支持了小张的请求。

四、劳动合同的解除与终止

33问：我在什么情况下才可以单方解除劳动合同？

小秦毕业后进入一家贸易公司工作，与该公司签订了3年的劳动合同，并在公司附近租了一套房子。2年后，小秦结婚了，婚后买的房子距离公司路途遥远，并且路上经常堵车，每天上下班在路上就要花费四五个小时。由于感到十分辛苦，小秦向公司递交了辞职信。

30天后，小秦找到人事部，要求办理离职手续。但是，人事经理却说，你虽然提前30天递交了辞职信，但是公司领导没有批准，所以你不能辞职。

请问，人事经理的这种说法对吗？

在一般情况下，劳动者提前三十日以书面形式通知用人单位，可以单方解除劳动合同；在试用期内提前三日通知用人单位，可以单方解除劳动合同。也就是说，无论用人单位是否批准，只要劳动者提前三十日以书面形式通知用人单位，就可以单方解除劳动合同。

在用人单位存在过错的情况下，劳动者无须提前通知用人单位就可以单方解除劳动合同。《劳动合同法》第三十八条规定："用人单位有下列情形之一的，劳动者可以解除劳动合同：(一)未按照劳动合同约定提供劳动保护或者劳动条件的；(二)未及时足额支付劳动报酬的；(三)未依法为劳动者缴纳社会保险费的；(四)用人单位的规章制度违反法律、法规的规定，损害劳动者权益的；(五)因本法第二十六条第一款规定的情形致使劳动合同无效的；(六)法律、行政法规规定劳动者可以解除劳动合同的其他情形。用人单位以暴力、威胁或者非法限制人身自由的手段强迫劳动者劳动的，或者用人单位违章指挥、强令冒险作业，危及劳动者人身安全的，劳动者可以立即解除劳动合同，不需事先告知用人单位。"

34问：劳动合同期满，用人单位不与我续订劳动合同，单位是否需要向我支付经济补偿？

小宋在目前这家公司的3年期劳动合同明年初即将到期，最近公司效益不是很好，小宋想知道，如果公司续签合同条件下降，本人可否拒绝？这样能否拿到经济补偿金？

根据《劳动合同法》的规定，劳动合同期满时，除非用人单位维持或者提高劳动合同约定条件续订劳动合同，劳动者不同意续订的情形外，用人单位应当向劳动者支付经济补偿金。也就是说，劳动合同期满时，如果用人单位不与劳动者续订劳动合同，或者降低劳动合同约定条件导致劳动者不愿续订劳动合同的，用人单位应当向劳动者支付经济补偿金。

35问：哪些情形下，用人单位不能解除劳动合同？

《劳动合同法》第四十二条规定：劳动者有下列情形之一的，用人单位不得依照本法第四十条、四十一条的规定解除劳动合同：

第一，从事接触职业病危害作业的劳动者未进行离岗前职业健康检查，或者疑似职业病病人在诊断或者医学观察期间的；

第二，在本单位患职业病或者因工负伤并被确认丧失或者部分丧失劳动能力的；

第三，患病或者非因工负伤，在规定的医疗期内的；

第四，女职工在孕期、产期、哺乳期的；

第五，在本单位连续工作满十五年，且距法定退休年龄不足五年的；

第六，法律、行政法规规定的其他情形。

36 问：哪些情形下劳动合同终止？

根据《劳动合同法》规定，有下列情形之一的，劳动合同终止：

第一，劳动合同期满的；

第二，劳动者开始依法享受基本养老保险待遇的；

第三，劳动者死亡，或者被人民法院宣告死亡或者宣告失踪的；

第四，用人单位被依法宣告破产的；

第五，用人单位被吊销营业执照、责令关闭、撤销或者用人单位决定提前解散的；

第六，法律、行政法规规定的其他情形。

参 考 书 目

[1] 于富荣. 你胜任吗. 北京:机械工业出版社,2006.

[2] 刘书林. 成功人才素质论. 北京:高等教育出版社,2007.

[3] 张晓芒. 创新思维训练. 北京:企业管理出版社,2005.

[4] 盛乐. 心灵解码. 北京:新世界出版社,2007 .

[5] 张岩松. 现代交际礼仪. 北京:经济管理出版社,2004.

[6] 宿春礼,周韶梅. 责任胜于能力. 北京:石油工业出版社,2006.

[7] 关彤. 现代社交礼仪. 北京:中国社会出版社,2004.

[8]【美】Robert D. Lock,钟谷兰,曾垂凯,时勘等译. 把握你的职业发展方向. 北京:中国轻工业出版社,2006.

[9]【美】Andrew J. Dubrin,姚翔,陆昌勤等译. 职业心理学——平衡你的工作与生活. 北京:中国轻工业出版社,2008.

[10] 汪莉. 我的职业我做主. 北京:中国华侨出版社,2007.

[11] 肖建中. 职业规划与就业指导. 北京:北京大学出版社,2006.

[12] 钱建国. 大学生职业规划与就业指导. 北京:人民出版社,2007.

[13] 温金海. 到哪里找个好工作. 北京:中国人事出版社,2006.

[14] 石先广. 劳动合同法深度释解与企业应对. 北京:中国法制出版社,2007.

[15] 左祥琦. 用人单位劳动合同法操作实务. 北京:法律出版社,2007.